Liebe Karin,
herzliche Grüße
von Nanni
und Rainer

Hamburg 2.9.2021

KASERNEN COWBOY
Flüchtlingskind

Rainer Kudziela

Bibliografische Information der Deutschen Nationalbibliothek
Die Deutsche Nationalbibliothek verzeichnet diese Publikation in der
Deutschen Nationalbibliografie; detaillierte bibliografische Angaben sind
im Internet unter http://dnb.dnb.de abrufbar.

1. Auflage 2021
© Rainer Kudziela
Alle Rechte vorbehalten

Abdruck des Gedichts von Rainer Kudziela auf Seite 258
mit freundlicher Genehmigung des Rowohlt Verlages

Im Buch wiedergegebene Namen im Sinne der Warenzeichen- und
Markenschutzgesetzgebung berechtigen auch ohne besondere Kennzeich-
nung nicht zu der Annahme, dass solche Namen als frei zu betrachten
wären und daher von jedermann benutzt werden dürften.

Satz und Umschlaggestaltung: Marina Siegemund, Berlin
Gesetzt aus der Adobe Garamond
Titelfoto: © hafenkieker – stock.adobe.com
Lektorat und Publikationsberatung: Ursula Debus, Hamburg
Herstellung und Verlag:
BoD - Books on Demand, Norderstedt

Printed in Germany
ISBN 978-3-75349-139-4

INHALT

Vorwort 9

VORGESCHICHTE 13
*Erste Erinnerungen · Schneetreiben im Alten Land ·
Hahnenkampf · Fuchs und Wolf · Eine Schwester ·
Werner Hoops · Erster Schultag*

DER U-BLOCK – DAS NEUE ZUHAUSE 31
*Einzug · Die neue Schule · Entschuldigung · Germanische
Heldensagen · Eindrücke im Haus · Geldangelegenheiten ·
Briefmarken · Persilschein · Onkelehe*

TOD. GEBURT. FLUCHT 57
*Wilfrieds Bild · Maman – Kindheit in Konitz ·
Die Flucht · Papa – Kindheit in Bielitz ·
Dänemark. Altes Land. Schwarzmarktzeit*

ABENTEUER 79
*Fahrrad fahren · Feuer an den Karpfenteichen ·
Schwimmen lernen · Hauser · Kramer ·
In den Wiesen · Marie · Verwundungen · Zäune*

FAMILIENGESCHICHTEN 113
*Erinnerungen an Papa · Großvater · Delle in der Wand ·
Familienausflüge · Prügelstrafe, zu Hause · Flieder ·
Weihnachten, warm · Radio · »Prinz Eisenherz« ·
Jochen · Glatzkopf*

LICHT UND SCHATTEN 143
*Verschickungsheim · Frösche · Goldene Gans ·
»Schön war die Zeit« · »Hast du eine Schwester?« ·
Verknallt · Maibowle · Blütenknospen ·
Dunkle Flure · Rüdiger*

DAS VERSPRECHEN 177
*Die Prüfung · Hélas · Scheitern · Neuanfang ·
Opa Jansen · Zu Fuß nach Hause ·
Kalte Bescherung · Camper Kino*

AUSZUG UND ÜBERGANG 207
*Auszug · Tischsitten ·
Operetten und Lumpazius Vagabundus ·
Papa und die Freigeister ·
Brennender Herbst*

NEUE WELTEN 227
*Reisen · Ferienjobs ·
Das andere Geschlecht ·
Gedicht*

ATHENAEUM 259
1–23

Nachwort 307

ANHANG 311
Glossar 312
Dank 316
Literatur 318

Gewidmet sind diese Erinnerungen
Meiner Tochter Sophia
Und meinen Freunden
Die mit mir unterwegs waren
Damals

VORWORT

In diesem Buch begleiten wir einen Jungen bei Erlebnissen, die sich ihm tief einprägen, weil sie für ihn existenziell sind, auf die eine oder andere Weise. Es sind Momente, in denen das Herz des Jungen schneller und heftiger schlägt als sonst. Vor Angst, Aufregung oder vor Begeisterung. Wir sehen die Bilder, die der kleine Junge vor Augen hat, die Fantasien, die bei ihm auftauchen. Es geht um Erlebnisse, die über den Moment hinaus eine Bedeutung für ihn haben. Wir begleiten ihn auch, als er älter wird, bis zu dem Zeitpunkt, als er als junger Mann die Schule verlässt.

Was ist an den erzählten Episoden so beeindruckend, dass er sie erinnert und als Teil seines Lebens verinnerlicht hat? Was hebt sie vor den unendlich vielen anderen hervor, die er vergessen hat? Erst im Verlauf der Geschichte wird das nachvollziehbar und verständlich. Manches bleibt auch offen. Die einzelnen Geschichten sind Mosaiksteine, die erst mit einem gewissen Abstand für den Betrachter ein ganzes Bild ergeben.

Als die Familie des Jungen kurz nach seiner Einschulung in den U-Block einzieht, eine ehemalige Wehrmachtskaserne, erweitert sich über Nacht seine Welt für ihn fast bis ins Unendliche. Auf seinen Streifzügen draußen in der Natur, allein und mit Freunden, erlebt er sich oft als Cowboy, der zu Fuß und auf dem Fahrrad seine Grenzen austestet. Er sucht und findet seine Abenteuer in den kleinen Wäldern rund um sein Zuhause. Entdeckt zugewachsene, verwilderte Teiche. Es sind märchenhafte Orte mit wunderbaren kleinen Tieren. Er spielt in den Elbwiesen, die ihm wie die endlosen Prärien vorkommen, von denen er gehört und gelesen hat und die er später in Cowboyfilmen sieht.

Zuhause hat er aber oft niemanden, dem er von seinen Abenteuern erzählen kann. Seine Eltern zeigen sich wenig interessiert. Dabei hätte er so gerne abends am Lagerfeuer gesessen und mit Freunden auf den Tag zurückgeblickt. So aber bleibt er allein, nimmt die erlebten Geschichten mit in den Schlaf und in seine Träume. Im Laufe der Zeit findet er Gefährten, mit denen er seine Gedanken und Gefühle teilen kann. Ein »Buch der Erinnerungen« zu schreiben, erfüllt den alten Wunsch, endlich einmal ausführlich zu erzählen, was passiert ist und was den Jungen beschäftigt hat.

Dieser Junge bin ich. Dadurch, dass ich über mich in der dritten Person schreibe, habe ich etwas inneren Abstand herstellen können. Das hat es mir leichter gemacht, von meinen kindlichen Gefühlen und Gedanken zu erzählen. Außerdem ist ja auch schon so viel Zeit vergangen, dass es mir manchmal scheint, als wäre ich damals ein anderer gewesen. Ein weiteres Motiv, die Erinnerungen an diese Erlebnisse zu sammeln, sie zu ordnen und zu verarbeiten ist die Entdeckung, dass es parallel zu meinem geordneten Leben und einer eher unauffälligen Lebensgeschichte einige unbekannte und etwas unheimliche Bereiche in meinem

Gefühlsleben gab, die ihre Wurzeln, wie ich vermutete, in ungeklärten Ereignissen meiner Familiengeschichte hatten.

In diese dunkle Seite wollte ich Licht bringen, wollte aufklären und verstehen, womit ich mich herumgeschlagen habe als Kind, wie bei einem Schattenboxen mit einem unsichtbaren und unbekannten Gegner. Wünschte mir Erleichterung. Wollte mir einen selbstbewussten Umgang mit meiner Familiengeschichte aneignen – und mit dem sich daraus ergebenden Erbe, das ich mit mir herumtrage.

Wenn ich von der dunklen Seite der Familiengeschichte spreche, meine ich das, was unausgesprochen blieb und trotzdem die Stimmung beeinflusste. Meine Eltern wollten oder konnten nicht darüber sprechen. Das wirkte dann wie ein Tabu. Versteckte Konflikte und offene Fragen blieben unerledigt. Sie begleiteten mich in der Familie zwar unauffällig, blieben aber trotzdem spürbar. Sie lagen mir manchmal wie Steine schwer im Magen.

Verstehe mich vor allem als Chronist und Zeitzeuge einer Kindheit, die mir am Herzen liegt, weil es meine ist. Vergessen und verdrängen waren beliebte Strategien, um mit ängstigenden, ärgerlichen, verunsichernden alltäglichen Themen umzugehen. Was ich oft hörte, war der Satz: »Glücklich ist, wer vergisst, was nicht mehr zu ändern ist.«

Ich wollte mich erinnern.

VORGESCHICHTE

Erste Erinnerungen

Manchmal steigen überraschend schemenhafte Bilder aus seiner ganz frühen Kindheit auf. Der Junge ist noch keine drei Jahre alt. Lebt mit seinen Eltern im Alten Land bei Tante Lisa. Sie wohnen mit ihr in einer kleinen alten Kate aus dunkelroten Backsteinen. Die Hausecken sind rund und abgestoßen. Um das Haus herum führt ein schmaler Weg aus kleinen Kieselsteinen. Eigentlich ist es gar kein Weg, sondern eine Regenrinne, die vom Regenwasser ausgewaschen ist, das vom Reetdach läuft und tropft. Wenn er draußen ist, auf diesem Weg, regnet es nicht mehr, sonst hätte ihn Maman gar nicht rausgelassen. Aber. In seiner Erinnerung tropft es immer vom Dach und von den kahlen Bäumen.

Gleichzeitig scheint die Sonne. In ihrem Licht funkeln und strahlen die feuchten Steine. Es ist wie in einem Märchen. Im Winter hängen Eiszapfen an der ausgefransten Reetdachkante. Gläsern. Durchscheinend. Hell. Verführerisch. Er greift nach ihnen, will sie abbrechen. Manchmal gelingt es. Dann dreht er sie im Mund hin und her, lutscht und beißt auf ihnen herum. Die Zunge wird kalt und immer kälter. Er stampft mit den Schuhen in die Wasserlachen, lässt es spritzen, lacht. Im Garten stehen Blumen vom letzten Jahr. Sie haben braunblaue Blüten. Dunkel. Abgestorben. Maman nennt sie Hortensien. Für ihn sind es Totenblumen. Sie sind schon tot und stehen noch da. Er soll sie nicht anfassen, also steht er vor ihnen und betrachtet sie fasziniert.

Diese Blumen haben eine besondere Ausstrahlung. Gefühle steigen in ihm auf, wie er sie sonst nur im Haus hat, vor allem wenn es abends dunkel wird, wenn er etwas Angst bekommt. Es ist nichts zu sehen, nichts zu hören, auch wenn er sich alle Mühe gibt. Es ist die Atmosphäre, die er wahrnimmt. Sie ist im Haus und sie ist auch in ihm drin. Das kann er nicht unterscheiden. Die Blüten der Hortensien helfen ihm ein bisschen. Er kann sie anfassen und sehen, was er sonst nicht sehen und nicht anfassen kann. Dieses Unsichtbare im Haus ist dunkel. Unklar. Verwirrend. Verschlossen. Verschwiegen. Verheimlicht. Er ahnt und spürt ein großes Leid hinter einer verschlossenen Tür. Er ist neugierig und er ist vorsichtig. Er möchte wissen, was ihn hinter der Tür erwartet. Hereinlassen möchte er es aber nicht!

In diesem Winter besucht er mit Maman einmal Leute, die sie kennt. Keine engen Freunde. Es sind alte Bekannte, sagt sie. Maman fährt mit dem Fahrrad. Er sitzt auf dem Gepäckträger hinter ihr. In Steinkirchen vor der Brücke halten sie. Ein altes kleines Haus steht da. Sie betreten die Wohnung. Es ist dunkel. Ein paar Kerzen brennen. Er kennt hier niemanden außer Maman. Eine fremde, dunkle Stimmung ist im Raum. Erwartungsvoll wie zu Weihnachten. Er bekommt einen kleinen Keks, der gut schmeckt. Lebkuchen, wird gesagt. Gespräche, die er nicht versteht. Nicht verstehen kann und wohl auch nicht verstehen soll. Hört er das Wort Krieg? Hört er das Wort Gefangenschaft? Hört er das Wort Tod? Jemand raucht Zigaretten. Die Luft wird dick wie die Stimmung im Raum. Trauer. Schmerz. Leid. Dringen in ihn ein.

Er drückt sich an Maman, versucht, mit ihr zu schmusen. Sie streichelt ihn. Ist mit ihrer Aufmerksamkeit aber nicht nur bei ihm, sondern auch bei den Geschichten, die erzählt werden. Er will Maman ablenken. Er will hier weg. Ihm ist langweilig und er fühlt sich unbehaglich. Mehr und mehr! Er will nach Hause. Aber das geht nicht. Er klebt fest an dieser Stimmung. Die Erwachsenen auch. Sie können nicht aufhören. Es geht ihnen nicht gut. Das ist sichtbar und hörbar. Sie versuchen sich von irgendetwas freizureden, freizusprechen. – Endlich ist Schluss. Maman und er verlassen den Raum. Draußen ist es ganz dunkel. Ist es Abend? Ist es Nacht? Er weiß es nicht. Es ist winterlich kalt. Die Luft ist angenehm frisch.

Schneetreiben im Alten Land

Dies ist ein unwirklicher, kalter, grauer Winternachmittag, kurz vor oder nach seinem dritten Geburtstag. Es hat gerade angefangen zu schneien, und er spielt und läuft ganz beseelt durch die herabschwebenden Schneeflocken. Sie fallen auf seine Arme, die er vor sich ausstreckt. Er will sehen, wie der Schnee auf die Ärmel seiner Strickjacke fällt. Er hält immer wieder das Gesicht in den Himmel und wartet darauf, auf seiner Haut den leisen Aufprall der kalten, kleinen, weißen Schneesternchen zu spüren. Dabei kurvt er übermütig unter den Wäscheleinen hindurch.

Eine junge Frau hängt Unterhosen, Unterhemden, Laken und Bettbezüge auf. Alles ist weiß. Er weicht ihr aus. Sie weicht ihm aus. Wie soll die Wäsche bei diesem Wetter trocknen? Unter seinen Füßen Kopfsteinpflaster. Nass und glatt vom Schnee. Er muss aufpassen, nicht auszurutschen. Aber das macht ihm nichts aus. Er ist geschickt.

Dann verliert er die Lust am Herumrennen und hat eine Idee. Er steht am Rande des kleinen Hofplatzes von Bertas Bauernhof im Alten Land, wohin sie vor kurzer Zeit umgezogen sind. Ganz in der Nähe des Platzes, auf dem er hin- und hergerannt ist, liegt ein kleiner Garten und der grenzt an einen Wassergraben. Darauf muss doch jetzt Eis sein. Da will er hin. Direkt am Grabenrand dient ein kleiner Holzsteg als Befestigung. Den kennt er. Hier werden Milchkannen gespült, wird im Sommer Wasser für die Blumen geholt. Hier kniet er sich hin, beugt sich über den Rand der Holzbretter und greift mit der Hand nach dem Eis, das sich tatsächlich auf dem Wasser gebildet hat. Auf dem Eis bemerkt er ein kleines rubbeliges Muster wie bei einer gestickten Tischdecke. Darüber freut er sich, greift danach, rutscht ab, kann das schöne Muster nicht fassen. Nimmt eine leere Konservendose, die hier steht. Schlägt mit der Dose auf das Eis, um sich ein Stück davon herauszubrechen. Das Eis ist zu hart. Er schlägt heftiger, beugt sich weiter nach vorn. Macht mehr Druck mit seinem ganzen Körpergewicht.

Da passiert es. Er fällt vornüber und bricht durch das Eis. Es ist höchstens so dick wie seine Finger. Er ist völlig überrascht und erschrocken. Sofort hält er die Luft an, krallt sich am Rand des Holzstegs fest. Es wird dunkel um ihn herum. Sein Kopf befindet sich unter Wasser. Das weiß er sofort. Hält sich fest, so fest es geht, sonst ist alles aus! Das ist sein einziger Gedanke. Festhalten so lange er kann. Langsam wird ihm kalt. Er spürt das Wasser am ganzen Körper. Überall.

Dann wird er herausgerissen aus dem eiskalten Wasser. Gibt keinen Laut von sich. Die junge Frau trägt ihn, rennt mit ihm stolpernd über das Kopfsteinpflaster zum Haus. Sie reißt die Tür auf und schreit. Da kommt Maman. Sie nimmt ihn in den Arm, zieht ihn aus, rubbelt ihn mit einem Handtuch trocken und murmelt für ihn unverständliche Worte. Er spürt ihre Unruhe, ihre Angst, ihre Fassungslosigkeit. Dann legt sie ihn ins Bett. Er schläft sofort ein. Als später am Abend Papa nach Hause kommt, wacht er kurz auf und hört ihn sagen: »Wie konnte das schon wieder passieren?« Und nach einer Weile: »Der eine kommt, der andere geht.« Dann schläft der Junge wieder ein.

Hahnenkampf

Er hat sich gestreckt, so weit wie er kann. Steht jetzt auf den Zehenspitzen in der Küche am Fenster. Er schafft es gerade so eben, dass er nach draußen sehen kann, zwischen zwei Blumentöpfen hindurch, in denen Geranien blühen. Das Kinn hat er dabei auf seine Hände gestützt, die auf dem Fensterbrett liegen. Er beobachtet, was draußen passiert, wie so oft, wenn er sich langweilt. Diesmal ist er ganz gebannt.

Keine drei Meter entfernt von ihm, hinter dem Drahtzaun des Nachbarn, passiert etwas Aufregendes auf dem Hühnerhof. Zwei Hähne kämpfen miteinander. Der eine hat weiße Federn, der andere braunrote. Sie tanzen und flattern umeinander herum. Die Federn im Nacken sind gespreizt. Wütend gehen sie aufeinander los. Sie hacken mit den Schnäbeln aufeinander ein. Der Junge kann den Blick nicht von dem lassen, was er sieht. Fühlt sich wie mittendrin in diesem Kampf. Vergisst alles andere um sich herum. Die Hähne springen sich an. Schlagen mit den Flügeln. Er sieht die großen spitzen Zehenkrallen. Sie sind wie Messer. Er bekommt Angst. Das tut bestimmt weh! Er kann die Stärke und die Ausdauer der beiden Hähne nicht fassen.

Keiner gibt nach. Keiner rennt weg. Er wäre schon längst weggerannt. Sie hören einfach nicht auf. Der Weiße springt höher, trifft den Braunroten mit den Sporen. Der flüchtet. Kommt aber sofort wieder zurück. Springt und fliegt jetzt noch höher als der weiße Hahn, so hoch wie der Zaun. Jetzt trifft er den Weißen. Der kleine Junge zuckt zusammen, sieht das Blut auf den weißen Federn. Rot läuft es über die Brust herunter. Er ist völlig gebannt. Kann sich nicht rühren. Der Junge hat Angst und ist merkwürdig erregt, wie hypnotisiert. Sein Gesicht ist ganz heiß geworden.

Der weiße Hahn liegt jetzt am Boden. Ist er tot?

Fuchs und Wolf

Wenn er am Küchentisch sitzt und isst, schaut er an der gegenüberliegenden Wand immer auf ein großes Bild. Es ist eine Zeichnung in Schwarz-Weiß und zeigt Tiere und Menschen, die er neugierig betrachtet, und er fragt: »Was ist das?« Sein Vater nimmt das Bild von der Wand und erklärt es ihm. Es ist ein Monatskalender mit Bildern aus verschiedenen Märchen. Auf der Rückseite der Bilder stehen die dazu passenden Geschichten. Die möchte er so gern hören. Manchmal liest sein Vater ihm dann ein Märchen vor. Er hört Geschichten von Riesen, von einem tapferen Schneiderlein, das ein Einhorn fängt. Von Rotkäppchen und einem Wolf. Von zwei Geschwistern, die sich im Wald verlaufen. Von einem armen Mädchen, das Aschenputtel genannt wird.

Eines dieser Märchen fesselt ihn besonders und er will

es immer wieder hören. Es handelt von einem kleinen schlauen Fuchs und einem großen, starken und gefräßigen Wolf. Beide schleichen sich in den Vorratskeller eines Bauern und fangen an, die Würste und die Schinken zu fressen, die dort hängen. Dabei läuft dem Jungen das Wasser im Mund zusammen, denn Wurst und Schinken sind bei ihm zu Hause eine Seltenheit. Es ist etwas Besonderes, wenn Papa so etwas mitbringt. Offenbar ist es schwierig, Wurst oder Schinken irgendwo zu bekommen.

Der große starke Wolf ist so gefräßig, dass er nicht auf die Warnungen des kleinen klugen Fuchses hört. Das endet schrecklich. Als der Bauer kommt, kann der kleine schlaue Fuchs durch das Kellerfenster entkommen, weil er nicht so viel gefressen hat und schlank geblieben ist. Der große, starke, gefräßige Wolf aber bleibt im kleinen Fenster hängen, weil er so gierig war, sich vollgestopft hat, und mit seinem riesigen Bauch in der Fensterluke hängen bleibt. Er wird vom Bauern fürchterlich verprügelt und am Ende totgeschlagen. Der kleine schlaue Fuchs aber entkommt. Er hat sich gerettet.

Natürlich stellt sich der Junge vor, dass er selbst der kleine schlaue Fuchs ist. Er fragt sich, woher sein Vater die Wurst hat und den Speck, wenn er davon etwas mitbringt. Wahrscheinlich ist sein Vater auch schlau und passt auf, dass kein Bauer ihn erwischt. Beim Vorlesen erlebt der Junge all diese aufregenden Abenteuer mit, als wäre er selbst dabei. Er wird selbst zum tapferen Schneiderlein, wird zum Riesen, zum Rotkäppchen, zum Fuchs und – manchmal sogar zum gierigen Wolf.

Eine Schwester

Die Eltern scheinen sich zu freuen, aber sie haben auch vor irgendetwas Angst. Diese Stimmung erreicht den fast dreijährigen Jungen. Sie macht ihn unruhig und neugierig.

Dann erklären ihm seine Eltern, dass sein Onkel Rudolf für ein paar Wochen zu ihnen zu Besuch kommen wird ins Alte Land, auf den Hof von Berta Hohmann. Er ist Mamans Bruder und soll ihn für einige Zeit versorgen. Maman muss nämlich für ein paar Tage ins Krankenhaus in die Stadt, nach Stade. Maman erzählt ihm nur, dass sie mit einem Baby zurückkommen wird. Papa kann sich nicht um ihn kümmern. Er geht morgens aus dem Haus und kommt erst abends von der Arbeit wieder nach Hause.

Der Junge ist beunruhigt. Er kennt seinen Onkel nicht. Maman versucht, ihn zu beruhigen. Sie erzählt ihm, dass der Onkel sehr lieb ist und sich schon darauf freut, mit ihm tolle Dinge zu unternehmen. Der Junge will nicht, bekommt Angst, weint und klammert sich an Maman fest. Aber sein Protest hilft nicht. »Es geht nicht anders. Du musst tapfer sein. Es ist nichts zu machen. Dein Onkel ist wirklich ganz lieb.« Das wiederholt Maman immer wieder. Irgendwann gibt der Junge auf. Vielleicht ist es ja wirklich nicht so schlimm.

Seinen Papa hat er erst vor einem Jahr kennengelernt und der ist ihm immer noch etwas fremd. Und Maman ist oft mit ihren Gedanken ganz woanders. Selbst wenn sie ihn badet oder wäscht, wenn sie ihn anzieht oder ihm etwas zu essen macht. Auch dann fühlt er sich immer etwas allein. Trotzdem fällt es ihm schwer, ohne sie zu sein.

Zum Glück ist sein Onkel tatsächlich ganz nett. Er redet freundlich und spielt viel mit ihm. Er füttert ihn bei jeder

Gelegenheit. Das ist dem Jungen manchmal zu viel. Aber er hat jetzt einen Spielpartner, mit dem es Spaß macht, Türme zu bauen aus Töpfen, die Maman im Küchenschrank hat. Nach zwei Wochen hat er fast vier Kilo zugenommen und ist ganz pausbäckig. Für Onkel Rudolf ist das ein Zeichen dafür, dass er den Jungen gut versorgt hat.

Dann kommt Maman mit einem kleinen Paket nach Hause. Es besteht aus zusammengerollten Decken. Darin eingewickelt und kaum zu sehen ist ein kleines Baby. »Das ist deine Schwester«, sagt Maman. Er ist neugierig, geht ganz nah an sie heran und sieht ihr ins Gesicht. Sie ist ihm fremd. Sie bewegt ihr Gesicht, verzieht den Mund, hält die Augen geschlossen. Dann schreit sie plötzlich. Maman legt sie an die Brust. Saugen und Schmatzen. Er ist tief beeindruckt von dem, was er sieht und hört. Dann schläft die Schwester wieder ein. Er braucht einige Zeit, um sich an sie zu gewöhnen. Also gehört sie jetzt auch zu ihm. Sie ist jetzt immer da. Er ist nicht mehr allein mit Maman. Auch wenn Maman nicht in der Nähe ist, ist er nicht allein. Das findet er sehr beruhigend. Er sieht ihr gern zu und beobachtet, wie sie gewickelt, gefüttert und gestreichelt wird. Das erleichtert ihn. Bislang ist immer er es gewesen, der Maman gestört hat. Jetzt tut sie es auch, und er wird nicht mehr so sehr beaufsichtigt. War er auch mal so klein?

»Sieh mal, wie friedlich sie schläft.« Sagt Maman manchmal, wenn er neben dem Bettchen steht und die Schwester im Schlaf beobachtet. Papa sagt einmal: »Für mich ist sie wie ein Kind des Friedens.« »Ja«, sagt Maman, »der Krieg ist jetzt vorbei. Zum Glück!« Da ist jetzt nur noch selten dieser graue sorgenvolle Blick in ihren Augen. Ab und zu wird vom Krieg gesprochen, mit Nachbarn und Bekannten, die sich mit Papa und Maman treffen. Aber das ist selten.

Seine Schwester lernt zu stehen und zu laufen und bekommt eine Puppe geschenkt, mit der sie spielt. Da wird er neidisch. »Jungen spielen nicht mit Puppen.« Hört er Maman sagen. Da baut er sich selbst aus einer Kuchenform ein Puppenbett, legt sein Schmusetuch hinein und einen kleinen hölzernen Kegel, den er geschenkt bekommen hat. Das ist jetzt seine Puppe in seinem Puppenbett.

Einmal, als Maman der kleinen Schwester frische Windeln zwischen die Beine legt, bemerkt der Junge, dass sie da anders aussieht als er. Er wird neugierig und fragt, wieso sie anders aussieht. Maman gibt ihm die knappe Antwort: »Sie ist ein Mädchen.« Mehr sagt Maman nicht. Er merkt, dass er nicht weiter fragen soll. Er hätte gern gewusst warum.

Die Schwester ist so viel kleiner als er und sie muss mit allem versorgt werden. Er kann bei Tisch schon allein essen. Darauf ist er jetzt stolz. Die Schwester lernt laufen und sie spielen miteinander. Sie verstehen sich gut. Sie leben manchmal in ihrer eigenen Welt. Es ist die Welt der Kinder, in der sie lebendig und laut und oft mit viel Spaß spielen. In dieser Welt ist er nicht mehr allein. Sie gehören zusammen. Das ist ein schönes Gefühl. Ein Blick auf seine Schwester ist immer verbunden mit friedlichen Gefühlen und einer Einladung zum Spaß beim gemeinsamen Spiel.

Einmal, als Maman sie für kurze Zeit allein gelassen hat, weil sie etwas einkaufen muss, will er mit seiner Schwester Friseur spielen und ihr die Haare schneiden. Das möchte sie aber nicht. Da will er ihr etwas Aufregendes zeigen, was er selbst erst am Tag vorher entdeckt hat. Er schiebt einen Stuhl aus der Küche an den Kleiderschrank der Eltern im Schlafzimmer. Er öffnet den Schrank und sucht ganz oben in der Ablage unter den Pullovern. Dann findet er, was er gesucht hat. Er setzt die Pappmaske auf, die er gesehen hat.

Da steht er jetzt auf dem Stuhl, barfuß, in seinen kurzen Hosen und einem kurzärmeligen Hemdchen. Es ist warm und mitten im Sommer.

Seine kleine Schwester steht unten auf dem Boden und sieht neugierig zu ihm hinauf. Sie ruft immer wieder: »Zeig mal! Zeig mal!« Da dreht er sich zu ihr um. Er kann ihr Gesicht durch die beiden kleinen Augenschlitze der Maske sehen. Ihr Gesicht erstarrt. Die Augen weiten sich. Dann schreit sie los wie am Spieß. Er weiß nicht wieso, ist selbst heftig erschrocken. Er wollte ihr eine Freude machen und hat sie stattdessen total erschreckt. Er hat die Maske des Weihnachtsmanns aufgesetzt, die im Schrank versteckt war. Eine Maske mit einem unbeweglichen Gesicht aus Pappe mit roten Backen und einem weißen Bart starrt sie an. Seine kleine Schwester beruhigt sich nur sehr langsam. Dann kommt Maman vom Einkauf zurück. Sie ist schrecklich ärgerlich über diesen Unsinn, wie sie sagt. Dann verstaut sie die Maske, die nie wieder hervorgeholt wird.

Werner Hoops

Sie sind umgezogen auf den Hof von Werner Hoops. Hier gibt es viel mehr Möglichkeiten zu spielen als auf dem Hof von Berta Hohmann. Seine Eltern sind sehr froh, dass sie umziehen konnten. Es hatte Ärger mit Berta gegeben. Warum, weiß der Junge nicht.

Hier gibt es für ihn jeden Tag etwas Neues zu entdecken. Der Bauer ist immer sehr freundlich zu ihm, nimmt ihn einmal abends mit in die Scheune, weil er von dort etwas holen will. In der Scheune ist alles dunkel. Das einzige Licht kommt von zwei kleinen Glühbirnen. Es ist unheimlich hier. Ein großer Leiterwagen steht in der Mitte. Sensen, Harken und Rechen hängen an den Wänden. Arbeitsschürzen sind über einen Haken geworfen, werfen dunkle, erschreckende Schatten. Oben in der Decke klafft rechteckig ein großes dunkles Loch. An dessen Rändern ragen Büschel von Heu in den Raum. »Da oben liegt das getrocknete Gras von den Wiesen, das ich gemäht habe.« Erklärt der Bauer, der den ängstlichen Blick des Fünfjährigen bemerkt hat. Die ganze Scheune ist voll von diesem merkwürdigen intensiven Geruch des trocknenden Grases. Er darf sich alles ansehen. Der Bauer lässt ihm Zeit und nimmt sich dann die eine Kiste, die er gerade braucht. Zusammen gehen sie zurück ins Haus.

Einmal hat der Bauer die Wände in dem kleinen Plumpsklo, das alle Bewohner des Hofes benutzen, ganz frisch und weiß gestrichen. Es ist in eine Ecke der Scheune eingebaut und kann vom Hof aus betreten werden. Der Junge muss, um dorthin zu kommen, aus seiner Wohnung, die im ersten Stock liegt, eine luftige Holztreppe heruntersteigen und über den ganzen Hof gehen. Es ist Sommer und warm und er sitzt gerade einmal wieder auf dem Plumpsklo. Viele Fliegen sind durch das kleine, offenstehende Fenster hereingekommen und sitzen an den Wänden. Es ist ihm ein Leichtes, eine von ihnen an der Wand zu zerdrücken. Es ist so leicht, dass er sofort eine zweite erlegt und dann, mit der Zeitung, die neben ihm liegt, auch alle anderen. Als er fertig ist, fühlt er sich stolz. Das tapfere Schneiderlein ist nichts gegen ihn! Nur leider geht die Geschichte hier anders aus als im Märchen. Wenig später kommt Bauer Hoops zu seinen Eltern und erzählt, was passiert ist. Das gerade frisch gestrichene Klo sieht jetzt fürchterlich aus. Er muss ein

Donnerwetter seiner Eltern über sich ergehen lassen. Bauer Hoops aber streicht das Plumpsklo wieder ganz weiß und erzählt seinem Nachbarn bei nächster Gelegenheit lachend diese Geschichte.

Auch seinen Eltern gegenüber ist der Bauer hilfsbereit. Schenkt ihnen Kirschen im Sommer und Äpfel und Pflaumen im Herbst. Einen Spielfreund hat der Junge auch. Auf dem Nachbarhof wohnt Tommie. Sie sind etwa im gleichen Alter und spielen fast jeden Tag miteinander in den zwei Jahren, die der Junge hier wohnt. Sie stromern auf dem Deich herum und am Wasser der Lühe, die in die Elbe fließt. Sie erforschen den Hof und den Kuhstall von Tommies Hof. Sie jagen die Hühner. Das dürfen sie natürlich nicht, tun es aber trotzdem, wenn keiner von den Erwachsenen in der Nähe ist. Die rennen, gackern und flattern dabei. Das macht richtig Spaß! Einmal fragt er Maman: «Warum haben wir keinen Hof?« – »Wir sind Flüchtlinge.« Ist ihre Antwort. Mehr sagt sie nicht.

Die Eltern haben Sorgen. Er hört, dass das Geld knapp ist. Wenn er sich ein neues Spielzeug wünscht, sagt Maman: »Heinerle, Heinerle, hab kein Geld.« Das sind Worte aus einem Lied, das manchmal im Radio gespielt wird. Wenn es läuft, dreht Maman den Lautsprecher auf und macht ihn darauf aufmerksam. Im Lied geht es dann weiter: »Wenn ich aber Geld werd' haben, dann wird's Heinerle alles haben.« Daran denkt der Junge manchmal, aber er glaubt nicht daran, dass er einmal alles haben wird, was er sich wünscht.

An einem Tag im Winter ist es draußen kalt und frostig. Raureif liegt auf dem Rasen, auf dem Hausdach und den Bäumen ringsum. Auf einen solchen Tag hat der Bauer gewartet, wie er sagt. Er und seine Frau sind ganz aufgeregt, denn heute kommt der Schlachter. Er soll ein Schwein schlachten. Draußen auf dem Hof. Dazu muss es kalt sein, damit das Fleisch nicht schlecht werden kann, erklärt der Bauer dem Jungen. Beim Schlachten selbst sollen die Kinder nicht in der Nähe sein, das sollen sie nicht sehen. Anschließend können sie kommen. Sein Freund Tommie und er werden auf Tommies Hof geschickt. Als sie wiederkommen, hängt das Schwein kopfüber an einem Holzgerüst. Der Bauch ist aufgeschnitten, die Innereien sind herausgenommen. In der Diele steht ein riesiger Topf aus glänzendem Metall, und die Bauersfrau ist damit beschäftigt, die Därme des Schweins zu reinigen und dann mit einem vorbereiteten Brei zu füllen. Das werden Leberwürste und Blutwürste, erklärt sie den Kindern.

Draußen ist der Bauer mit dem Schlachter dabei, das Schwein zu zerlegen. Vorher aber sucht er bei den Eingeweiden herum, findet etwas und bläst es auf. Es ist die Blase des Schweins, und jetzt sieht sie aus wie ein kleiner Luftballon. Der Bauer macht einen Knoten hinein, lacht und wirft den Jungen diesen Ball zu. Fußball können sie damit spielen und sind hellauf begeistert. Der Junge ist davon so beeindruckt, dass er wenig später zu seiner Mutter in die Wohnung geht und sie fragt, ob er ihre Blase haben kann, wenn sie einmal stirbt. Sie stutzt kurz, erinnert sich dann daran, dass heute Schlachttag ist, und lacht.

Selten fahren sie vom Hof von Bauer Hoops nach Steinkirchen in die nächste kleine Stadt. Man braucht eine halbe Stunde mit dem Fahrrad, und es ist fürchterlich unbequem, hinter Maman auf dem Gepäckträger zu sitzen. Das ist aber auch nur nötig, wenn sie zum Arzt fahren. Der behandelt einmal seine entzündeten Mandeln und sein Fieber. Aber auch wenn der Po schmerzt und der Hals wehtut, ist es doch auch ein spannendes Abenteuer über den Deich an der Lühe entlang in die Stadt zu fahren, den Fahrtwind im Gesicht zu spüren und etwas Neues zu erleben.

Erster Schultag

An seinen ersten Schultag kann er sich später nur noch undeutlich erinnern. Aber er hat ein paar lebendige und farbige Bilder von der Schule im Kopf und von seiner Mutter.

Sie nimmt ihn an diesem Tag an die Hand und setzt ihn auf ihr Fahrrad. Dann fahren sie vom Hof des Bauern entlang der Dorfstraße bis zur Schule. Es ist Frühling, kalt, sonnig, ruhig, keine Autos auf der Straße. Ihm gefällt die Fahrt. Er hat gehört, wohin es geht. Kann sich nichts darunter vorstellen. Ist etwas aufgeregt. Vor allem aber gefällt ihm die Fahrt auf dem Fahrrad auf dem Gepäckträger hinter seiner Mutter.

Vor der Schule warten Kinder. Ein paar sind so alt wie er, die meisten sind älter. Er ist beunruhigt. Was wird jetzt passieren? Er hält eine kleine Schultüte im Arm. Papa hat sie extra zu diesem Anlass für ihn gemacht. Kaufen? Nein, daran ist nicht zu denken. Sie haben kein Geld dafür.

In der Schule, in dem einen Klassenraum, in dem sich alle sammeln, ist es dunkel. Kleine Fenster. Dunkle Wände. Dunkle Schulbänke. Darin Löcher mit kleinen Tintenfässern, aber ohne Tinte. Er hat das nach kurzem Zögern mit dem Finger überprüft. Die großen Kinder sind laut. Sie machen ihm Angst. Er ist still.

Der Lehrer redet. Zu allen. Die Kleinen begrüßt er, sagt etwas zu ihnen. Der Junge versteht nichts. Er ist abgelenkt.

Die vielen anderen Kinder interessieren ihn viel mehr. Die Klasse ist voll, alle Bänke sind besetzt. Die Stimme des Lehrers ist unangenehm. Er drängt die Kinder, still zu sein. Aber er ist doch still! Mit diesem Lehrer wird er noch Ärger bekommen. Der wird ihn am dritten Schultag in die Ecke stellen, vor allen anderen Kindern. Da wird der Junge etwas weinen. Der Schulranzen? Liegt irgendwo. Dies ist ein dunkler, unangenehmer Ort. Es riecht nach altem Holz und dunkler Farbe. Der Lehrer verbreitet auch etwas Dunkles, er macht ihm Angst.

Draußen vor der Tür ist es hell. Auf dem kleinen Schulhof ist der Boden matschig. Es hat geregnet. Ein paar Schritte entfernt lädt ein grober Holzzaun dazu ein, dass die Kinder klettern und ihn besteigen. Jetzt sitzen sie drauf und beobachten die Kühe auf der anderen Seite. Die Tiere haben große Fladen ins Gras geschissen. Die Kinder bemerken es und lachen. Irgendwann nimmt ihn seine Mutter an die Hand, setzt ihn zu sich aufs Fahrrad. Sie fahren nach Hause.

Von jetzt an wird er jeden Tag in die Schule gebracht und wieder abgeholt. Als er sich den Weg eingeprägt hat, geht er aber nach dem Unterricht allein zurück nach Hause. Auf dem Weg von der Schule zurück trödelt er gern ein bisschen auf dem Deich der Lühe. An einem Tag in der dritten Schulwoche scheint die Sonne. Er hat sehr viel Spaß auf dem Weg zurück und ist erst ziemlich spät zu Hause. Er steht noch etwas wartend auf dem Deich und sieht plötzlich seine Mutter vor dem Hof auf ihr Fahrrad steigen. Bestimmt will sie ihn abholen. Da hat er eine Idee. Er will sie vorbeifahren lassen, schnell in die Wohnung laufen und den Tisch für das Mittagessen decken. Da wird sich seine Mutter bestimmt freuen.

Gerade ist er damit fertig, da kommt sie zurück, und er ist gespannt auf ihr überraschtes Gesicht. Aber sie lacht nicht, sondern ist schrecklich wütend. »Was machst du hier? Ich hatte so viel Angst, dass dir etwas passiert ist! Bin den ganzen Weg bis zur Schule gefahren und habe niemanden gesehen. Was denkst du dir dabei?« Sie ist außer sich vor Wut und noch während sie redet, fängt sie an, ihn zu schlagen. Sie schlägt ihn, wie sie ihn noch nie geschlagen hat. Es ist ganz fürchterlich. Der Junge schreit und heult, versucht sich mit den Händen vor ihr zu schützen. Er kann sich nicht verständlich machen.

Irgendwann hört Maman auf, ihn zu schlagen und atmet tief durch. Jetzt beruhigt sich auch der Junge. Er weint noch immer, fängt jetzt aber an zu erzählen, dass er ihr eine Freude machen wollte. Sie versteht, und jetzt fängt auch sie an, zu weinen. Unter Tränen entschuldigt sie sich, sagt, dass es ihr leidtut. Aber der Schreck und die Schmerzen lassen nicht so schnell nach. Bei dem Jungen nicht und auch nicht bei Maman. Noch Tage später nimmt sie ihn manchmal in den Arm und versucht, ihn nachträglich zu trösten. Sie ist selbst immer noch aufgeregt und versucht, sich zu beruhigen.

DER U-BLOCK –
DAS NEUE ZUHAUSE

Einzug

Das große Auto hält. Hinter dem Fahrerhaus befindet sich ein riesiger Kasten mit Flügeltüren, groß wie ein Scheunentor. Der Junge denkt an die Scheune von Bauer Hoops. Von dorther kommen sie. Dort haben sie gewohnt, bis gestern, nein, bis heute morgen. Der Bauernhof von Werner Hoops ist umgeben von Kirschbäumen, die gerade angefangen haben zu blühen und herrlich duften. Auch die Pflaumenbäume sind übersät mit kleinen weißen Blüten. Die Apfelbäume warten noch. Ihre Blüten sind gerade dabei aufzubrechen, weiß und rosa. Noch ist er mit seinen Gedanken ganz dort auf dem Bauernhof. Hier ist alles ganz anders. Er steht allein vor dem großen Auto, mit dem sie gekommen sind, allein auf diesem Platz, der so groß ist, dass er nicht erkennen kann, ob auf der anderen Seite Mädchen oder Jungen spielen. Schwarzer Schotter knirscht unter seinen Schuhen.

Seine Eltern haben die Türen der Fahrerkabine geöffnet. Alle sind ausgestiegen. Der Fahrer, die Eltern, die kleine dreijährige Schwester. Das soll ihr neues Zuhause sein? Er sieht ein riesiges Backsteingebäude vor sich wie eine Mauer. Braunrote Ziegel. Zwei lange Fensterreihen übereinander. Auf dem Dach ein kleiner Turm mit einer Plattform. Die Sonne scheint, aber die Fenster liegen noch im Schatten. Der Anblick ist so fremd und so bedrückend. Er ist voll von verwirrenden und unguten Gefühlen und weiß überhaupt nicht, was er tun soll, wohin er sich wenden kann, denn seine Eltern sind schon damit beschäftigt, den Wagen auszuladen. Vor einem Monat erst ist er eingeschult worden. Das war aufregend und neu. Jetzt ein neues Zuhause! Das ist noch aufregender.

Es ist Anfang Mai. Warm ist es nicht. Er dreht sich um und sieht ein paar Kinder auf einem Rasen, wenige Schritte entfernt. Dort wo sie spielen und sich etwas zurufen, dort scheint die Sonne hin. Sie rennen herum und er spürt, wie es ihn zu ihnen hinzieht. Aber er muss noch etwas warten. Erstmal müssen alle Möbel und überhaupt alles, was sie mitgebracht haben aus der anderen Wohnung, in dieses Haus getragen werden.

Er denkt an die Wohnung im Alten Land. Ob er dorthin noch einmal zurückkommen wird? Er folgt den Eltern und steigt langsam drei breite, graue Steintreppen hoch. Sieht links und rechts in dunkle lange Flure. Hört hallende Geräusche von Schuhen auf dem Steinfußboden. Erwachsene reden in einiger Entfernung. Kinder lachen. Das alles ist ihm unheimlich. Er spürt aber auch, mehr und mehr, die Neugier in sich, das Haus und den Hof und die Kinder kennenzulernen.

Durch eine der Türen auf dem Flur in der zweiten Etage treten sie ein. Das soll ihre neue Wohnung sein? Er blickt in drei kleine Räume. Sie sind etwas unübersichtlich und doch schnell erkundet. Das Kinderzimmer für ihn und seine Schwester findet er als erstes. Es liegt in der Mitte der Wohnung. Zwei kleine Kommoden stehen schon in den leeren Räumen, eine in der Küche, die andere im Wohnzimmer. Papa hat sie mit einem Bekannten selbst gebaut, erzählt er, damit sie hier genau hineinpassen. Papa war also schon einmal hier, denkt er und ist überrascht. Ein kleiner Herd steht in der Küche. Er betrachtet das Ofenrohr, das zuerst gerade nach oben ragt und dann im Bogen in der Wand verschwindet. So etwas kennt er schon aus der alten Wohnung.»An diesem Rohr kann man sich die Finger verbrennen, wenn der Herd angeheizt ist. Aber es wärmt die

Küche.« Hat Maman ihm erklärt. Jetzt ist der Herd aber kalt.

Was er zu diesem Zeitpunkt noch nicht weiß, ist, dass sie in eine ehemalige Wehrmachtskaserne einziehen. Die neue Wohnung besteht eigentlich nur aus zwei Räumen, aus denen seine Eltern drei gemacht haben. Der größere von beiden war ursprünglich ein Mannschaftsraum, der jetzt durch eine Pappwand aufgeteilt ist in die kleine Küche, den Flur und in das Kinderzimmer. Ein grob verputzter Durchbruch durch die Steinwand führt in den daneben liegenden Raum, der durch einen einfachen Vorhang abgetrennt ist. Wenn er den Vorhang beiseiteschiebt, steht er in einem ehemaligen Unteroffiziersraum. Das ist jetzt ihr Wohnzimmer.

Die Toiletten und die Waschanlagen findet er auf dem Flur. Maman zeigt sie ihm. Sie müssen ein ganzes Stück gehen, ehe sie da sind. »Das waren die Toiletten und Waschräume der Soldaten.« Erklärt Maman. Stillgelegte Duschen ragen aus den Decken. Alles ist gefliest und gekachelt. Er fühlt sich nicht wohl bei dem Gedanken, dass er sich hier ausziehen und waschen soll. Jeden Morgen? Alles ist kalt. Nackt unter der Dusche stehen? Nein. Das würde niemand machen. »Die Wäsche kann man hier waschen.« Sagt Maman. Und wo soll er sich waschen? Zum Glück hat Papa vorgesorgt. Sie haben eine Waschschüssel in der Küche der Wohnung stehen. In einer der selbst gefertigten Kommoden. Dort werden sie sich waschen, Zähne putzen und so weiter. Es gibt einen Eimer unter dieser Waschschüssel für das Abwaschwasser und das kleine Geschäft, abends oder in der Nacht. Papa oder Maman leeren ihn regelmäßig jeden Tag.

Erst mit der Zeit und eher zufällig erfährt er, dass hier

nur Flüchtlinge wohnen. Wie er. Wie seine Familie. Eine eigentümliche Stimmung herrscht im Haus. Manchmal sind die langen dunklen Flure einsam und still. Dann wieder hört er Gespräche und Lachen, wenn die Mütter miteinander reden. Alle sind neu hier, sind erst vor Kurzem eingezogen. Sie erzählen sich, woher sie kommen, was sie einkaufen wollen oder schon eingekauft haben. Was sie kochen. Sie reden über ihre Kinder.

Er hilft jetzt mit, sein Spielzeug nach oben zu tragen. Dann darf er wieder auf den Hof zu den Kindern. Er geht zu den Mädchen und Jungen, die ungefähr in seinem Alter sind. Sie spielen, und er weiß nicht, was. Er stellt sich daneben. Versucht mitzumachen. Ja. Es klappt. Aber dann gerät er in einen Streit mit einem anderen Jungen. Er kann es nicht verhindern. Sie beginnen eine Rangelei. Sie schlagen sich. Der andere ist stärker. Er fällt hin auf den schwarzen Schotter. Das brennt und tut höllisch weh auf den nackten Knien. Er schreit. Schreit nach Maman. So laut er kann. Endlich öffnet sie das Fenster. »Komm mal hoch!«

Weinend macht er sich auf den Weg, steigt die Treppen nach oben. Maman gibt ihm keinen Trost, sondern eine ernste Ermahnung: »Du musst aufpassen! Ich misch mich nicht ein. Wenn du Streit hast, musst du den allein regeln!« Das ist ein Schock. Er sagt nichts, ist sprachlos. Wie? Wie soll er das allein regeln? Der andere ist doch viel stärker! Maman bleibt dabei. Sie trocknet ihm noch die Tränen und schickt ihn dann wieder raus.

Er versteht Maman nicht. Sie will ihm nicht helfen, wenn er in Not ist. Er weiß nicht, was er davon halten soll. Er ist wütend, fühlt sich hilflos und alleingelassen. Aber er schreit nie wieder auf dem Hof nach ihr. Nie wieder kommt er hoch, um Hilfe oder Trost zu suchen. »Sei ein

Junge! Regle deine Dinge allein!«Sagt sie. Und daran denkt er von jetzt an.

Die erste Begegnung mit dem Ort, der sein neues Zuhause sein soll, hat ihn sehr beeindruckt. Das Haus ist riesig groß, zweistöckig, gebaut aus dunkelroten Klinkersteinen. Es hat die Form eines großen U. Deshalb wird es der U-Block genannt. Es hat Fenster nach allen Seiten. Ob da jemand hinter den Gardinen steht? Wenn er vom Hof aus nach oben sieht, fühlt er sich manchmal beobachtet. Von den Müttern oder von den Vätern, die zu Hause geblieben sind, weil sie keine Arbeit haben. Er steht wieder auf dem unüberschaubar großen Hof mit den kleinen schwarzen Schottersteinen. Es knirscht, wenn er drauftritt, wenn er darauf läuft. Er kann die Schottersteine knirschen lassen unter seinen Schuhen. Wenn er ausrutscht, dann gute Nacht. Das gibt schreckliche schwarze Schürfwunden und beißende Schmerzen. Besser nicht. Er hat in den ersten Tagen schon einige sehr unangenehme Erfahrungen damit gemacht.

Der schwarze rechteckige Platz ist umgeben von zwei kleinen Rasenflächen. Wenn er von oben aus dem zweiten Stock aus seinem Kinderzimmerfenster nach unten blickt, sieht er auf dem Rasen rechts eine große Eiche. Nur die größeren Jungen schaffen es, allein hinaufzuklettern. Er braucht noch Hilfe. Auf der anderen Seite stehen Linden und Ahornbäume. Auch bei denen ist es schwer, nach oben und in die Krone zu steigen. Die unteren Zweige fehlen. Ob die Erwachsenen sie abgesägt haben, damit die Jungs nicht raufklettern? Am Rand des Rasens sind an manchen Stellen Büsche gepflanzt. Jetzt im Mai haben sie schon kleine grüne Blätter und erste weiße Blüten. Wunderschön sieht das aus. Neben ihnen, in ihrem Duft und in ihrem Schatten, spielen die Mädchen mit ihren Puppen. Das ist schön anzusehen, aber auch sehr fremdartig. Seine Schwester ist dabei. Das ist ihre Welt. Er hat seine eigene.

Die Jungen haben sehr schnell den schwarzen Platz als ihren Bolzplatz in Beschlag genommen. Autos gibt es hier nicht. Von denen, die hier wohnen, kann sich keiner ein Auto leisten. Deshalb steht den Jungen dieser Platz immer zur Verfügung. Nach der Schule wird fast an jedem Tag Fußball gespielt. Auf der einen Seite bilden zwei Ahornbäume die Torstangen, auf der anderen Seite haben sie improvisiert. Zwei Jacken liegen dort, die zwei der Jungen ausgezogen haben. Eingerahmt wird der Platz vom Rotklinkerbau der Kaserne mit ihren zwei Flügeln. Von den Fenstern aus haben die Mütter ihre Kinder immer im Blick, wenn sie hinaussehen.

Die neue Schule

Er packt den Schulranzen, zusammen mit Maman. Das Größte und Wichtigste darin ist eine schwarze Schiefertafel mit Holzrand. Daran hängt an einem Band ein Schwämmchen, mit dem er wegwischen kann, was er mit Kreide auf die Tafel geschrieben oder gemalt hat. In einer länglichen Holzschachtel sind die Griffel untergebracht. Sie klappern, wenn er das Kästchen schüttelt, und wenn er mit dem Ranzen auf dem Rücken geht oder rennt. Außerdem hat Maman ein Brot geschmiert und in Papier eingewickelt und in die vordere Tasche des Ranzens gesteckt.

Gleich wird er die Kinder treffen, die mit ihm in dieselbe Klasse gehen. Er kennt sie schon seit ein paar Tagen, seit er hier eingezogen ist. Sie treffen sich jeden Morgen rechtzeitig am Haupteingang des U-Blocks. Heute ist er das erste Mal dabei, und sie gehen gemeinsam los.

Die Schule ist in der Kantine der ehemaligen großen Kasernenanlage untergebracht. Das hat Papa ihm erzählt. Kaserne, Kantine. Das sind fremde Wörter, die der Junge bisher noch nie gehört hat. Papa erklärt ihm, dass die Kantine ein Haus des ehemaligen Stader Flugplatzes ist, der auch »Fliegerhorst« genannt wurde. Von einem Flugplatz sieht der Junge aber an den ersten Tagen hier nichts. Keine Flugzeuge. Keine Piloten. Niemand fliegt hier. Er sieht kaputte Häuser, Ruinen, Schuttberge und große Löcher in der Erde. Für ihn ist das ein riesiges, unüberschaubares Abenteuerland, das er und die anderen Kinder aber nicht betreten dürfen. Das riesige Gebiet zwischen U-Block und Schule ist von Zäunen eingegrenzt. Die Kinder müssen außen herum gehen. Die Zäune laden die Kinder ein, hinaufzuklettern und darüberzusteigen. Das Gelände hinter den Zäunen wird »Englisches Gebiet« genannt. Warum? Ein Lehrer erklärt es, als sie ihn fragen. Englische Soldaten hatten es nach dem Krieg besetzt und in den geräumten Kasernengebäuden gewohnt.

Die Kinder brauchen einige Zeit vom U-Block bis zur Schule. Die Eltern schicken sie immer schon eine halbe Stunde vor Unterrichtsbeginn los. Sie gehen dann auf einem sandigen Feldweg am Zaun entlang. Dahinter sehen sie durch wild verwachsene Büsche und Bäume hindurch das Kasernengelände. Es sind mächtige, rotbraune Gebäude. Sie sind mit wildem Wein bewachsen. Im Herbst sind die Blätter knallbunt. Sie leuchten gelb und rot. Dazwischen liegen große graue, leere, betonierte Plätze.

Auf der anderen Seite des Weges breiten sich Wiesen und Felder aus, ganz ohne Zäune. An einer Stelle wird es auf dem Weg etwas dunkel, denn er führt an einem kleinen Wäldchen mit einem winzigen Fischteich vorbei. Im Winter sind manchmal Fische im Eis eingefroren. Als die Kinder das zum ersten Mal entdecken, wirkt es auf sie wie in einem Märchen. Ein verzauberter Teich mit verzauberten Fischen. Die Kinder stehen auf dem Eis und trampeln mit ihren Schuhen über den Fischen herum. Die Fische rühren sich kaum. Einige zappeln noch. Die anderen scheinen schon erfroren zu sein. Das ist traurig.

Hinter den Wiesen sehen sie eine Siedlung am Stadtrand. Aber das ist uninteressant. So weit wollen sie nicht gehen. Ein paar der Mitschülerinnen und Mitschüler wohnen dort. Sie kommen morgens mit dem Bus und fahren nach dem Unterricht wieder zurück.

Die neue Schule ist viel größer als die im Alten Land, dort, wo er eingeschult worden ist. Hier in der Flugplatzschule, wie sie von allen genannt wird, gibt es viel mehr Kinder. Jede Klasse hat einen eigenen Raum. Als er seinen Klassenraum das erste Mal betritt, sehen ihn alle an. Die Lehrerin begrüßt ihn und stellt ihn vor. Sie ist freundlich, sie lächelt, das macht es ihm leicht, sich dazuzusetzen. Er bekommt einen Platz in der Mitte der hinteren Reihe. Der Unterricht beginnt. Er ist mit den großen Bildern beschäftigt, die hinter der Lehrerin an der Wand hängen. Es sind die Buchstaben des Alphabets. Für jeden Buchstaben gibt es drei Bilder. Bei W steht ein kleiner Leiterwagen, wie Kinder ihn zum Spielen benutzen. Darunter ist derselbe Wagen abgebildet, aber ohne Farben. Dafür ist das W deutlich in den Holzleisten an der Seite zu erkennen. In der dritten Zeile darunter steht das W ganz allein. Da gibt es viel zu sehen, wenn die Lehrerin erzählt oder wenn andere Kinder auf ihre Fragen antworten.

In den Pausen herrscht ein unheimlicher Lärm und es ist so viel los. Die Mädchen spielen Kreisspiele, die er nicht kennt. Sie singen Abzählreime, hüpfen in selbstgemalten Kästchen herum. Das hat er noch nie gesehen. Warum machen die Mädchen das? Die Jungen rennen über den Hof und spielen Kriegen. Das gefällt ihm viel mehr. Zwischendurch geraten sie in Rangeleien. Sie können gar nicht anders. Er spielt mit. Verliert. Gewinnt. Schnell sind die Kräfteverhältnisse klar. Selten muss auf dem Nachhauseweg noch einmal gekämpft werden. Aber es kommt vor.

Einmal geht es um ein Mädchen. Will er sie beschützen? Will er vor ihr angeben? Er weiß es nicht. Er kommt in Rage. Steigert sich in seine Wut hinein und besiegt den anderen Jungen. Vor den anderen Kindern, vor dem Mädchen. Es fließt Blut. Nicht viel, denn die Jungen hören dann sofort auf. Das ist die Regel, die alle hier einhalten. Anderntags muss er sich deswegen von der Lehrerin ein Donnerwetter anhören. Wer hat ihn verpetzt? Er versteht die Aufregung nicht. Es ist doch alles nach fairen Regeln abgelaufen.

Aus einem ganz anderen Grund, den er schon wenige Tage später nicht mehr erinnert, bekommt er es eines Tages mit dem Rektor zu tun. Ist irgendetwas im Unterricht vorgefallen? Hat er sich rüpelhaft verhalten? Der Lehrer weiß wohl nicht mehr, was er tun soll, und nimmt ihn mit zum Rektor. Der nimmt einen Rohrstock vom Schrank, und alle drei gehen zurück in den Klassenraum. Vor der versammelten Klasse fängt der Rektor an, ihn mit dem Stock zu schlagen. Die Lederhose dämpft die ersten Schläge. Das merkt der Rektor und versucht die nackten Beine zu treffen. Jetzt bloß nicht weinen. Bloß nicht. Aber es gelingt nicht ganz. Der Rektor hat manchmal aggressive Ausraster. Sagen die anderen Kinder, sagen auch einige Eltern. Das soll irgendwie mit dem Krieg zusammenhängen. Es tut höllisch weh. Vor allem fühlt er sich so bloßgestellt vor seinen Mitschülern. Aber er weint kaum. Darauf ist er stolz. Seinen Eltern erzählt er davon nichts. Will nicht noch mehr Ärger. Er denkt nur ein paar Tage daran, dann hat er es vergessen, denn er geht gern in die Schule.

Der Unterricht ist interessant. Allerdings nicht immer. Dann sieht er gern aus dem Fenster, vor allem, wenn einige Mitschüler in der Klasse sehr lange brauchen, um eine neue Rechenaufgabe zu verstehen. Da sitzen kleine Vögel auf den Zweigen eines Baumes direkt vor dem Klassenfenster. Ihnen sieht er zu. Dahinter weiße Wolken, dahinter ein blauer Himmel. Eigentlich sitzt er selbst draußen auf dem Baum, klettert dort herum. Das stellt er sich dann vor.

Auf dem Weg nach Hause liegen die Felder und Wiesen auf der linken Seite des Weges. Wenn die Sonne scheint, sehen sie einladend aus. Vor allem im Sommer, wenn das Gras hoch steht, und dazwischen die vielen bunten Blumen. Die Kinder sind immer in einer kleinen Gruppe unterwegs, vier, fünf oder sechs aus derselben Klasse. Mädchen und Jungen. Sie haben Zeit, denn so schnell müssen sie nicht zum Mittagessen zu Hause sein. Sie kommen immer wieder auf neue Ideen, was sie spielen könnten.

Einmal, es ist wohl in der zweiten Klasse, hat jemand die Idee, auf der Wiese Doktorspiele zu machen. Es ist Sommer, es ist warm, das Gras steht hoch, sodass sie sich leicht in ihm verstecken und vom Weg aus nicht gesehen werden können. Die Idee wird von den meisten mit großem Hallo begrüßt. Der Junge findet sie auch sehr spannend, aber auch sehr peinlich. Er schämt sich, wenn er sich vorstellt, dass er da mitmacht. Aber er kann sich nicht verweigern, und neugierig ist er auch.

Die Kinder gehen ein ganzes Stück in die Wiese hinein, weit genug, um vom Weg aus nicht gesehen zu werden. Dann kommt die erwartete Frage: »Wer lässt sich untersuchen? Wer lässt die Hosen runter?« Wieder ist großes Hallo! Der Junge setzt sich etwas abseits, hat den Rücken den anderen zugewandt. Es dauert nicht lange, da hat sich ein anderer Junge gefunden, der sich zur Verfügung stellt. Er zieht die Hose runter, schiebt das Hemd rauf und legt sich auf den Rücken ins Gras.

Stille. Stille. Dann ein Rascheln. Jetzt wird der Junge neugierig und dreht sich um. Die Gruppe sitzt im Kreis um den Patienten herum. Mit langen Grashalmen und Pusteblumen wird der Unterkörper betupft und gestrichelt. Dann ein Kreischen und Lachen. Der Patient hat in hohem Bogen gepinkelt. Alle stieben auseinander. Die Untersuchung ist offiziell beendet. Die Hose wird wieder hochgezogen und alle trollen sich in guter Stimmung zurück zum Schulweg und auf den Weg nach Hause.

Dort steht ein etwas älteres Mädchen, das alles mit angesehen hat, so weit das aus der Entfernung möglich war. Sie wirkt sehr empört. »So etwas darf man auf keinen Fall machen«, sagt sie. »Das werde ich meiner Mutter erzählen.« Sie wirkt wie eine böse Fee, die einen Fluch ausspricht. Die Kinder glauben ihr nicht. »Das traust du dich ja doch nicht!« Sie sind in der Mehrheit und fühlen sich deshalb in Sicherheit. Aber etwas Angst ist doch dabei, als alle zu Hause ankommen. Aber es gibt kein Nachspiel. Die Geschichte bleibt ihr gemeinsames Geheimnis.

Einmal, in der dritten Klasse, ist ein Ausflug in die Heide geplant. Frau Mohr, die Klassenlehrerin, beauftragt alle

Schülerinnen und Schüler der Klasse, ihren Müttern Bescheid zu sagen und sie zu fragen, ob sie mitkommen wollen. Frau Mohr braucht Unterstützung, weil die Klasse so groß ist. Der Junge erzählt es Maman absichtlich nicht. Sie hört es von anderen Müttern und fragt ihn später, warum er nichts gesagt hat. Da hat er plötzlich ein großes Problem. Sofort hat er eine Antwort im Kopf, aber die kann er nicht sagen: Er schämt sich für seine Mutter. Warum? Weil sie so komisch ist. Weil sie oft nicht zuhört und von seinen kleinen Abenteuern nichts wissen will. Das kann er ihr aber nicht sagen! Das könnte er auch nicht erklären. Er druckst herum. Sucht nach einer Ausrede oder nach einer Antwort, die nicht ganz so hart ist. Irgendwann sagt er: »Weil du nicht so schön bist.«

Da hört Maman mit den Fragen auf. Und er? Er versteht sich selbst nicht, denn das ist nun auch nicht schön, so etwas zu sagen. Aber das ist aus ihm so rausgerutscht. Noch lange danach beschäftigt ihn diese Situation. Das, was er gesagt und das, was er nicht gesagt hat. Was hat ihn dazu gebracht? Er weiß es nicht.

Sicher ist aber, er wollte sie nicht dabeihaben bei diesem Ausflug. Sie hätte ihn gestört. Sie hätte ihm den Spaß verdorben. Er wollte auch nicht, dass die anderen Kinder seine Mutter sehen, weil sie ihm peinlich ist, weil sie eine Spielverderberin ist. Aber. Wie soll er das sagen? Er weiß doch selbst gar nicht genau, was er da fühlt. Er ist in Not und in einem Konflikt. Er will seiner Mutter nicht wehtun, aber er will sie auch nicht dabeihaben. Er will nicht. Nein.

Das alles denkt er, träumt er, spinnt er vor sich hin, während er allein auf seinen Lieblingswegen durch die Wäldchen und zu den Karpfenteichen unterwegs ist. Dort beruhigt er sich. Fast immer.

Entschuldigung

Auf dem Weg von der Schule nach Hause sind die Kinder fast immer sehr ausgelassen. Sie lachen, machen Quatsch, und manchmal streiten sie auch. Da gibt es ein Mädchen in seiner Klasse, die oft Anlass zu Hänseleien gibt, da sie schlecht über die anderen Kinder redet und sagt, dass sie die anderen blöd findet. Es kommt wieder einmal zum Streit, dann zu einer Rangelei, und er schubst das Mädchen. Sie fällt in den flachen Graben, der direkt neben dem Schulweg verläuft. Der Graben ist nach dem Regen halbvoll mit Wasser und sonst zugewachsen mit Gras und – Brennnesseln. Sie schreit auf vor Wut und Schmerz. Er erschrickt sich. Das hatte er nicht kommen sehen und auch nicht beabsichtigt. Aber er hat es getan, als sie auch ihn beschimpft hat. Er kann sich vorstellen, wie sehr die nackten Beine des Mädchens durch die Berührung mit den Nesseln brennen. Das kennt er selbst nur zu gut. Das Mädchen rafft sich auf und läuft weinend voraus in den U-Block nach Hause.

Noch vor dem Mittagessen kommt die Mutter des Mädchens zu seiner Mutter und beschwert und beklagt sich über sein Verhalten. Er selbst ist noch nicht da. Als er kommt, nimmt Maman ihn sofort an die Hand und sagt: »Wir gehen jetzt runter zu dem Mädchen und du entschuldigst dich!« Da wird ihm schrecklich heiß und er weigert sich. »Nein! Sie hat angefangen! Ich habe keine Schuld! Und überhaupt. Das mache ich nicht!« Aber. Maman ist unnachgiebig. »Du darfst auf keinen Fall ein Mädchen schlagen! Du musst dich entschuldigen. Das ist das Wenigste! Ich begleite dich.« Da bleibt ihm nichts anderes übrig. Sie gehen langsam die Treppen hinunter. Er ist voll von Gefühlen der Angst und der Scham. Erwartet das Schlimmste. Stellt sich darauf ein, dass er angeschrien und vielleicht auch geschlagen wird. Da muss er jetzt durch. Das muss er jetzt auf sich nehmen. Ja. Er fühlt sich schuldig. Maman klopft an die Tür. Die Mutter des Mädchens öffnet. Maman und er treten ein. Das Mädchen steht ruhig im Hintergrund und blickt neugierig zu ihm hinüber. Er ist total angespannt. Maman gibt ihm einen Schubs und sagt:»So, und jetzt entschuldigst du dich!« Und er sagt halb zum Mädchen und halb zu dessen Mutter:»Es tut mir leid. Das wollte ich nicht. Das mache ich auch nicht wieder.« Dabei wäre er vor Scham am liebsten im Boden versunken. Die Mutter des Mädchens bleibt ganz ruhig. Sie wirkt fast ein wenig erstaunt. Sagt dann:»Ich finde es gut, dass du dich entschuldigst. Die Brennnesseln haben Christa sehr wehgetan. Ihr solltet euch nicht so streiten.« Dann sieht sie ruhig und fast freundlich zu ihm rüber. Er ist wie vom Donner gerührt. Er hat es überlebt. Diese Szene wird er so schnell nicht vergessen. Später merkt er, wie sehr er erleichtert ist und dass die Entschuldigung auch ihm selbst gutgetan hat. Dem Mädchen geht er von jetzt an aus dem Weg.

Germanische Heldensagen

Von germanischen Göttern und Helden hört er am Sonntagmorgen im Bett. Papa erzählt die alten Sagen als eine Fortsetzungsgeschichte. Von Freyja ist die Rede, der nordischen Liebesgöttin, und von Yggdrasil, der Weltesche, um die sich die große Midgardschlange gewunden hat. Sie tauchen ein in die Geschichte vom verschlagenen Loki und von Thor, der mit seinem mächtigen Hammer gegen die Riesen kämpft. Andächtig lauscht er den Beschreibungen vom klugen einäugigen Wotan, auf dessen Schultern Raben sitzen, die ihm Nachrichten ins Ohr flüstern, die sie ihm aus allen Teilen der Welt zutragen. Vögel der Weisheit. Er stellt sich Walhalla vor, den Ort, wohin alle toten Helden kommen, um dort mit ihren Vorfahren und den Göttern zu feiern. Immer geht es in den Geschichten um Götter und Helden und Menschen, die zu großen Taten fähig sind. Er bewundert sie alle.

Dann gibt es aber ein paar Geschichten, die ihn verunsichern, die er zuerst nicht glauben kann. Unter diesen guten Göttern gibt es den verschlagenen Loki, der böse und gemein sein kann. Wie kann das sein? Sind die Götter nicht alle gut? Und es gibt Baldur, den Gott des Frühlings, der stirbt. Jedes Jahr. Und er wird immer wieder neu geboren. Das kann er nicht verstehen. »Es ist wie in der Natur«, sagt Papa. »Im Winter sieht es so aus, als ob alles in der Natur stirbt. Es wird kalt und die Blätter fallen ab. Im Frühling wird es wieder grün und es beginnt zu blühen.« Er findet die Geschichten spannend und es ist schön, sich an Papa anzukuscheln und sich in diese märchenhafte Welt der germanischen Götter versetzen zu lassen. Unklar bleibt, wie er sich einen Gott vorstellen soll, der immer wieder freiwillig stirbt.

All das fand vor langer, langer Zeit statt, in einer grauen Vorzeit, wie Papa sagt. Aber wann war das? Wann hat es diese Welt gegeben? Er fängt an, sich vorzustellen, dass alle Personen, von denen in den Geschichten die Rede ist, seine Vorfahren sind. Es sind ihre gemeinsamen Vorfahren, die von Papa und von ihm. Das gibt ihm jetzt, er ist sechs oder sieben Jahre alt, ein Gefühl tiefer und enger Verbundenheit. Zwischen ihm und Papa. Aber auch mit seinem Großvater, der noch lebt, den er aber wohl nie kennenlernen wird, weil er weit weg in einem anderen Land lebt, das man nicht besuchen kann. Er stellt sich eine Gemeinschaft von Männern vor. Aber auch die Frauen haben ihren Platz in diesen Geschichten.

Von Drachen, von Geistern des Nordens und von Siegfried wird erzählt, der die Sprache der Vögel versteht und den Drachen tötet. Auch er fängt an, den Vögeln genauer zuzuhören, und manchmal glaubt er sie zu verstehen. Drachen zu töten, daran denkt er auch manchmal, wenn er allein in den kleinen Wäldchen unterwegs ist.

Er genießt die Morgenstunden mit Papa im Bett, wenn Maman schon das Frühstück macht. Niemand hat Eile, weil es Sonntag ist. Er kann mit seiner Fantasie in jeden Himmel folgen, von dem Papa erzählt, und in jede Unterwelt. Jeden Drachen besiegen. Jede Jungfrau befreien. In jedes Märchen eintauchen.

Irgendwann sind alle Geschichten erzählt. Etwas Neues beginnt.

Eindrücke im Haus

Es muss der erste oder zweite Sommer sein. Da gibt es einen großen Konflikt im U-Block. Im ganzen Haus herrscht Aufregung. Der Junge nimmt es wahr als eine leicht bedrohliche Stimmung. Verwirrung. Er hört viele fragende Stimmen. »Wie es wohl weitergeht?« »Was kann man da tun?« »Wer ist daran schuld?« Worum es geht, erzählen die Eltern nicht. Er soll sich keine Gedanken machen. Aber, er macht sich Gedanken.

Dann hört er, dass ein Treffen stattfinden soll, an dem alle Bewohner des U-Blocks teilnehmen. Herr von Rieken soll die Versammlung und die Diskussion leiten. Das ist Karins Vater. Er hat ihn noch nie gesehen. Das Besondere ist, dass Herr von Rieken ein ehemaliger Hauptmann der Wehrmacht gewesen ist. Deshalb trauen ihm die Bewohner zu, dass er den Konflikt lösen kann. »Der kann reden.« »Der kann für Ordnung sorgen.« »Der hat Autorität.« Sagen die Leute auf den Fluren. Ein Hauptmann, ein Offizier! Viel Anerkennung, Respekt und etwas Ehrfurcht liegt in den Stimmen. Er stellt ihn sich groß und stark vor und mit einer schicken Uniform mit Abzeichen. Alle stehen vor ihm auf, wenn er den Raum betritt, warten auf sein Zeichen, um sich wieder zu setzen.

Das ist einer der ganz wenigen Momente, in denen vom Krieg gesprochen wird, wenn auch nur indirekt. Soldat und Offizier gewesen zu sein, das spielt offenbar eine große Rolle. Ob alle anderen Männer im U-Block auch Soldaten gewesen sind? Er traut sich nicht, diese Frage zu stellen. Niemand spricht darüber.

Nach der Versammlung ist alles ruhig. Das Problem ist wohl gelöst. Sie findet übrigens an einem ungewöhnlichen Ort statt, unter dem Dach, dort, wo die Mütter sonst die Wäsche aufhängen. Da ist viel Platz.

Über die Familie von Heinz Schmitt wird häufig geredet. Sie wohnen in der ersten Etage. Von den Nachbarn kann niemand sagen, wie es in der Wohnung aussieht, denn Ilse Schmitt lässt niemanden herein. Sie fertigt alle an der Tür ab, selbst den Postboten. Er hört die Neugier der Nachbarinnen in ihren Stimmen, wenn sie über die Familie

Schmitt reden. Er selbst kann manchmal einen kurzen Blick in die Wohnung werfen, wenn er Hanne zur Schule abholt. Sie gehen in dieselbe Klasse und verstehen sich gut. Für ihn ist da nichts Geheimnisvolles.

Die Familie Schmitt gilt als arm. Wenn über sie geredet wird, hat das meist damit zu tun. Heinz wird von den Bewohnern nur mit Vornamen genannt. Das findet der Junge merkwürdig und irgendwie respektlos. Alle anderen Mitbewohner werden mit dem Nachnamen genannt.

Heinz hält einige Kaninchen in kleinen Ställen, die er selbst gebaut hat. Sie stehen ganz am Rand des Hofes an der Rückseite der großen Garagen, die den Hof zum Englischen Gebiet hin abgrenzen. Von den Kaninchen wird ein oder zwei Mal im Jahr eines geschlachtet. Die Nachbarn drängen darauf, dass die Kinder nicht mit ansehen müssen, wie das Blut fließt, wenn geschlachtet wird. Die Kinder sind natürlich neugierig und wollen wissen, wann und wie es geschieht. Am nächsten Tag stellen sie dann fest, dass zwei Kaninchen fehlen. Sie sind nicht mehr im Stall. Stattdessen hängen da zwei Felle zum Trocknen.

Er betrachtet sie genau und von allen Seiten. Fell ist auf der einen, glatte Haut auf der anderen Seite. Er entdeckt kleine Reste von Blut.

Wie hat Heinz sie wohl umgebracht? Mit der Axt? Mit dem Messer? Die Kinder, insbesondere die Jungen, debattieren diese Frage untereinander und versuchen sich das vorzustellen. Oder mit einem Schlag auf den Kopf, so wie Papa den Karpfen getötet hat. Zu Weihnachten. Seine Schwester hat da entsetzlich geschrien. »Der arme Karpfen!« Sie hat später kein Stück von dem toten Fisch gegessen.

Bestimmt ist beim Töten der Kaninchen viel Blut geflossen. Er stellt es sich vor und ist voller Ekel und voller

Erregung. Ob das lange gedauert hat? Ob das Kaninchen etwas davon gemerkt hat? Dann fällt ihm ein: Indianer machen das auch, wenn sie auf die Jagd gehen. Sie töten Tiere und ernähren damit die Familien. Das muss aufregend sein. Oft spielen er und seine Freunde Indianer und Cowboys. Dann rennen sie durch die kleinen Wäldchen. Sie klettern rasch und geschickt auf Bäume wie die Indianer. Wie gern hätte er eine Kriegsbemalung gehabt. Wie die Indianer im Kino. Aber er hat nicht die richtigen Farben. Ja, im Kino kann er sehen, wie eine richtige Kriegsbemalung aussieht.

Heinz organisiert für seine Familie im Herbst Kartoffeln. Wenn die anderen Erwachsenen »organisiert« sagen, verziehen sie den Mund und dehnen das Wort in die Länge. Es klingt missbilligend. Zur Erntezeit, frühmorgens, noch bevor der Bauer aufs Feld geht, ist Heinz dort und bringt manchmal einen ganzen Sack voll Kartoffeln mit nach Hause. Die Nachbarn rümpfen die Nase. Das macht man eigentlich nicht. Aber Heinz hat kein Geld. Das sagen sie dann auch. Wovon soll die Familie leben? Also lässt man ihn in Ruhe. Stehlen darf man nicht. Aber manchmal darf man es wohl doch. Dann heißt es »organisieren«. Heinz ist nicht der einzige im U-Block, der wenig Geld hat.

Geldangelegenheiten

Auch das Geld in seiner eigenen Familie ist knapp. Papa arbeitet beim Finanzamt. Er ist dort fest angestellt, aber er verdient nicht viel. Zur Zeit des Einzugs in den U-Block sind es etwa dreihundert Mark. Für die Wohnung zahlen die Eltern dreißig. Vierzig Mark Haushaltsgeld für die Woche sind eingeplant. Maman hat Schwierigkeiten, sich das Haushaltsgeld für den Monat so einzuteilen, dass es bis zum Ende reicht. Eine gute Freundin gibt ihr den Tipp, für jede Woche einen Briefumschlag anzulegen, in dem sie das Geld für eine Woche aufbewahrt und dann nicht mehr ausgibt als das, was drin ist. Maman bedankt sich für den Rat und beherzigt ihn. Offenbar mit Erfolg.

Geldangelegenheiten wollen die Eltern offen besprechen. Die Kinder sollen hören, was Papa verdient und wofür sie das Geld ausgeben. Das ist den Eltern wichtig. Er hört aufmerksam zu. Auch, wenn er nicht immer alles versteht. Wenn in dieser Weise von Geld gesprochen wird, kann er fühlen, dass sie immer knapp bei Kasse sind, und es zieht sich dann etwas in ihm zusammen. Mitgefühl und Mitleid mit den Eltern ist da und auch Angst, dass es vielleicht nicht reicht. Er spürt ihre Sorgen, ihre Not und den Kummer, sich und den Kindern nicht mehr bieten zu können. Er versteht jetzt, warum er so selten Süßigkeiten bekommt, aber auch, warum sie sich keine richtige Wohnung leisten können. Warum sie dort nicht wegkommen. Aus der Kaserne. Liebend gern würden die Eltern ausziehen. Aber, sie können es nicht ändern. Sie müssen sich darauf einstellen, sparsam zu leben und immer knapp bei Kasse zu sein.

Der Junge lernt, seine Lust auf Süßigkeiten zu beherrschen. Wenn er einmal eine Tafel Schokolade geschenkt bekommt, was sehr selten passiert, zu Weihnachten oder zum Geburtstag, dann verwahrt er sie. Unter den Taschentüchern in der Kommode im Wohnzimmer. Das ist sein Versteck. Nicht selten vergisst er sie dort. Ganz im Gegensatz zu seiner Schwester, die nach ein, zwei Tagen nichts mehr von ihrer Schokolade übrig hat. Maman findet seine Schokolade dann beim Einräumen frisch gebügelter Wäsche. Er hat sich seinen Schatz aufbewahrt. Darauf ist er stolz. Erntet ein Staunen und ein bisschen Bewunderung von den Eltern und anderen Erwachsenen, denen davon erzählt wird. Er hört aber auch, dass es eigentlich normal ist für Kinder, wenn sie ihre Süßigkeiten in kurzer Zeit aufessen.

Briefmarken

Papa ist Briefmarkensammler, und er darf ihm beim Sammeln helfen. Genau genommen hat aber der Junge damit angefangen, als er im Harz in einem Verschickungsheim ist, in Clausthal-Zellerfeld. Er sammelt die Briefmarken, die auf den Briefen und Postkarten seiner Eltern kleben. Fragt dann auch die anderen Kinder, ob er die Briefmarken von ihren Briefen haben kann. Am Ende hat er zwanzig oder dreißig zusammen. Papa nimmt das zum Anlass, selbst wieder mit dem Sammeln anzufangen, wie er es vor dem Krieg gemacht hat, wie er erzählt. Der Junge selbst verliert schon bald wieder das Interesse daran.

Aber dann entdeckt er diese ganz besonderen Briefmarken: Darauf sind Panzer, Jagdflugzeuge, Kriegsschiffe, Soldaten als Fallschirmspringer und Soldaten als Gebirgsjäger abgebildet. Die Abbildungen auf den Briefmarken sind eindrucksvoll. Sie erregen bei dem Jungen große Gefühle. Er sieht mächtige Waffen und starke, tapfere Männer. So einer will er auch gern werden. Papa sagt dazu nichts. Gar nichts. So ist er mit seinen Fantasien und Gefühlen allein, wenn er die Briefmarken genau betrachtet und eintaucht in eine aufregende grandiose Bilderwelt mit dem Aufdruck: GROSSDEUTSCHES REICH.

Es gibt da ein Foto von Papa, das liegt in der Schachtel, in der auch andere alte Fotos liegen aus der Zeit, als Krieg war. Auf einem der Fotos trägt Papa eine schwarze Uniform. An den Kragenecken sind Zeichen für Blitze zu erkennen. »Das sind SS-Zeichen.« Erklärt ihm Maman. »Papa hat schick in seiner Uniform ausgesehen«, sagt sie auch noch. In ihrer Stimme klingt Freude durch und Stolz auf Papa. – Großdeutsches Reich und Krieg. Das weckt seine Neugier, nicht viel, aber genug, um bei nächster Gelegenheit die Ohren besonders aufmerksam aufzusperren. Das ist der Fall, als ein Mann zu Besuch kommt, den der Junge noch nicht kennt.

Persilschein

Es ist ein alter Freund von Papa und Maman. Er besucht sie im U-Block. Das ist aufregend, denn so etwas kommt sehr selten vor. Er heißt Herbert Fröhlich. Maman scheint ihn auch zu kennen, aber nicht so gut wie Papa. Er sieht gut aus. Einen so gut angezogenen Mann hat der Junge noch nicht gesehen. Er trägt einen schicken Sommeranzug und ein weißes Hemd mit Manschettenknöpfen. Er trägt das mitten in der Woche und nicht nur am Wochenende. Er hat offenbar Geld und kann sich das leisten.

Dann fällt ihm auf, dass dem Mann eine Hand fehlt. Die eine Hand ist eine Prothese. So etwas hat der Junge noch nicht gesehen. Er darf die Prothese anfassen. Er berührt den schwarzen Lederhandschuh. Darunter befindet sich eine Hand aus Holz, erklärt ihm Herbert Fröhlich. Weshalb besucht er sie eigentlich? Nach der ersten freudigen Begrüßung wird darüber auch gesprochen. Herbert Fröhlich braucht eine schriftliche Bestätigung von Papa. Das ist etwas ganz Wichtiges. Nur Papa weiß, wie man die beschaffen kann. Dass Papa so wichtig ist und über so wichtige Dinge Bescheid weiß, ist dem Jungen neu, und es macht ihn stolz. Worum es geht, bleibt lange im Nebel. Aber dann hört er, dass beide Männer in der SS gewesen sind und eine Bescheinigung brauchen, die man auch Persilschein nennt. Damit wollen sie der Polizei gegenüber nachweisen, dass sie keine Verbrecher sind. Einer bestätigt es dem anderen. Der Junge versteht das nicht. Aber diese Sache ist so wichtig, dass Heinz Fröhlich extra angereist ist, von weit her. Er bleibt zwei Tage, wohnt in einem Hotel in der Stadt. Dann reist er wieder ab. Er wirkt zufrieden und erleichtert, und Papa auch.

Onkelehe

Sein Spielfreund Klaus wohnt mit seiner Mutter, seinem Onkel und einem Schäferhund in einer Wohnung auf dem oberen Flur. Wie er selbst. Aber am anderen Ende. Diese Familie gilt als dunkel, etwas geheimnisvoll und – wie soll er sagen? Maman nennt sie »etwas zwielichtig«. Man weiß nicht, womit sie ihr Geld verdienen. Ist es das? Sie leben wie eine Familie miteinander. Vater, Mutter und Kind. Aber Klaus nennt seinen Papa seinen Onkel. Wieso? Irgendwann redet er mit Maman darüber. Die erzählt ihm dann, dass

Klaus' Mutter ihren Ehemann wahrscheinlich im Krieg verloren hat. Verloren? »Nein, er ist wahrscheinlich gefallen. Gestorben. Umgekommen im Krieg. Wie so viele Männer.« –

»Die Frauen«, erklärt Maman weiter, »haben sich neue Männer gesucht, mit denen sie zusammenleben. Sie wollen aber nicht auf die Witwenrente verzichten, die ihnen zusteht, weil ja ihr Mann im Krieg gefallen ist. Deshalb leben sie mit ihren neuen Männern wie ein Ehepaar zusammen, heiraten aber nicht. Diese Männer sind die Onkel der Kinder.« So ganz versteht der Junge das nicht. Es sind aber traurige Geschichten. Der Krieg und der Tod spielen darin eine entscheidende Rolle. Darüber wird aber eigentlich nie gesprochen. Oder nur ganz selten. Wie bei der Onkelehe.

TOD. GEBURT. FLUCHT

Wilfrieds Bild

Er entdeckt das Bild kurz nach dem Einzug in die neue Wohnung im U-Block. Da hängt ein Schwarz-Weiß-Foto in Postkartengröße gerahmt an der Wand im Wohnzimmer in einem ovalen Passepartout. Darauf zu sehen ist ein kleiner Junge. Klein ist er, auch aus der Perspektive eines Sechsjährigen. Dieser Junge trägt eine weiße Spielhose mit Trägern über nackten Schultern. Lockenkopf. Ernstes Gesicht. Aufmerksamer Blick in die Kamera. Das soll sein Bruder sein? Eine merkwürdige Vorstellung. Er kennt ihn doch gar nicht. Unter dem Bild hängt eine kleine Vase von besonderer Form. Sie sieht aus wie eine umgedrehte Zipfelmütze. Aus Ton, in welligen Ringen geformt. Dunkles Gelb mit roten Verzierungen. Darin oft Blumen. Von draußen. Von einer Wiese oder einem Feldrand.

Das einzige andere Bild im Wohnzimmer ist viel größer. Es ist ein schwarz-weißes Foto von einem Pferdekopf in einem silbern glänzenden Rahmen. Was haben die Bilder miteinander zu tun? Fragt sich der Sechsjährige. Stellt diese Frage nie. Bekommt nie eine Antwort.

»Das ist Wilfried, dein Bruder«, sagt Maman, als sie seinen fragenden Blick bemerkt. »Ein ganz lieber Junge. Ein Sonnenschein!« – »Wo ist er jetzt?« – Schweigen. Maman sagt erst einmal gar nichts. Der Junge sieht fragend zu ihr hinüber. »Er ist gestorben. Sehr früh. Er war noch ganz klein.« – Schweigen. – Der Junge forscht in Mamans Gesicht. Es sieht aus, als wenn sie nach Worten sucht. »Es war ein Unfall.« – Sie macht eine Pause und es sieht so aus, als würde sie sich jetzt an die Situation erinnern. »Wir lebten damals noch in Konitz, wo wir bis zur Flucht kurz vor Kriegsende blieben. Ich habe drei Jahre um ihn geweint.«

Drei Jahre hat sie geweint, denkt der Junge. Das sagt sie später noch ein paar Mal. Der Junge versucht sich vorzustellen, wie das wohl aussah. Liefen ihr immer die Tränen? Schluchzte sie, wenn sie weinte? War sie immer traurig? Dieses Bild von Maman begleitet ihn, taucht in den folgenden Tagen immer wieder auf. Jetzt ist von der Trauer in ihrer Stimme nichts zu spüren. Ist die Trauer jetzt vorbei? Die Blumen, die er von Zeit zu Zeit in der Vase entdeckt, hat wohl sie hineingestellt. Sie rühren ihn und lassen ihn dann einen Moment lang an den toten Bruder denken. Er kann ihn sich aber beim besten Willen nicht vorstellen. Spürt jetzt selbst manchmal eine Trauer, obwohl er den Bruder nicht gekannt hat, ihn nie gesehen hat. Außer auf diesem Foto.

In den folgenden Jahren erfährt der Junge ein paar Einzelheiten mehr.

Wilfried starb am 8. Februar 1944. Da war er ziemlich genau zweieinhalb Jahre alt. Ein ganz kleiner Bursche. Ob er noch Windeln trug? Wie er wohl war? Wie er wohl redete? Was er wohl gern spielte? Ob er sich mit ihm auch so gut vertragen hätte wie mit seiner Schwester?

Wie? Die Frage entsteht von ganz allein: Wie konnte das geschehen? Maman war doch dabei. Wieso hat sie das nicht verhindert? Irgendwann fasst sich der Junge ein Herz und fragt, als er wieder einmal vor dem Bild steht: »Wie ist das denn passiert?« Er ist ganz gespannt, was Maman wohl erzählen wird.

»Er ist in der Waschküche herumgerannt und hat gespielt, als ich bei der Arbeit war. Ich hatte den Blick auf die Wäsche gerichtet. Er lief hinter mir hin und her und zerrte an meinem Rock und an meiner Schürze. Ich fühlte mich gestört. Schubste ihn unabsichtlich mit dem Po beiseite.

Dabei fiel er dann in den Bottich mit heißem Wasser. Es war kochend heißes Wasser.« Maman macht eine Pause. »Es war so schrecklich. Er schrie und schrie und hörte nicht wieder auf.« Sie stockt wieder, macht eine Pause. »Er erlitt Verbrühungen dritten Grades. Da konnte kein Arzt mehr helfen. Er ist nach drei Tagen im Krankenhaus gestorben.« Maman ist jetzt außer Atem und hat Tränen in den Augen. Sie nimmt ihn in die Arme und drückt ihn fest an sich. Der Junge fragt nicht weiter. Jetzt kann er sehen und fühlen, wie traurig Maman ist. Jetzt kann er sich auch vorstellen, was passiert ist. Es war bestimmt nicht das erste Mal, dass der kleine Wilfried Maman nervte, wenn er so wild und so lebendig war. Er kann verstehen, dass Maman in Wut geriet, wenn Wilfried sie herausforderte, wenn er sie störte. Wenn er mit ihr spielen und ihre Aufmerksamkeit wollte. Wütend kennt er Maman auch. Aber das ist selten.

Es wird nicht das erste Mal gewesen sein, dass Maman ungeduldig mit ihm war. Das muss in der Familie und im Freundeskreis bekannt gewesen sein, denn sonst hätte es die Prophezeiung nicht gegeben. Es gibt eine Geschichte, die Maman in diesem Zusammenhang manchmal erzählt. Sie erzählt sie ein paar Jahre später, als sie den Eindruck hat, dass der Junge die Geschichte jetzt verstehen kann.

»Es war am Sylvesterabend, kurz nach zwölf, zu Beginn des Jahres 1944.« So beginnt Maman, und ihre Stimme klingt, als wenn sie ein Märchen erzählt. »Es war in der Nähe von Konitz auf dem Land, in einem kleinen Gutshof, wo eine meiner Tanten wohnte. Wir waren eine gesellige Runde und feierten wie oft am Jahresende. Freunde und Familienmitglieder saßen da zusammen.

Da kam einer auf die Idee, dass Tante Anna uns zum Jahresbeginn die Karten legen sollte. Sie war eine Verwandte von mir. Von ihr wurde gesagt, sie habe das Zweite Gesicht. – »Was ist ein zweites Gesicht?«, fragt der Junge. – »Das heißt, dass man in die Zukunft sehen kann.« – »Kann man denn in die Zukunft sehen?« – »Das weiß ich auch nicht. Aber alle wollten wissen, was das neue Jahr für sie bringt. Alle waren gut gelaunt und gehobener Stimmung. Nur Tante Anna ging es nicht gut.« – »Wieso denn?« – »Sie hatte schon zu oft recht behalten mit ihren schlechten Voraussagen. Außerdem war es für sie wohl immer sehr anstrengend, sich zu konzentrieren.« – »Wie ging es weiter?« – »Sie ließ sich nach langem Zögern endlich überreden, und alle waren in freudiger Erwartung, was Anna wohl sagen würde.«

Hier macht Maman eine Pause und es sieht so aus, als wolle sie nicht weitererzählen.

Der Junge ahnt, dass jetzt etwas ganz Besonderes, etwas ganz Dramatisches kommen wird. Maman berichtet stockend. »Dann sagte Tante Anna zu mir: Irmchen! Neben Wilfrieds Bettchen steht der Totengräber!«

Da glaubt der Junge eine tiefe Erschütterung zu spüren und ein Donnern zu hören und versteht nicht, warum. »Was meinte sie damit?« – »Das wusste ich auch nicht.« – Hier macht Maman eine Pause.

»Wir alle haben das in dem Moment nicht ernst genommen. Wir haben die Warnung nicht gehört. Ich erinnere mich nicht so genau. Vielleicht haben wir gelacht, weil alle schon angetrunken waren. Erst als einen Monat später das tödliche Unglück passiert ist, fiel mir dieser Satz wieder ein. Ich werde ihn nie wieder vergessen.« – Als Maman das sagt, zittert ihre Stimme und sie wiederholt den Satz: »Irmchen. Neben Wilfrieds Bettchen steht der Totengräber.«

Bei einer anderen Gelegenheit erzählt Maman, dass sie nach der Beerdigung ihres erstgeborenen Sohnes, noch im Februar 1944, zu Papa nach Salzburg zieht. Dort arbeitet er in einer Dienststelle des SD, des Sicherheitsdienstes. Seine Kollegen sind freundlich und überaus hilfsbereit. So darf Maman, um sich abzulenken und etwas zu tun zu haben, in dieser Dienststelle Akten bearbeiten.

Nach kurzer Zeit wird sie schwanger. Ende Dezember wird dann ihr zweiter Sohn geboren. »Jetzt hast du wieder ein Kind«, sagt Papa, als der Arzt bestätigt, dass sie schwanger ist. So ist er in die Welt gekommen. Damit Maman wieder ein Kind hatte und nicht mehr so traurig sein musste.

Erst viele Jahre später fällt dem Jungen auf, dass er dem Tod seines Bruders sein Leben verdankt.

Maman – Kindheit in Konitz

Maman erzählt gern, und sie erzählt häufig von ihrer Kindheit in Konitz. Das liegt in Westpreußen. Der Junge hat keine Vorstellung davon, wo es liegt und wie weit es entfernt ist. Aber es klingt so, als seien es sehr viele Kilometer und als lägen die Geschichten weit entfernt und unerreichbar in der Vergangenheit. Was Maman erzählt, kann er sich gut vorstellen. Ihre kleinen Geschichten sind lebendig. Wenn sie erzählt, hat Maman meist gute Laune. Wenn er die Beschreibungen hört, stellt er sich Konitz als eine schöne Stadt vor. Im Elternhaus, in dem Maman gelebt hat, muss es immer sehr lebendig gewesen sein.

»Ich hatte zwei Brüder, Hermann und Rudolf, und zwei Schwestern, Ute und Agnes. Wir waren fünf Kinder zu Hause.« So viele Kinder in einem Haus? Der Junge stellt sich das sehr aufregend vor. »Wir hatten keinen Vater.« – »Keinen Vater? Wieso nicht?« »Unser Vater ist früh gestorben. Ich war erst vier Jahre alt, und Ute war gerade erst geboren. Wir fanden ihn morgens ganz still im Bett. Sein plötzlicher Tod war für uns alle unfassbar.«

Wie das wohl ist, ohne Vater? Der Junge kann sich das nicht vorstellen. Das muss traurig gewesen sein. Er denkt an seinen Vater, an die Geschichten, die er erzählt, und an die Ausflüge, die er oft organisiert.

»Oma war dann ganz allein mit uns Kindern.« Maman bekommt einen traurigen Blick, wenn sie von Omas Sorgen erzählt. »Sie musste sich jetzt um die Geschäfte kümmern, die Opa gehört hatten. Damit hatte sie aber keine Erfahrung. Rudolf Baumgartner war ein wohlhabender Geschäftsmann. Er besaß ein gut gehendes Kolonialwarengeschäft und eine Gastwirtschaft. Oma brauchte jetzt jemanden, der diese Aufgabe übernahm. Das war aber nicht so leicht.« Sie macht eine Pause.

»Es war ein schwerer Schicksalsschlag für Oma und für uns alle. Aber nicht nur für uns. In Großvaters Gastwirtschaft trafen sich abends regelmäßig die »Herren« des Ortes. Sie spielten Karten und unterhielten sich über alles, was in Konitz so passierte. Der Kellner überbrachte eines Abends die Nachricht vom völlig überraschenden Tod des Herrn Baumgartner den Herren in der Gastwirtschaft. Einer baute sich vor ihm auf und gab ihm eine schallende Ohrfeige: »Mit so etwas spaßt man nicht!« Als sich herausstellte, dass der Junge die Wahrheit gesagt hatte, herrschte allgemeines Schweigen und große Betroffenheit. Es war auch für sie völlig unvorstellbar, dass Rudolf Baumgartner tot war. Zur Beerdigung kamen viele Menschen. Halb

Konitz schien ihn gekannt zu haben. Er war wohl ein beliebter und wichtiger Mann in der Stadt gewesen.«

Wenn Maman von Opas Tod erzählt, entsteht bei dem Jungen ein Bild von Unordnung und Angst vor der Zukunft. Oma Inge musste jetzt die Leitung der Betriebe übernehmen. »Sie tat ihr Bestes, aber Geschäftsführung war nicht ihre Sache.« Flüstert Maman. »Sie fand einen polnischen Verwalter, der seine Sache so recht und schlecht machte. Opa Rudolf war nicht zu ersetzen.«

Im Haus und mit den Kindern war es für Oma auch schwer! Sie war oft abwesend. Da musste Agnes, die älteste Tochter, bei den jüngeren Geschwistern oft die Mutter vertreten. »Die große Schwester war dann laut und streng und schlug auch schon mal kräftig zu. Aber gegen Hermann und Rudolf, die nur zwei und drei Jahre jünger waren als sie und echte Rabauken, konnte sie sich nur selten durchsetzen.« Das wiederholt Maman sehr oft. Die Jungen schienen nichts Schöneres zu kennen, als ihre Schwestern zu ärgern. So, wie Maman es erzählt, klingt es fast nach Feindschaft, wenn die Brüder die Puppen der Mädchen demonstrativ in der Regentonne versenkten. »Da fehlte ein strenger Vater«, sagt Maman oft. »Nur der hätte sie bändigen und zur Ordnung rufen können.«

Einen der Brüder hat der Junge schon kennengelernt. Das ist sein Onkel Rudolf. Er hat denselben Namen wie der Opa. Onkel Rudolf war freundlich. Er hatte einen schiefen Hals. Eine Verletzung aus dem Krieg war schuld daran. Onkel Rudolf hatte ihn versorgt, als Maman im Krankenhaus war. Damals, als sie mit einem kleinen Baby zurückkam, seiner Schwester. Der Junge findet Hermann und Rudolf trotz der bösen Geschichten von Maman meist sympathisch. Er hätte nicht sagen können, warum.

»Als ich klein war«, erinnert sich Maman, »hatten wir zu Hause ein Kindermädchen, eine Köchin und eine Putzfrau. Im Laufe der Jahre nahm die Zahl der Angestellten ab. Eine nach der anderen musste entlassen werden. Die Geschäfte gingen eben nicht mehr so gut.« Der Junge kann sich vorstellen, wie das ist, wenn eine Köchin im Haus ist oder ein Kindermädchen. Aber er hat so etwas noch nie irgendwo selbst gesehen. Was er sich vorstellt, wenn er Maman zuhört, sind Bilder und Geschichten aus einer Welt der Wohlhabenden. Es ist wie in einem Märchen, an einem Königshof, so hört sich das für ihn an.

Viele Jahre später erzählt Maman noch einmal, wie sehr die Schwestern zusammengehalten und darunter gelitten haben, als sie sahen, wie es ihrer Mutter finanziell immer schlechter und schlechter ging. Sie dachten nach und hatten kindliche Fantasien, wie sie ihrer Mutter zu Geld verhelfen könnten. Ohne Erfolg, natürlich. Als Kinder waren sie wie ihre Mutter dem Schicksal ohnmächtig ausgeliefert.

In einer der Geschichten von Maman hört er, wie sehr Oma Inge, die ein Mädchen vom Land war, sich gewünscht und gehofft hatte, einen wohlhabenden Mann aus der Stadt für sich zu finden. Ihren Märchenprinzen. Ihr Traum wurde wahr in Gestalt von Rudolf Baumgartner. Sie war glücklich und stolz. Ein Familienfoto zeigt sie mit ihren fünf Kindern im Studio des Fotografen. Alle wie aus dem Ei gepellt. Schick und fein gekleidet.

In anderen Geschichten erzählt Maman von ihrer Arbeit als Arzthelferin bei Fräulein Mertens, einer Zahnärztin. Sie war eine entfernte Verwandte der Familie. Das sind fast immer lustige Geschichten. Fräulein Mertens war eine lebenslustige Person, und so herrschte in ihrer Praxis wohl immer eine gute Stimmung. Maman saß im Vorzimmer und nahm die Patienten in Empfang. Das waren meist Deutsche, die Fräulein Mertens schon lange gut kannten. Ganz selten kamen Polen zu ihnen, die auf dem Lande lebten. Maman arbeitete dort ohne Ausbildung. Sie war nach der Mittleren Reife vom deutschen Gymnasium abgegangen. Oma konnte das Schulgeld nicht mehr zahlen. So reimt der Junge es sich zusammen.

Mit ihren Freundinnen fuhr sie im Sommer an Wochenenden oft raus an einen Badesee. Maman erzählt dann von einem schönen, großen, langgestreckten, von Wäldern umgebenen See. Weit genug weg von zu Hause, so dass sie alle Sorgen hinter sich lassen konnte. Nein, schwimmen hat sie hier nicht gelernt. Das Wasser am Rand des Sees war nicht tief genug. Warum sollte sie auch schwimmen lernen? Das war nicht nötig, sagt sie. Das versteht der Junge nicht. Schwimmen zu können ist doch wichtig. Sonst kann man ertrinken. Das hat er jedenfalls schon oft gehört.

Maman erzählt auch von den Festen im »Deutschen Haus«, wohin sie oft zum Tanzen ging. Das Haus muss eine besondere Bedeutung gehabt haben. Wenn Maman das Wort ausspricht, hat es einen besonderen Klang. Das »Deutsche Haus«. Dort hat sie auch Papa kennengelernt, als er im großen Saal einen politischen Vortrag hielt. Das war vor dem Krieg.

Sie erzählt auch, dass Konitz in Polen lag, obwohl es eigentlich zu Deutschland gehörte. Sie ging noch nicht zur Schule, da haben die Polen es annektiert, wie sie sagt. Die Polen haben es besetzt, dagegen konnten die Deutschen nichts machen. Viel mehr sagt sie dazu nicht. Manchmal erwähnt sie, dass Konitz jetzt im polnischen Korridor lag, worunter sich der Junge auch nichts vorstellen kann. Er fragt nach und erfährt, dass die Polen jetzt einen Zugang zur Ostsee hatten. Alle Deutschen, die in diesem Korridor wohnten, konnten ins »Reich«, also ins Deutsche Reich, übersiedeln. Oma aber blieb mit ihrer Familie in Konitz. Dort hatten sie ihr Wohnhaus und die zwei Geschäfte, die ihnen den Lebensunterhalt garantierten. Wo sollten sie sonst hin?

Wer blieb, musste auf der Straße Polnisch sprechen. Das muss verrückt gewesen sein, denkt der Junge. Maman erzählt, dass sie sich mit ihren Freundinnen auf der Straße nur leise auf Deutsch unterhielt. Sie hat aber auch Polnisch gelernt. Das war notwendig, wenn sie auf dem Bahnhof eine Fahrkarte oder auf der Post Briefmarken kaufen wollte. Bei allen offiziellen Stellen musste Polnisch gesprochen werden. Manchmal spricht sie auch mit Papa Polnisch, wenn er und seine Schwester nicht verstehen sollen, worüber sie sich unterhalten.

Die Flucht

Maman erzählt vom Krieg eigentlich gar nichts, erst von seinem Ende und von der Flucht. Eines Tages Anfang Februar im letzten Kriegsjahr stand plötzlich Papa vor ihrer Tür und sagte: »Irmchen, du musst jetzt weg. Die Russen kommen. In ein paar Tagen sind sie hier. Es gibt nur noch einen sicheren Zug der Reichsbahn, der euch von hier wegbringt. Der fährt morgen. Pack zusammen, was du mitnehmen willst. Vor allem warme Sachen für den Jungen und etwas zu essen. Wir laden alles auf den Schlitten und fahren dann zum Bahnhof.«

Auf dem Weg zum Bahnhof fahren sie bei Mamans

Elternhaus vorbei. Dort treffen sie den Rest von Mamans Familie. Am Tag zuvor, so erfahren sie hier, hatten Oma, Agnes und Ute versucht, mit ihren drei Kindern in einem anderen Zug, der nach Westen fuhr, einen Platz zu finden. Dieser Zug hatte keine Fenster mehr gehabt und keine Heizung. Die Kinder hatten auf dem Bahnsteig zu weinen begonnen, weil sie sich in die Hosen gemacht hatten. Es war bitterkalt, unter dreißig Grad, so dass man die Kinder im Freien nicht hatte ausziehen wollen. Aus Angst, dass sie sich erkälten. In den eingenässten Hosen wollten sie aber auch nicht fahren. Also gingen sie zurück in ihre Wohnung, wo es wenigstens warm war. Ihr Fluchtversuch war fehlgeschlagen. Jetzt konnten sie nur noch hoffen, dass sie den Angriff der Russen irgendwie überlebten. Der Angriff stand unmittelbar bevor. Sie konnten die Geschütze und auch schon das Gewehrfeuer hören. Sie hatten sich mit ihrer Situation abgefunden. Notgedrungen.

Am Tag darauf kamen jetzt Papa und Maman mit ihrem kleinen Säugling und trafen sie versammelt im Haus. »Packt wieder eure Sachen, wir probieren es noch einmal«, sagte Papa. »Es gibt doch noch einen Zug, und der fährt heute. Davon habe ich auf meiner Dienststelle erfahren. Kommt schnell, ehe er voll besetzt ist.« Sie packten, marschierten zum nahegelegenen Bahnhof und – sie schafften es.

Maman erzählt nicht viel darüber, wie es in dem Eisenbahnwaggon zuging. Vielleicht war alles zu schrecklich. Vielleicht konnte sie sich aber auch nicht erinnern. Der Waggon hatte verschließbare Fenster, sodass die Kälte nicht eindringen konnte. Er hatte einen Kanonenofen, der recht gut heizte. Auf ihm stand ein großer Topf. Darin wurde alles Essbare, das die Flüchtlinge bei sich hatten, in einer

Art Eintopf warm gemacht. Davon aßen dann alle etwa vierzig Personen, die in dem Waggon Platz gefunden hatten. Der rollte jetzt in Richtung Stettin nach Westen. Der Zug kam nur langsam voran, weil alle Wehrmachtszüge Vorrang hatten, die Nachschub an die Front brachten oder von dort Verwundete zurücktransportierten. Er blieb stehen, fuhr zurück, rangierte, bis die Strecke wieder frei war. Es gab Fliegerangriffe. Zum Glück blieben sie aber verschont.

Während Maman stockend und mit vielen Unterbrechungen erzählt, wächst bei dem Jungen die Aufregung. Er hat eine lebhafte Vorstellung von dem, was in diesem Abteil vor sich geht. In seiner Fantasie erlebt er die Situation mit. Er hat Angst und rechnet jeden Augenblick damit, dass die russischen Soldaten den Zug einholen und angreifen. Hört die Seufzer und die still gemurmelten Gebete. Jemand gibt ein paar aktuelle Informationen weiter: »Fliegerangriffe und schwere Kämpfe am Stadtrand von Konitz. Die deutsche Hauptkampflinie wird zurückverlegt.« Er hört, wie die Menschen im Waggon flüsternd weitersagen, was sie gerade erfahren haben. Das war eine sehr schwere Situation, die Maman zu bewältigen hatte. Vor einem Jahr war ihr erster Sohn ums Leben gekommen, und jetzt musste sie von ihrem Zuhause und von ihrer Heimatstadt Abschied nehmen.

Damals muss die Angst der Menschen im Waggon seinen kleinen Körper überschwemmt haben, denn er schrie oft. Damals, als er mit Maman und den anderen auf der Flucht war. Er klammerte sich an Maman und sie klammerte sich an ihn. Ein Außenstehender hätte nicht unterscheiden können, wer sich an wem festhielt. Sie waren emotional miteinander verstrickt und verbunden. Maman hat es ihm viele Male erzählt. Dauernd habe er geschrien. Alle im Waggon waren genervt von ihm. Einzig eine ältere Frau hat ihn in Schutz genommen. »Lasst ihn schreien! Dem Jungen fehlt etwas. Er hat einen Grund, wenn er schreit.« Das hat sie immer wieder gesagt, erzählt Maman. Diese Frau ist auf seiner Seite gewesen, hat ihn in Schutz genommen. So versteht es der Junge und empfindet beim Hören der Geschichte Dankbarkeit gegenüber dieser ihm unbekannten Frau.

Nach drei Wochen voller Angst erreichen sie Gollnow, eine kleine Stadt in der Nähe von Stettin. In Friedenszeiten brauchte ein Zug für diese Strecke drei Stunden. Hier verlässt Papa den Zug, verabschiedet sich von seinen Lieben und fährt zurück in seine Dienststelle nach Salzburg. Danach geht es weiter nach Schleswig-Holstein. In Dagebüll endet der Zug. Alle steigen aus und werden weiter nach Apenrade in Dänemark transportiert. Dort werden sie in Familien untergebracht. Die Einheimischen im Ort müssen allen Wohnraum zur Verfügung stellen, den sie nicht unbedingt selbst brauchen. Zwei Monate später ist der Krieg zu Ende.

Papa – Kindheit in Bielitz

Papa erzählt selten aus seiner Kindheit. Ganz anders als Maman. Sie hat viele kleine und große Geschichten bereit, schmückt sie aus. Die meisten sind spannend und unterhaltsam. Manchmal traurig, oft aber eher lustig. Und Papa? Hat er nichts zu erzählen? Hat er alles vergessen? Ist es ihm peinlich? Solche Gedanken gehen dem Jungen im Kopf herum. Geboren ist Papa in Bielitz, einer großen Stadt in Oberschlesien, die zu Papas Geburt noch zum Kaiserreich Österreich-Ungarn gehörte. Papa ist also Österreicher von Geburt. Dass Bielitz eine richtig große Stadt war mit fast sechzigtausend Einwohnern, erfährt der Junge erst sehr viel später. Maman ist in einer Kleinstadt groß geworden, etwa so groß wie Stade, mit zwanzigtausend Einwohnern. Das spielt aber in den Geschichten, die beide erzählen, keine Rolle.

»Mein Vater war Berufsmusiker, und da gibt es eine kleine Geschichte, die ich dir gern erzählen möchte.« So fängt Papa einmal an. »Dein Großvater spielte mit einer kleinen Gruppe von Musikern eine Zeit lang im Kino, wenn dort Stummfilme liefen. Sie spielten die Begleitmusik. Ich brachte ihm seine Geige und dann durfte ich im Kino bleiben und mir den Film ansehen, ohne dafür zu bezahlen. Deshalb habe ich als Kind sehr viele Filme gesehen. Stummfilme.«

Später lernte Papa auch, Geige zu spielen. Aber nur als Liebhaberei, nicht als Beruf. In der Familie der Kudzielas wurde gern Hausmusik gemacht, wie der Junge später von seiner Cousine Rosa erfährt. Sie ist die Tochter seiner Tante Wanda, Papas ältester Schwester.

Tante Wanda spielte eine besondere Rolle in der Familie. Sie war die Älteste der Geschwister. Sie vertrat bei den Jüngeren die Mutter, die früh gestorben war. Papa war zum Zeitpunkt ihres Todes gerade einmal vier Jahre alt und hat kaum eine Erinnerung an sie. »Ja, ich bin als halbes Waisenkind aufgewachsen«, sagt er einmal im Nebensatz. Die beiden verstanden sich sehr gut, und Tante Wanda ist die einzige von Papas Geschwistern, die der Junge später kennenlernt, wenn sie mit ihrem Mann zu Besuch kommt.

»Nur einmal hat mein Vater mich geschlagen«, berichtet Papa bei einer anderen Gelegenheit. »Er hatte mich zum Einkaufen geschickt. Wir brauchten ein Pfund Erbsen. Ich hatte keine Lust und nörgelte herum. Musste aber doch losgehen und kam mit einer Papiertüte zurück, in der die Erbsen verpackt waren. Ich war immer noch ärgerlich und knallte die Tüte vor meinem Vater auf den Küchentisch. Da platzte sie auf, und die Erbsen sprangen vom Tisch auf den Boden und unter die Schränke. Da knallte er mir links und rechts eine, dass mir Hören und Sehen verging. Das war aber das einzige Mal, dass er mich schlug.« Der Junge versucht, sich seinen Vater vorzustellen, als er diese Ohrfeigen bekommt. Er kann es nicht. Er muss lachen. Und dann kann er den Schmerz seines Vaters spüren, und ihm laufen fast selbst die Tränen über das Gesicht.

Eine andere Geschichte bleibt auch nach mehrmaligem Erzählen unklar. Papa berichtet Folgendes: Er spielte mit anderen Kindern aus seiner Straße, die eine Art Bande gegründet hatten. Sie unternahmen Streifzüge durch die Stadt, ärgerten Erwachsene, stibitzten Obst auf dem Markt und fühlten sich insgesamt wohl sehr stark. Die Stadt Bielitz wird geteilt durch einen Fluss, die Bialka. Eigentlich sind es zwei Städte: Bielitz und Biala. Bielitz war der deutsche Teil. In Biala wohnten vor allem Polen. Zwischen den Jugendbanden beider Stadtteile gab es immer wieder Raufereien oder auch Schlägereien. Einmal begegneten sich die Banden am Fluss. Die Polen standen auf der polnischen, die Deutschen auf der deutschen Seite. Der Fluss ist nicht breit und auch nicht sehr tief. An den Rändern liegen Kieselsteine. Die Jungen fingen an, sich gegenseitig mit Steinen zu bewerfen. Zuerst nur so, um die auf der anderen Seite zu beeindrucken. Dann immer gezielter.

Dann traf einer der deutschen Jungen einen polnischen mit dem Stein am Kopf. Es knallte fürchterlich. Die Wunde blutete schlimm, und der Junge fiel hin und stand nicht mehr auf. Ein fürchterliches Geschrei begann auf der polnischen Seite. Die deutschen Jungen bekamen Angst und liefen weg. Ob Papa der Steinewerfer gewesen war, wird in seiner Geschichte nicht klar. Auf jeden Fall glaubt der Junge, die Angst und die Betroffenheit seines Vaters immer noch spüren zu können. Ja, Schuldgefühle gibt Papa zu. Das hätten sie nicht machen dürfen. Sie hätten wissen müssen, dass es zu gefährlich ist, sich mit Steinen zu bewerfen. Was mit dem polnischen Jungen denn geschehen war? »Das weiß ich nicht. – Auf jeden Fall haben wir das nie wieder gemacht. Wir sind auch nie wieder an dieser Stelle des Flusses aufgetaucht. Haben uns wohl auch einige Zeit vor der Polizei versteckt.«

Dann erwähnt Papa, er sei Mitglied in der Wandervogelbewegung gewesen. Das hört sich spannend an. »Wir sind oft in die Berge gewandert«, erzählt Papa. »In die Karpaten und in die Beskiden. Die Berge konnte ich von Bielitz aus jeden Tag sehen. Ich wanderte mit Freunden oder allein. Im Rucksack hatten wir ein wenig Proviant und stiegen dann für ein paar Tage von Berghütte zu Berghütte. Ich wollte raus aus der Stadt. In der Natur habe ich mich immer am wohlsten gefühlt.«

Auch das erfährt der Junge nach und nach von seinem Vater: Seine Lehre macht er bei einem jüdischen Einzelhandelskaufmann. Spöttisch wird er »Heringsbändiger« genannt. So wird er Kaufmann. Später arbeitet er als Handelsreisender und verkauft Tuche, die in Bielitz hergestellt werden. Aus Schurwolle. In der Gegend um Bielitz werden Schafe gezüchtet, deshalb gibt es dort viele Tuchfabriken. Der Name Kudziela kommt wohl von dem polnischen Wort *kądziel.* Das bedeutet: Rocken. Ein Spinnrocken ist ein hölzernes Gestell, das in der Mitte der Spinnstube steht. Darauf wird die gewaschene und getrocknete Schafswolle gehängt. Aus der dort aufgehängten Wolle ziehen die Spinnerinnen, die im Kreis um den Rocken herumsitzen, den Wollfaden auf ihre Spinnräder. Der Rocken ist der Mittelpunkt der Spinnstube. Ein Symbol für das Handwerk der Wollspinnerei und für die Arbeit der Frauen.

Einige Jahre nach dem Ersten Weltkrieg, als Bielitz nicht mehr zu Österreich, sondern zu Polen gehört, geht Papa aus Bielitz weg ins Deutsche Reich. Er hat sich politisch engagiert und wird von der polnischen Polizei gesucht. Er findet Arbeit in Mecklenburg-Vorpommern auf einem Gutshof, als Gutssekretär bei einem Grafen mit dem Namen Bassewitz. Von den Ausritten mit dem Grafen über dessen Ländereien, beide zu Pferd, mit weitem Blick über das Land, berichtet Papa gern und mit leuchtenden Augen. Zwei Männer, freundschaftlich miteinander verbunden, so stellt sich der Junge das vor, das muss herrlich gewesen sein.

Eine andere von Papa erzählte Szene, die den Jungen sehr beeindruckt, spielt am Ende des Krieges, auf dem Bahnhof in Konitz. Papa ist von seiner Dienststelle angereist, um Maman und ihn zu retten. Die russische Front ist nur noch dreißig Kilometer entfernt und rückt immer näher. Jeden Tag kann es zu spät sein, um zu flüchten. Er hat von einem letzten Eisenbahnzug gehört, einem Bauzug der Reichsbahn, der von Konitz nach Westen ins Reich fährt und damit in sicheres Gebiet. Die Zahl der Plätze im Zug ist natürlich begrenzt. Er bringt Maman und ihn zum Bahnhof. Auf dem Weg dorthin holt er auch Tante Ute mit ihren zwei kleinen Kindern und Tante Agnes mit ihrem Sohn und Oma Inge, um sie zum Bahnhof mitzunehmen. Der Bahnsteig in Konitz war voll von Menschen, erzählt Papa. Verzweifelt kämpften sie um die letzten Plätze im Zug. Ein Hauptmann der Wehrmacht steht auf dem Bahnsteig und versucht, bei diesem Massenandrang die Übersicht zu behalten und das Einsteigen zu organisieren. Dieser Hauptmann will Maman mit ihrem kleinen Baby nicht mehr in den Zug lassen. Papa, mittlerweile SS-Unteroffizier, ist im Dienstrang dem Hauptmann untergeordnet und kann ihn nicht überreden. Da zieht Papa seine Pistole und droht dem Hauptmann, ihn zu erschießen, wenn er seine Frau und sein Kind und die übrigen Mitglieder der Familie nicht einsteigen lässt. Der Hauptmann gibt nach. Maman, ihr Baby und ihre ganze Familie steigen ein. Die Flucht gelingt. Die ganze Familie ist gerettet.

Dänemark. Altes Land. Schwarzmarktzeit

Maman erzählt von der Ankunft in Dänemark, im Ort Apenrade, von der Aufregung unter den Flüchtlingen, die nicht wissen, wie es weitergeht. Die erste Nacht verbringen sie in den Räumen der Schule. Am nächsten Tag werden sie im Ort auf verschiedene Familien und Haushalte verteilt. Sie kommen dorthin, wo Platz ist, wo noch ein Zimmer oder ein Raum unter dem Dach frei ist. Maman kommt mit ihrem Säugling bei einem Viehhändler unter. Da sie dort bald Schwierigkeiten bekommt, weil sie der Frau des Hauses nicht so viel helfen kann wie man von ihr erwartet, wird sie in einer anderen Familie untergebracht. Das sind jüngere Leute. Der Mann ist Uhrmacher. Mit denen versteht sie sich besser. Dann ist der Krieg zu Ende.

Deshalb müssen die Flüchtlinge jetzt die privaten Quartiere verlassen und kommen in das Internierungslager Oksbøl. In diesem Lager, das wie eine Stadt verwaltet wird, leben weit über 30 000 Menschen. Maman und ihr Säugling leben hier mit Mamans Mutter, ihren zwei Schwestern und den insgesamt vier kleinen Kindern zusammen. Sie bleiben hier für die kommenden eineinhalb Jahre. Leben als neunköpfige Großfamilie zusammen in einer Holzbaracke mit Wanzen, Läusen und anderem Ungeziefer. Sie haben genug zu essen, und niemand wird ernsthaft krank.

Wenn Maman Geschichten aus der Zeit im Lager erzählt, dann sind diese fast immer freundlich und humorvoll. Ihrem Jungen erzählt sie kleine Abenteuergeschichten, die er dort erlebt hat. So soll ihn seine Tante Agnes gern zur Lebensmittelausgabe mitgenommen haben, weil er dort ein gern gesehenes Kind war. Die Frauen hinter dem Tresen haben mit ihm herumgealbert und gespielt. Tante Agnes zeigte dann die Essensmarken für die ganze Familie. Nachdem die Portionen aus den Regalen geholt waren, gab Agnes aber nur einen Teil der Essensmarken ab. Das fiel nicht auf, weil alle Anwesenden von den Spielereien mit dem kleinen Jungen abgelenkt waren. Die übrig gebliebenen Marken löste sie bei anderer Gelegenheit ein. Das gelang ihr, Mamans Erzählungen nach, mehr als einmal.

Dann gab es einen deutschen kriegsinvaliden Soldaten, der den Kleinen gern zum Spielen abholte. Einmal wollte Maman ihn vom Spielplatz abholen, da sah sie ihren anderthalbjährigen Jungen ganz allein an der Teppichstange hängen und freudig strampeln. Der Soldat stand im Hintergrund und lachte. Während Maman ihn ängstlich und verärgert aus seiner Schwebeposition erlöste, lachte der Mann immer noch und erklärte ihr, er hätte dem Kleinen beigebracht, sich minutenlang allein festzuhalten.

Offenbar war der Knirps ein begehrter Spielpartner auch für die Kinder, fast immer gut gelaunt und voller Ideen. Damit war er dann wohl auch der erhoffte Sonnenschein für Maman. Von den Krankheiten anderer Lagerinsassen und von den häufigen Konflikten im Lager, die es sicherlich gab, berichtete sie so gut wie gar nichts.

Nach einiger Zeit meldete sich Papa. Er hatte Maman über einen Suchdienst ausfindig gemacht. Das war eine große Freude bei Maman und in der ganzen Familie. Wenig später fand Papa zuerst in Hamburg und dann im Alten Land eine kleine Unterkunft für seine Familie, und so konnte sie aus dem Lager zu ihm ziehen. Das muss zu Anfang des Jahres 1947 gewesen sein. Papa verdiente den Lebensunterhalt für die Familie durch kleine Geschäfte auf dem Schwarzmarkt. Im Alten Land bekam er Lebensmittel von den Bauern, die er dann in Hamburg gegen Kaffee und Wertsachen eintauschte. Trotz strenger Kontrollen schaffte er es immer wieder erfolgreich, sich an den Polizisten vorbeizumogeln. Davon berichtete er später manchmal sehr stolz. Der Junge lernte in dieser Zeit, Speck und Fett als seltene Delikatesse zu schätzen. Sie standen auf dem Schwarzmarkt hoch im Kurs.

Papa konnte sogar Geld beiseitelegen, das er bei seinen Geschäften auf dem Schwarzmarkt verdiente. Er investierte es nach der Währungsreform in eine eigene kleine Firma, in der er süße Oblaten herstellte, zusammen mit einem Freund, dem Konditormeister Horst Gerber aus Süddeutschland. Sie hatten leider keinen Erfolg und waren schnell pleite. In dieser Zeit kauften die Menschen nur das Notwendigste, um zu überleben. Süßigkeiten wie die Oblaten gehörten nicht dazu. Das Ersparte war weg. Maman hatte Papa gewarnt und war jetzt sehr ärgerlich auf ihn. Das übrig gebliebene Firmenpapier, auf dem im Briefkopf eine große gelbbraune Oblate prangte, benutzte der Junge noch ziemlich lange als Malpapier. Das Bild der Karlsbader Oblate, wie sie hieß, prägte sich für lange Zeit in sein Gedächtnis ein.

ABENTEUER

Fahrrad fahren

Fahrrad fahren kann der Junge schon, als er in den U-Block einzieht. Hat es im Alten Land gelernt. Sein Vater hatte es ihm beigebracht, auf der Dorfstraße direkt hinter dem Deich der Lühe. Vor Hoops Haus war es, in der Kurve, dort, wo die Straße mit roten Backsteinen gepflastert war, bei denen die Fugen vom Regen ausgewaschen waren. Wenn er über diese Stellen hinweg fuhr, erzeugten die Reifen ein ganz besonderes Geräusch, eine Art pfrrrrrt. In den Händen, die den Lenker fest umklammern, spürt er ein hartes Zittern und Vibrieren. – Gelernt hat er auf Mamans Damenfahrrad.

Nachdem er den Hof und die nähere Umgebung des U-Blocks zu Fuß erkundet hat, kommt ihm Mamans Fahrrad wieder in den Sinn. Ausleihen und alleine damit herumfahren darf er nicht. Dazu ist die Gefahr zu groß, dass dem Fahrrad etwas passiert. Maman hat nur das eine. Sie braucht es. Zumindest ab und zu. Eigentlich braucht sie es gar nicht, findet er. Und er braucht es dringend. Über Verhandlungen ist nichts zu machen. Einmal hat er es versucht und ein klares Nein gehört. Also holt er es heimlich aus dem Keller, wenn Maman nach dem Mittagessen schläft. Dann kann sie nichts davon mitbekommen. Das ist der Plan.

Den riesigen dunklen Keller des Kasernenblocks findet er unheimlich. Er atmet die kalte feuchte Luft der Kellerwände, bei denen an vielen Stellen der Putz herunterbröckelt. Jede Familie hat hier einen eigenen kleinen Kellerraum. Dort steht das Fahrrad. Den Schlüssel zum Keller hat er sich unauffällig aus dem Küchenschrank geholt. Jetzt muss das Fahrrad die steile Kellertreppe hochgeschoben werden. Das Fahrrad ist schwer. Ein Kraftakt ist das jedes Mal für ihn, es die Treppe hinaufzuwuchten. Der Junge ist sieben Jahre alt und etwas schmächtig. Mehr als einmal hat er Angst, dass ihm das Rad auf den Kopf fällt und ihn unter sich begräbt. Aber die Aussicht auf das Abenteuer ist dermaßen begeisternd, dass er alle Anstrengungen und alle Schrammen auf sich nimmt und letztlich Erfolg hat. Die erste Hürde ist überwunden. Er öffnet die Tür zum Hof, wartet einen Moment, sieht sich dort um und hofft, dass seine Schwester ihn nicht zufällig sieht und später Maman verpetzt, dass er, unerlaubterweise, mit ihrem Fahrrad unterwegs ist. Dann schnell um die Ecke und runter vom Hof, sodass er nicht gesehen werden kann.

Anschließend freie Fahrt! Die ganze Vorsicht ist schnell vergessen. Rasante Kurven auf schmalen Wegen, Planken über Straßengräben, Hochgeschwindigkeit auf dem Asphalt, Slalom durch die Wäldchen. Zunehmend wird er sicherer. Nichts scheint unmöglich. Wenn er mal die Kurve nicht kriegt und ein Sturz unvermeidlich ist, richtet er es nach Möglichkeit so ein, dass er unter dem Fahrrad liegt, damit er und nicht das Fahrrad die Schrammen abbekommt. So hat er sich das überlegt und so macht er es auch. Das Fahrrad von Maman muss heil zurückgebracht werden. Sonst kann es schnell zu Ende sein mit seinen Ausreißertouren.

Nachdem er die kleinen Wege und Straßen rund um den U-Block mit dem Rad erkundet hat, beginnt er mit langen Ausfahrten. Er umrundet den gesamten Fliegerhorst. Dabei fährt er am Zaun des Englischen Gebiets entlang. Hält kurz an der ehemaligen Hauptwache der Kaserne, an der auch der Bus hält, mit dem man in die Stadt kommt. Durch diese Hauptwache geht er jeden Morgen auf dem Weg zur Schule. Jetzt biegt er aber nicht links ab, sondern fährt geradeaus weiter, am Sportplatz vorbei, der für die Soldaten gedacht war und jetzt im Sommer von den Schülern seiner Schule genutzt wird. Dann befindet er sich am Ende des Kasernengeländes und hat freies Feld vor sich. Hält an. Sieht sich um. Keine Häuser mehr. Er bemerkt eine kleine Hütte direkt an der ungepflasterten Straße. In der geöffneten Tür steht das arme Mädchen aus seiner Klasse. Barfuß. Sie trägt wie immer ihr Strickkleid. Sie ist so schmutzig, dass er nicht weiß, ob er Mitleid haben oder sich vor ihr ekeln soll. Sie sehen sich an. Mehr nicht.

Wenn er diesen Weg weiterfährt, erreicht er nach etwa zwei Kilometern eine Landstraße, auf der er einige Autos sieht, die aus der Stadt nach Hagen oder weiter nach Deinste, Harsefeld oder Bremervörde fahren. Für ihn sind das nur Namen von kleinen Städten und Dörfern, die er nicht kennt. Er wendet sich nach links. Benutzt schmale Feldwege und erreicht die Reste der Betonbahnen für Start und Landung der Jagdflugzeuge, die hier einmal stationiert waren. Zwei schadhafte Flugzeughangars fesseln jedes Mal, wenn er hier vorbei kommt, seine Aufmerksamkeit. Er will mehr darüber wissen. Klettert an Holundersträuchern so hoch, dass er hineinsehen kann. Sie sind gähnend leer. Er stellt sich die Flugzeuge vor, die hier standen. Fantasiert, wie sie gewartet, betankt und mit Munition beladen werden. Oft hat er das im Vorstadtkino in Campe in Filmen gesehen, die vom Koreakrieg handeln. Diese Filme sieht er heimlich, weil seine Eltern es ihm verboten haben. Ein leichtes Gruseln zieht über seinen Rücken. Scharfe Munition. Soldaten. Befehle. Einsatz. Krieg. – Er fährt weiter.

Vor sich, in einiger Entfernung, sieht er das Dorf Agathenburg. Nähert sich auf Sandwegen, die schwer zu befahren sind. Bewegt sich zwischen den Feldern, auf denen Kartoffeln wachsen und Rüben und Getreide. Hier »erntet« also der Nachbar aus dem U-Block im Herbst Kartoffeln, bevor die Bauern auf ihren Feldern ernten. Er erreicht die ersten Gebäude. Es sind kleine Häuser mit kleinen Ställen. Hühner. Hasen. Manchmal ein Schwein. In den Gärten stehen Sträucher, die er kennt. Es sind Stachelbeeren, außerdem schwarze und rote Johannisbeeren. Dazwischen Beete mit Salat, Möhren, Erbsen und Radieschen.

In einem der Gärten steht eine Frau mit langer Arbeitsschürze. Die Haare hat sie sich mit einem Kopftuch zusammengebunden. Ihre Füße stecken in großen schwarzen Gummistiefeln. Sie wirkt angestrengt, während sie durch den feuchten, lehmigen Boden stapft. Ist etwa so alt wie Maman. Geht mit gebeugtem Rücken und großen schweren Schritten durch den Garten. Schleppt einen fast überquellenden Eimer, den sie zum Komposthaufen bringt und dort ausschüttet. Küchenabfälle. Reste von Kohlrabi, Kartoffelschalen, ein paar verwelkte Salatblätter. Vor der Haustür spielt ein kleines Kind.

Würde er hier wohnen wollen? Die Familie hat ein eigenes Haus mit Garten. Das wäre schon schön. Aber. Nein. So ganz allein am Dorfrand? Sandige, lehmige Wege, immer dreckige Schuhe? – Die Frau sieht herüber. Sie sieht einen kleinen Jungen in speckigen kurzen Lederhosen und einem karierten Hemd. Er steht da. Gestreifte Socken in Sandalen. Die Füße links und rechts vom Fahrradrahmen. Hält das Fahrrad am Lenker fest. Wartet. Beobachtet. – Steigt wieder auf und fährt am Haus vorbei zum Dorf.

Jetzt will er das Gut Agathenburg sehen. Es besteht aus

mehreren großen Gebäuden. Der Junge traut sich nur bis zum steinernen Tor. Sieht von hier aus das Gutshaus, ganz am Ende einer langen Zufahrt. Gebaut ist es aus dunkelrotem Backstein, wie der U-Block, und ragt über drei Stockwerke in den Himmel. Hier scheint ein wohlhabender Bauer zu wohnen. Links und rechts der Zufahrt zum Gutshaus stehen niedrige Fachwerkbauten. In einer dieser Scheunen arbeiten Männer in schmutziger Arbeitskleidung. Große Trecker und Anhänger stehen auf dem Hof. Eine Mähmaschine. Ein Heuwender. Eine Kartoffelrodemaschine. Papa hat ihm das alles einmal ausführlich erklärt. Papa weiß das alles aus seiner Zeit als Gutssekretär beim Grafen von Bassewitz. Den Namen hat sich der Junge eingeprägt, denn Papa wirkte immer sehr stolz, wenn er davon erzählte. Papa wäre gern dortgeblieben, aber dann kam der Krieg dazwischen. Das ist lange her.

Würde er hier wohnen wollen? Papa hat davon geschwärmt. Der Junge steht wieder da. In der Sonne. Es ist warm. Er überlegt und träumt vor sich hin. Hier wohnen? Eigentlich nicht. Das hier ist eine fremde Welt für ihn.

An anderen Tagen fährt er in die Stadt, nach Stade. Ist mittlerweile ein paar Jahre älter und hat sein eigenes Fahrrad. Am Burggraben, der die Altstadt umschließt, ist meist seine erste Station. Ein kurzer Halt. Von hier führt ein Schotterweg an den Bahngleisen entlang durch die Schwingewiesen zum Stadtteil Hahle. Auf dem Weg dorthin entdeckt der Junge eines Tages hinter dem Sportplatz des VfL Stade und dem Horstsee das »Millionärsviertel«. So haben es die Eltern einmal genannt. Hier stehen Bungalows in großen Gärten mit kurz geschnittenen Rasenflächen und Zierbäumchen. Kleine Garagen. Er sieht keine Menschen in den Gärten. Gern hätte er einmal die Menschen gesehen, die hier wohnen. Tragen sie schicke Kleider? Haben die Kinder das tollste Spielzeug? Würde er hier wohnen wollen? Wie lebt man in diesen Bungalows? Wie benimmt man sich gegenüber den Nachbarn? Bestimmt nicht so wie im U-Block. Hier ist alles schön und fremd. Einladend wirkt die Siedlung – und doch wie von unsichtbaren Zäunen umgeben. Hierher gehört er nicht. Aber. Wer weiß? Eines Tages vielleicht.

Nicht immer verlaufen seine Ausfahrten problemlos. Einmal fährt er in die Stadt und auf den Pferdemarkt, um sich beim Zeughaus-Kino die Filmplakate anzusehen. Dann zieht es ihn zum Alten Hafen. Staunend begutachtet er die kleinen Schiffe, die entladen werden und neue Ladung aufnehmen. Kisten, Säcke, Fässer aus Holz und Metall. Woher kommt das alles und wohin wird es gebracht? Er fährt zurück, die Hökerstraße hinauf ins Zentrum. Dort ist viel Betrieb auf den Bürgersteigen. Frauen mit Einkaufstaschen und Kindern an ihrer Seite, die in jedes Schaufenster sehen. Sie gehen hüpfend neben ihren Müttern her. Es ist sommerlich warm. Er lächelt, lacht, summt ein Lied vor sich hin.

Das Kopfsteinpflaster lässt den Lenker zittern und die Hände und den ganzen Körper. Der Sattel hüpft unter seiner Lederhose und traktiert ihn mit kleinen harten Stößen. Um sie abzumildern, stellt er sich mit den Füßen auf die Pedalen. Jetzt reitet er auf seinem Stahlross die Holzstraße entlang, nimmt die leichte Rechtskurve, kreuzt die Wallstraße, sieht die Bahnhofstraße hinunter, nimmt Fahrt auf, denn es geht bergab. Die Sonne wärmt so schön, dass er die Augen schließen möchte, um sich ganz hinzugeben. Links und rechts der Brücke, die er gerade überfährt, sieht er den Burggraben. Darauf gründeln ein paar Enten am

Ufer im Schilf, die Köpfe unter Wasser. Er ist ganz bei sich und ganz in einer anderen Welt. Da springt die Kette ab. Die Füße auf den Pedalen spüren keinen Widerstand mehr. Er sitzt jetzt hart auf dem Sattel und spürt das Kopfsteinpflaster in den Beinen, in den Armen und im Kopf. Kann noch steuern, kann aber nicht mehr bremsen. Die Handbremse versagt. In einiger Entfernung sieht er die Bahngleise auf sich zukommen, dort, wo die Straße sie kreuzt. Die geöffneten Schranken bewegen sich langsam nach unten. Gedanken zucken. Suchen nach Auswegen. Möglichkeiten als Bildfetzen. Seine Fantasie arbeitet auf Hochtouren. Sich auf die Straße fallen lassen? Er sieht Blut und aufgerissene Beine und Knie und Arme und ein kaputtes Rad. Schon spürt er den höllischen Schmerz. Nein!

Soll er sich gegen die heruntergelassenen Schranken prallen lassen? Werden sie schon unten sein, wenn er kommt? Und der Zug? Nein! Derweil rast sein Gefährt mit ihm über das holprige Pflaster weiter. Da sieht er vor den Bahngleisen rechts neben dem Bahnübergang einen Stadtbus stehen, der dort mit laufendem Motor wartet. Ist das eine mögliche Rettung? Eine ganz kleine Rechtskurve müsste ihm doch gelingen, selbst bei dem Tempo, mit dem er unterwegs ist, selbst auf dem Kopfsteinpflaster. Dann könnte er von der Hauptstraße nach rechts abbiegen und sich gegen den Bus werfen, gegen die Seitenverkleidung. Das glatte Blech an der Außenseite ist etwas elastisch. Dort gibt es keine scharfen Kanten, an denen er sich schneiden kann. Das ist alles, was ihm einfällt. Das scheint eine Möglichkeit zu sein, sich nicht das Genick zu brechen oder sich unübersehbare Schürfwunden aufzureißen. Den höllischen Brandschmerz spürt er jetzt schon.

Dann landet er tatsächlich an der hohen Blechverkleidung des Busses. Ein dumpfer lauter Knall dröhnt in seinen Ohren. Er spürt einen harten Schlag an seiner linken Körperseite. Fällt auf den Boden. Das Fahrrad fällt auf ihn. Ein kurzer Moment des Staunens. Der Schmerz ist überraschend gering. Er steht auf. Zieht das Rad zu sich. Der Lenker ist verbogen. Schleift das Rad zur Seite. Der Busfahrer sieht aus dem Fenster. Blickt überrascht und etwas ungläubig auf ihn. Sagt nichts. Rührt sich nicht. Ein paar Fahrgäste blicken von oben durch das Seitenfenster etwas besorgt auf ihn hinunter. Aber auch von ihnen steigt niemand aus. Er geht ein paar Schritte auf die Seite.

Es sieht so aus, als sei ihm so gut wie nichts passiert. Das Fahrrad muss er in Ordnung bringen. Er zieht die Kette wieder auf. Schiebt das Rad ein Stück. Fährt dann langsam nach Hause. Oder schiebt er das Rad die ganze Zeit? Er hat Zeit, lässt sich Zeit. Lässt die gerade erlebte Geschichte wieder und wieder in seiner Vorstellung ablaufen. Wie ist er so heil aus dem Unfall herausgekommen? Wie konnte das überhaupt passieren? Wie wird er seiner Mutter die Schrammen an seinen Beinen erklären? Muss er das überhaupt? Sie interessiert sich nie für seine Geschichten. Vielleicht bemerkt sie die Schrammen gar nicht. Für heute hat er genug vom Fahrrad fahren.

Oft macht er sich ein Spiel daraus, möglichst weit zu fahren, um sich zu verfahren, bis er nicht mehr weiß, wo er ist und wie er zurückkommen kann. Dann hat er Neuland entdeckt. Ein wunderbares Kribbeln entsteht im Bauch und auf der ganzen Haut. Wonneangst. Natürlich ist das jewails der Anfang einer aufregenden Suche nach dem Weg zurück nach Hause. Das Fahrrad wieder in den Keller zu bringen ist noch schwieriger als es herauszuholen, weil er jetzt das ganze Gewicht halten muss, das ihn in den Keller zieht. Aber nach einem großartigen Abenteuer ist das nur noch eine kleine Herausforderung.

Immer wenn er mit dem Fahrrad unterwegs ist, hofft er natürlich vor allem, dass Maman ihn dabei nicht erwischt. Er überlegt aber auch, was sie so müde macht. Hat sie Kummer? Bei solchen Gedanken fährt er dann mit dem Fahrrad einfach schneller, nimmt eine Kurve besonders eng, spielt Rennfahrer und fühlt sich wieder besser. Die Geschwindigkeit gefällt ihm. Und er kann so weit wegfahren wie er will. Er fühlt sich frei und ungebunden und weit weg von dieser dunklen Stimmung im Haus. Alles das liegt dann weit hinter ihm. Weit, weit weg.

Feuer an den Karpfenteichen

Auf der anderen Seite des verbotenen Englischen Gebiets findet man, versteckt hinter Gestrüpp und eingerahmt von ihren Schilfgürteln, zwei Karpfenteiche. Wenn die Kinder um das eingezäunte Gebiet herumgehen, brauchen sie viel Zeit, um dort hinzugelangen. Deshalb sind sie nur sehr selten hier. Dies ist ein guter Platz, um mal allein zu sein. Man ist vor den Eltern sicher. Hierher verirren sich auch keine zufälligen Spaziergänger, die den Jungen oder seine Freunde stören können.

Die beiden Teiche sind tief in die Erde eingegraben. Vielleicht sind es einmal Kiesgruben gewesen, aus denen Baumaterial abtransportiert wurde. Die Uferränder sind steiles, wegloses Gelände und mit stacheligen Büschen bewachsen. Rotdorn. Schlehen. Erlen. Birken. Dazwischen stehen auch Vogelbeerbäume und viele Ginsterbüsche, die im Frühjahr herrlich gelb leuchten und einen betäubenden Duft verströmen. Um ans Wasser zu gelangen, muss er sehr aufpassen, dass er nicht abrutscht, stürzt, sich Arm oder Bein bricht oder sich die Haut an den Stacheln oder den Brombeerranken aufreißt. Selten traut sich einer der Jungen hinunterzugehen. Unten am Wasser steht ein Dickicht aus Schilf. Es ist undurchdringlich. Wer bis hierher gekommen ist, steht ganz allein in einem sumpfigen Urwald. Er sieht Libellen. Mücken. Frösche. Kleine Fische. Wasserratten.

Es gibt ein oder zwei Stellen, an denen er bis ans Wasser kommt und den ganzen Teich sehen kann. Wenn er Schuhe und Socken auszieht, kann er ein Stückchen hineingehen. Meist aber bleibt er am Rand sitzen. Wenn die Sonne am frühen Nachmittag genau auf diese Uferseite scheint und ihn wärmt, dann ist er an seinem ganz besonderen Platz, den sonst keiner kennt. Wenn zu Hause etwas schiefgelaufen ist oder in der Schule, wenn er sich mit Freunden gestritten hat und sich unglücklich fühlt, dann kommt er hierher. Zieht sich zurück. Hat seine Ruhe. Hier bleibt er dann eine Weile, manchmal bis die Sonne verschwindet und er weiß, dass er jetzt zum Abendessen nach Hause muss.

Er denkt und träumt und fantasiert, wie er aus den Schwierigkeiten wieder herauskommen kann. Vom Ufer aus beobachtet er die Schwalben, die sich über der spiegelglatten Wasserfläche als wunderbare Flieger beweisen, Mücken jagen, miteinander in der Luft spielen und ihren Spaß haben. Dann fühlt er sich sicher und geborgen, fühlt sich als einer von ihnen, vergisst mit der Zeit, was ihn bedrückt hat, und kommt wieder auf gute Gedanken.

Einmal, im Frühjahr, es ist schon warm, das neue, frische Gras hat ausgetrieben und das alte ist braun und trocken, da ist er mit ein paar Freunden hier. Die Jungs kommen auf die Idee, das alte Gras abzubrennen. Einer hat Streichhölzer dabei. Schon brennt das Gras. Hier und da. Sie experimentieren. Das Feuer wird schnell größer, es läuft, vom Wind getrieben, den Hang hinunter zum Wasser. Das ist kein Problem, dort findet es eine natürliche Grenze. Die Jungen sind beruhigt, doch dann brennt es sich den Hang hinauf. Das alte Gras ist knochentrocken, steht in dicken Büscheln überall. Es entzündet sich leicht, lässt Funken sprühen, was den Jungen einen Heidenspaß macht. Aber dann frisst es sich durch den hohen Zaun ins Englische Gebiet. Plötzlich ist es unerreichbar. Jetzt bekommen sie es mit der Angst. Damit haben sie nicht gerechnet. Das haben sie nicht vorausgesehen. Sie fühlen sich schrecklich hilflos.

Seit dem letzten Jahr ist ein schläfriger deutscher Wachdienst damit beschäftigt, aufzupassen, dass niemand über den Zaun steigt und irgendetwas aus den jetzt meist leeren Hallen stiehlt, die früher als Garagen für Lkws gedient haben sollen. Innerhalb des Zauns ist nie gemäht worden. Dichtes braunes Grasgestrüpp wuchert dort. Die drei kleinen Jungen in ihren kurzen Hosen haben sich über den Zaun gewagt, um das Feuer zu löschen. Es gelingt ihnen nicht. Sie haben nicht die geringste Chance. Die Zweige vom Ginsterbusch, die sonst ausreichten, um kleine Flammen zu erschlagen, helfen hier überhaupt nicht. Das trockene Gras ist so verfilzt, dass ihre Schläge mit den Feuerpatschen nichts ausrichten. Also klettern sie zurück. Was tun? Angst und mächtiges Herzklopfen in der Brust. Ratlos. Dann haben sie eine Idee: Sie tun so, als hätten sie mit der ganzen Sache nichts zu tun, und gehen zurück auf den Hof.

Von dort aus sieht plötzlich ein anderes Kind die Rauchsäule, schreit es laut heraus und macht alle anderen Kinder darauf aufmerksam. Die drei glauben, dass man es ihnen sowieso ansieht. Sie können nicht mehr verheimlichen, was los ist. Sie erzählen. Sie beichten. Sie bitten um Hilfe. Da lassen sich die anderen nicht lange bitten. Jetzt macht sich ein großer Trupp von älteren Jungen mit den drei Kleinen auf den Weg, um das Feuer zu löschen und das Problem zu lösen. Da ist was los! Von dieser Aktion wird noch lange erzählt.

Kaum bei den Karpfenteichen angekommen, reißen sich alle Jungen Zweige von Ginsterbüschen ab, um diese als Feuerpatschen zu benutzen. Das hilft, reicht aber nicht. Die Flammen stehen jetzt meterhoch. Das Feuer knistert und sprüht helle Funken. Ein Teil brennt diesseits des Zauns, der größere Teil allerdings jenseits. Da müssen sie hin. Es hilft nichts. Die Jungen klettern über den etwa drei Meter hohen Zaun. Sie klettern von der einen Seite auf die andere und wieder zurück, hin und her. Sie sitzen oben auf dem Zaun im Rauch, brüllen herunter, lachen, arbeiten und haben ihren Spaß.

Die Wachleute sind mittlerweile aus ihrem Häuschen gekommen, beteiligen sich nicht, hindern die Jungen aber auch nicht bei ihren Bemühungen. Am Ende läuft sich auch hier das Feuer tot, weil es an den Betonflächen nicht weiterkommt, von denen die Hallen umgeben sind. Diese Hallen hätten auf keinen Fall brennen dürfen, sie waren in Gefahr. Jetzt aber ist alles erledigt. Die Aufregung legt sich langsam bei allen. Die Kinder gehen erschöpft, nach Qualm stinkend und glücklich nach Hause.

Einer der älteren Jungen hat, oben auf dem Zaun sitzend, eine seiner neuen Sandalen fallen lassen. Sie ist in den

Flammen verkohlt. Seine Mutter beschwert sich später bei Maman und will die Sandalen ersetzt haben. Ihr Sohn sei ja schließlich einer von den Übeltätern gewesen. Maman wehrt sich ruhig mit dem Hinweis, der große Junge hätte selber aufpassen müssen. Über das Feuer, die Verantwortlichen und die möglichen Gefahren wird von Maman in der Familie nie gesprochen. Zum großen Erstaunen des Jungen gibt es keinen Ärger wegen der Sache mit dem Feuer. Aber auch sonst wird darüber geschwiegen. Er findet das merkwürdig. Aber er schweigt auch.

Im Herbst wachsen im Schilf Rohrkolben. Da treffen sich die Jungen wieder an den Karpfenteichen. Sie nennen die wolligen Gebilde oben an den Schilfhalmen Bumskeulen, mit denen sie aufeinander losstürmen und wie mit Keulen und Schwertern kämpfen. Sie können damit aufeinander einschlagen, denn das tut nicht weh. Die Bumskeulen sind weich und wollig, und wenn sie zerbrechen, fliegen die Fäden wie bei den Pusteblumen des Löwenzahns im Frühling. Aber man muss erstmal herankommen an diese herrlichen Keulen, denn sie stehen im Wasser. Nasse Füße muss er in Kauf nehmen. Dann hat er, was er will.

Im Winter bei Frost kann er den Teich betreten. Das ist selten. Aber dann ist es möglich, sich mitten auf den See zu stellen, wovon er im Sommer nur träumen kann. Jetzt entdeckt er leere Vogelnester in den Büschen und Bäumen und findet neue Wege am Ufer. Ein paar Male spielen die Jungs auf dem gefrorenen Teich miteinander Eishockey. Die dazu notwendigen Schläger brechen sie sich in den umliegenden Büschen von Haselnusssträuchern. Sie rutschen auf ihren blanken Schuhsohlen hin und her. Knallen im Übermut manchmal hart aufs Eis. Schlittschuhe hat keiner von ihnen. Die sind viel zu teuer.

Schwimmen lernen

Das Freibad liegt an der Schwinge. Das ist der kleine Fluss, der aus den Schwingewiesen kommt und das Wasser für den Burggraben liefert, der die Altstadt von Stade einschließt. In den Schwingewiesen gibt es einen unauffälligen, aber historisch wichtigen Ort, die Schwedenschanze. Es heißt, dass sich dort die Stader verschanzten, als vor langer Zeit die Schweden kamen, die auch Wikinger genannt wurden. Auf ihren Raubzügen segelten die Wikinger in ihren Schiffen die Elbe aufwärts und suchten dann an allen Nebenflüssen nach Dörfern, die sie ausrauben konnten. Das weiß er aus der Schule, aus dem Heimatkundeunterricht. Er stellt sie sich vor. Große, starke, blonde Männer. Sie tragen Helme auf dem Kopf mit Hörnern von Kühen. Er lässt sie in Gedanken an sich vorbeisegeln, flussaufwärts, bis sie verschwunden sind.

Jetzt steht er im Freibad, auf der »Insel«, wie die kleine Landzunge genannt wird, die in den Fluss hineinragt. Er steht bis zur Brust im Wasser der Schwinge. Sie fließt und will ihn mit sich ziehen. Er stemmt sich gegen ihren Sog. Das Wasser strömt mit Kraft, wenn auch nicht übermäßig schnell am hölzernen Badesteg vorbei, an dem er sich festhält. Der Fluss ist nicht sehr breit. Er könnte einen kleinen Stein zum anderen Ufer werfen.

Das kleine Planschbecken dort oben auf dem Fliegerhorst, in der Nähe des U-Blocks, reicht ihm schon lange nicht mehr. Er will endlich in tiefes Wasser und schwimmen lernen. Hier gibt es die Möglichkeit. Da er kein Geld hat, ist er durch eine Lücke im Zaun des Freibads geschlüpft. Einfach vorbei an den vielen Erwachsenen und den herumrennenden Kindern. Da fiel er überhaupt nicht auf.

Jetzt macht er einen Schritt in die Mitte des Flusses, weg vom Ufer, hält sich aber noch fest. Er blickt dem fließenden Wasser nach. Beobachtet die anderen Kinder, vor allem diejenigen, die schon schwimmen können. Wie machen die das? Die froschähnlichen Schwimmbewegungen hat er schon oft gesehen. Er hat sie auch schon ausprobiert. Aber bei ihm funktioniert das nicht. Was machen sie sonst noch? Das ist ihm ein Rätsel. Langsam wird ihm kalt im Wasser. Die Aufregung steigt. Zurück? Nein, das geht nicht! Das darf er nicht! Das will er nicht! Zu sehr würde er sich vor sich selbst schämen. Also geht er einen Schritt weiter in den Fluss hinein und lässt die Bretter vom Badesteg los.

Das Wasser nimmt ihn mit. Trägt ihn. Trägt ihn nicht. Jetzt macht er diese froschartigen Bewegungen, denn jetzt hat er keinen Boden mehr unter den Füßen und muss zurück ans Ufer. Er bekommt Angst. Abgebrochene Pflanzenteile von Seerosen und von Gräsern, die Kinder ins Wasser geworfen haben, um sie schwimmen zu sehen, berühren seine Haut. Die Schilfpflanzen der anderen Uferseite kommen näher. Das ist die falsche Richtung. Beine schlagen. Hände wie Hundepaddeln. Eine Ewigkeit vergeht, während er langsam, ganz langsam untergeht. Jetzt um Hilfe schreien? Nein. Noch nicht. Immer heftiger, stärker, schneller, wütender paddelt er. Paddelt er. Es muss doch gehen! Muss doch! Muss doch!

Dann merkt er, dass er ganz langsam dem Badesteg wieder näherkommt. Aus eigener Kraft. Noch traut er seinem Erfolg nicht. Dann kommt langsam, ganz langsam eine rasende Freude in ihm auf. Er hat es geschafft! Ist erleichtert und stolz. Spürt eine warme Kraft in sich. Er kann schwimmen. Muss sich erstmal auf dem Badesteg erholen. Luft schöpfen. Warten, bis der Puls wieder normal ist.

Dann gleitet er wieder hinein ins Wasser, in die Strömung, in den Sog und wieder raus. Der kleine, schlanke, etwas magere Körper gibt alles. Immer wieder. »Ich kann schwimmen!«, denkt er. »Jetzt kann ich schwimmen. Jetzt kann ich nach Hause.«

Hauser

Sie treffen selten aufeinander, der Hausmeister und er. Das ist auch gut so. Den Hausmeister treffen die Kinder nur dann, wenn sie etwas ausgefressen haben und dabei erwischt worden sind. Er ist der Polizist, der Aufpasser, der Jäger und Fänger, der Petzer, der den Eltern die Nachrichten zukommen lässt, wenn die Kinder etwas Verbotenes angestellt haben.

Der Junge weiß, dass er sich vor Hauser in Acht nehmen muss und passt auf. Hauser weiß, dass er schnell und unauffällig sein muss, um den Jungen bei etwas Verbotenem zu erwischen. Mit der Zeit hat sich zwischen beiden eine Art Wettkampf entwickelt. Hase und Igel? Räuber und Gendarm?

Da der Junge gern auf Bäume oder über Zäune klettert, auf Dächern oder in leeren Kasernenanlagen unterwegs ist, Dachrinnen rauf- oder runterturnt, sich durch die Fenster der Toiletten nach unten oder an den Blitzableitern nach oben hangelt, gibt es für den Hausmeister eigentlich immer nur einen Grund, ihn festzuhalten, ihn zu ermahnen, mit ihm zu schimpfen oder die Eltern zu benachrichtigen. Das bedeutet Ärger. Allerdings muss Hauser den Jungen erst einmal auf frischer Tat ertappen. Und er tappt meist daneben oder interessiert sich schlichtweg gar nicht dafür, wenn die Kinder irgendwelche Verbote missachten. Einmal allerdings ist das anders. Sie haben beide nicht damit gerechnet, dass sie plötzlich voreinander stehen.

Der Junge steht auf halber Höhe in einem Mirabellenbaum, weil die Früchte gerade reif sind. Er lässt es sich schmecken und albert mit seinen Freunden herum. Die Kinder bewerfen sich gegenseitig mit matschigen Früchten. Hauser macht einen Routinebesuch auf dem Hof. Will den neuen Busfahrplan aushängen. Da hört er das Lachen und Kreischen der Kinder, kommt näher. Steht plötzlich unter dem Mirabellenbaum und sieht den Jungen, den er so oft vergeblich zu fangen versuchte. Steht unter dem Baum. Der Junge steht oben und hat keine Fluchtmöglichkeit. Beide starren sich an. Die Geräusche rundherum sind erstorben. Der Junge ist erstarrt, erschrocken und in panischer Angst. Stille.

Hauser sieht von unten, wie aus der kurzen Lederhose Wasser an einem Bein des Jungen herunterläuft. Entsetzen. Peinlichkeit. Auf beiden Seiten. Der Hausmeister zieht sich verlegen zurück. Der Junge weint. Schämt sich schrecklich. Er hat vor Hauser in die Hosen gepinkelt. Steigt vom Baum. Zieht sich vom Spielplatz zurück. Muss diese Schande erstmal verkraften.

Viel später wird Hauser der Mutter des Jungen erzählen, wie überrascht er von der plötzlichen Begegnung war. Dass er den Jungen oft dafür bewundert hat, wie schnell und wie geschickt der sich aus dem Staub machte, sodass er ihn nie hatte erwischen können. Bis auf dieses eine Mal. Als Maman ihrem Jungen das später erzählt, klingt bei ihr etwas Stolz in der Stimme an.

Kramer

Eine ganz andere Geschichte ist die mit dem Obsthändler, der eines Tages mit seinem dreirädrigen Transporter auf den Hof gefahren kommt. Es ist ein kleiner Lastkraftwagen der Marke Tempo. Der Junge bemerkt ihn eines Vormittags, weil gerade Ferien sind. Der merkwürdige Wagen, dem ein Vorderrad zu fehlen scheint, hält in der Mitte des Hofes. Der Fahrer steigt aus, schlägt die Plane zurück. Darunter sind seine Auslagen zu sehen. »Obst, Gemüse, Kartoffeln!« Das ist der Ruf, den der Fahrer jetzt lauthals den Fenstern entgegenschreit. Da niemand ein Fenster öffnet, geht er mit seiner großen tragbaren Glocke zum Haupteingang, steigt ein paar Stufen bis zum ersten dunklen Flur hinauf, lässt die Glocke ertönen und ruft wieder: »Obst, Gemüse, Kartoffeln!« Dann kommt er heraus, geht langsam zum Seiteneingang und wiederholt die Prozedur.

Die Schulkinder, die frei haben, beobachten, was jetzt folgt. Nach und nach kommen einige Frauen aus dem Haus, gehen auf den Wagen zu und begutachten die Auslagen. Dann wird gekauft. Vor allem Kartoffeln und Gemüse. Manchmal auch etwas Obst. Der Junge macht sich seine Gedanken. Obst ist teuer. Maman kauft selten etwas. Apfelsinen sieht er und Bananen. Liegen da nicht auch Erdbeeren oder Kirschen auf dem Wagen? Die Frauen plaudern miteinander und mit dem Verkäufer. Langsam wird die Gruppe der Frauen kleiner und schließlich sind alle wieder verschwunden. Dann fährt der Obstmann weg.

Hinterher reden die Jungen miteinander. Hast du gesehen? Ja. Das sah gut aus. Hast du auch gesehen, dass der Mann im Haus war und niemand beim Auto? Was meinst du? Na ja. Das ist doch eine Gelegenheit. Meinst du, wir könnten? Na klar. Wenn man schnell genug ist. Kann man denn dabei nicht gesehen werden? Da guckt doch keiner aus dem Fenster. Schnell muss man schon sein. Wenn er das nächste Mal kommt, probieren wir es.

Bei den ersten Versuchen ist es nur ein Apfel oder eine Apfelsine, die ein Junge vom Wagen nimmt. Danach treffen sich die Jungen hinter dem Haus und teilen und essen die Beute. Schmeckt gut. Die Aufregung ist groß und die Triumphgefühle sind großartig. Sie sonnen sich im Glanz ihrer Heldentaten. Beim nächsten Mal sind die Jungs mutiger und die Beute ist größer. Diesmal ist er an der Reihe. Der Obsthändler, von dem sie mittlerweile wissen, dass er Kramer heißt, ist mit seiner Glocke gerade im Seiteneingang des U-Blocks verschwunden, hat noch nicht geläutet und noch nicht gerufen, da stürmt er auf den Wagen zu, verschafft sich schnell einen Überblick, wählt und greift nach einer Staude Bananen. Es sind so viele, dass er sie kaum unter seiner Jacke verstecken kann. Jetzt muss er schnell machen. Also. Los.

Er nimmt den kürzesten Weg um die nächste Hausecke. Aber auch das ist ein weiter Weg, und die Gefahr, gesehen und geschnappt zu werden, ist groß. Aber. Niemand sieht etwas. Er rennt weiter. Die Freunde hinter ihm her. Erst als sie weit weg in einem der kleinen Wäldchen hinter dem Haus sind, machen sie Halt. Er zieht seine Beute unter der Jacke hervor. Sie wird von allen bestaunt. Ist das nicht zu viel? Was sollen wir damit machen? Aufessen natürlich. Lacht einer. Ist das denn in Ordnung? Fragt ein anderer. Jetzt kippt die Stimmung. Während jeder seine Banane isst, bekommen die Jungen ein schlechtes Gewissen. Es schmeckt nicht mehr so gut. Verlegenheit kommt auf. So viel wollten sie gar nicht.

Irgendwann kommt der Obsthändler nicht mehr. Der Junge denkt daran, dass Kramer vielleicht pleitegegangen ist. Wegen der Klauerei. Das wollte er nicht. Aber. Jetzt kann er daran nichts mehr ändern. Das hängt ihm noch einige Zeit nach. Vielleicht gibt es aber auch ganz andere Gründe, dass Kramer nicht mehr kommt, sagt er sich. Das beruhigt ihn. Etwas.

In den Wiesen

Im Sommer, wenn es warm genug ist und sonnig, ziehen die Kinder gern zusammen los. In die Wiesen. Nach einer Viertelstunde haben sie den U-Block hinter sich gelassen, sind im Gänsemarsch auf dem engen Pfad durch die zwei Wäldchen marschiert, haben die große Teerstraße überquert, die nach Hamburg führt, sind den breiten Feldweg abwärts gerannt, von der Geest runter ins endlos breit scheinende Elbtal. Sie überqueren Bahngleise und nach Teer riechende Holzbohlen. Es ist die Strecke Hamburg–Cuxhaven. Kurz bleiben sie stehen. Ein Blick die Stahlschienen entlang bis zur weit entfernten nächsten Kurve. Dahinter berühren sich die Gleise. Die Ferne. Einen Bahnwärter gibt es hier, der bei anrollendem Zug die Schranken runterkurbelt und dann wieder rauf. Direkt hinter den Gleisen beginnen die Wiesen der Elbmarsch.

Ein kleiner Bach kommt hier von der Geest herunter. Der kleine Fluss hat sich von den Karpfenteichen, die da oben auf der Geest angelegt wurden, heruntergeschlängelt. Hier, beim Eintritt in die Elbwiesen, kommt das Flüsschen etwas zur Ruhe, verbreitert sich, ist flach genug, sodass die

Kinder in ihm stehen können. Knietief im Wasser. Die Füße spielen im feinen gelben Sand, den der Bach von der Geest heruntergespült hat. An den Ufern wächst hohes Gras. Dort stehen auch Erlen, deren Wurzeln die schwarzbraune Erde der Marsch zusammenhalten. Unter den Wurzeln haben sich kleine Höhlen gebildet, in die sich die Fische flüchten, wenn die Kinder ins Wasser steigen. Nach ein paar Minuten der Ruhe kommen sie wieder heraus. Sie stellen sich dann fast ohne jede Bewegung in das sanfte Fließen und warten auf ihre Beute. Nur wenn er genau hinsieht, stellt er fest, dass die kleinen Brustflossen und die Schwanzflossen leicht vibrieren. Die Fische sind jederzeit zum Angriff auf einen Wasserfloh oder zur Flucht vor ihm bereit.

Er blickt in die starren, aufmerksamen Augen der Fische. Er sieht kein Zucken, kein Blinzeln, keine erkennbare Regung. Und trotzdem. Sie starren ihn an. Stichlinge und kleine Hechte findet er immer wieder hier im Bach. Ihr kalter, gelangweilter Blick beschäftigt ihn, während er in die Fischaugen sieht. Nach einer Weile wird er selbst zum Fisch. Er gleitet kalt und beweglich durch das Wasser wie sie. Was fühlen sie? Was fühlt er jetzt? Was denken sie, wenn sie ihn ansehen? Sehen sie ihn überhaupt oder spüren sie nur die Bewegung des Wassers, wenn er sich langsam nähert? Er spürt das Strömen des Bachs, trotzt der Kälte, die langsam von seinen Füßen die Beine hinaufsteigt. Jetzt fühlt er ein leichtes Kribbeln im Bauch. Es ist die Angst, dass er im Sand versinkt, denn er hat vergessen, dass er keinen festen Boden unter den Füßen hat. Gleichzeitig macht es ihm Spaß, ein wenig den Halt zu verlieren.

Hier fängt er sich mit einer raffinierten Technik Stichlinge. Eine alte leere Konservendose, deren Deckel er nach innen klappt, stellt er am Rand des Baches unter dem überhängenden Gras auf. Verhält sich ruhig, bis die Stichlinge aus ihren Verstecken kommen. Treibt sie dann in Richtung Dosenöffnung und trampelt im Wasser herum. Die Fische flüchten ins nächste dunkle Versteck. Das ist seine Dose, die er jetzt vorsichtig hochnimmt. Stolz betrachtet er seinen Fang. Er nimmt die Fische manchmal mit nach Hause, wo Maman ein großes Gurkenglas spendiert, in dem er sein Aquarium einrichtet.

Wenn sie nicht gerade Fische beobachten oder fangen, laufen die Kinder durch das Gras über die Wiesen. Die Gräben, die der Entwässerung dienen und in regelmäßigen Abständen angelegt sind, werden zur Herausforderung. Mit Anlauf springen sie darüber hinweg. Barfuß. Selbst wenn jemand abrutscht und im Graben landet, ist es immer noch ein großer Spaß. Nasse Füße sind hier kein Problem.

Die Sonne auf seinem Rücken wärmt ihn. Das helle Licht spiegelt sich auf der gekräuselten Wasseroberfläche. Es blendet ihn, lässt ein Flirren vor seinen Augen entstehen. Mücken und andere kleine Fluginsekten schwirren über dem Bach. Manchmal folgt sein Blick einer großen Libelle, die über dem Wasser kreuzt, von einer Uferseite zur anderen. Das Wasser zieht ihn weiter und immer weiter um eine leichte Biegung. Er lässt die Freunde hinter sich. Der Bach wird schmaler und tiefer und dunkler, der Boden wird weich und schwarz. Die Zehen bohren sich jetzt in den moorigen Untergrund. Kitzeln. Leises Lachen. Er könnte sich jetzt hineinlegen ins Wasser und untertauchen wie ein Fisch. Könnte sich treiben lassen. Schwerelos. Bis zur nächsten großen Wetter, dem Entwässerungsgraben hier in der Marsch, der ihn bis zur Elbe tragen würde und weiter und immer weiter.

Einmal überrascht Karin ihre Spielgefährten mit der Behauptung, auch Mädchen könnten im Stehen pinkeln. Karin hat schon ein paar Mal behauptet, sie könne Dinge so gut wie die Jungen. Über die Gräben springen. Auf Bäume klettern. Ja, das kann sie. Aber im Stehen pinkeln? An diesem Tag sind sie, wie meist, drei Mädchen und drei Jungen. Alle etwa neun Jahre alt. Eine interessante Behauptung. Sowohl die Mädchen als auch die Jungen zweifeln. Wie sollte das gehen? Sie habe es schon ausprobiert. Könnte es vormachen. Die Kinder setzen sich ins Gras. Bilden eine Art Halbkreis. Den zuschauenden Mädchen scheint die Situation etwas peinlich zu sein. Die Jungen sind ausgesprochen interessiert.

Karin zieht sich die Unterhose aus und den Rock nach oben. Schiebt ihre Hüfte nach vorn und drückt. Das können alle deutlich sehen. Alle starren auf den kleinen Schlitz. Karin drückt noch mehr. Dann pinkelt sie tatsächlich in einem kleinen Bogen vorwärts. Ja gut. Das geht. Aber, sagen die Jungen. Wenn du eine Hose anhast und durch einen Schlitz pinkeln musst. Das geht dann aber doch nicht. Karin überlegt. Dann gibt sie zu, dass sie es schon probiert hat. Ohne Erfolg. Aber sonst. Alle haben es doch gerade gesehen. Die Gruppe einigt sich. Im Prinzip geht es schon, dass Mädchen im Stehen pinkeln. Aber mit einer Hose nicht. Das können nur die Jungen.

Diese Geschichte kann er unmöglich zu Hause erzählen. Obwohl er sie gern beim Abendessen zum Besten gegeben hätte, denn er findet sie spannend und aufregend. Aber sie hat auch etwas mit Sexualität zu tun. Und das ist ein Thema, über das zu Hause nicht gesprochen wird. Ein Tabu. Das Thema interessiert ihn. Die Jungen erzählen sich davon. Sie pinkeln manchmal um die Wette, so weit sie können. Zeigen sich dabei ihre Pimmel, wie sie sagen. Manchmal erzählt einer von seiner Schwester. Wenn die Schwester älter ist, erzählen sie von Schamhaaren. Das löst immer eine unglaubliche Aufregung in der Runde aus. Also Sexualität ist eine große Sache. Aber. Geredet wird davon zu Hause nie.

Marie

Dritte Klasse. Er steht Kopf. Alles steht Kopf. Seine erste Liebe. Er sieht in ihr seine Freundin. Sie weiß davon lange nichts. Wie auch? Er behält seine Gefühle ganz für sich. Was könnte er auch sagen. Wem? Ihr? Niemals. Seinen Eltern? Auf keinen Fall. Die würden nicht nur nichts verstehen. Die würden auch alles kaputt machen.

Es ist nicht so, dass er an nichts anderes mehr denkt, nichts anderes mehr fühlt. Nur wenn er sie sieht, hat er diese merkwürdigen, großartigen und doch verunsichernden Gefühle. In der Schule im Unterricht in der Klasse. Dann spielen sie ganz verrückt. Seine Gefühle. Auch seine Gedanken. Auf dem Schulweg nach Hause befreit er Marie unzählige Male aus den Klauen von Drachen, aus dunklen Burgverliesen, die so tief sind, dass niemand hinuntersehen kann. Unheimlich ist es dort und gefährlich hinunterzusteigen. Er wagt es. Wieder und wieder. In seinen Gedanken. Niemand erfährt davon.

In ihrer Gegenwart hält er Ausschau nach Heldentaten, die er demonstrativ vollbringen kann, um sie zu beeindrucken. Selten findet sich etwas. Eine freche Bemerkung gegenüber der Lehrerin. Das findet sie offenbar nicht so gut. In der Pause unerlaubterweise auf einen Baum klettern, der unten auf dem Schulhof steht. Bemerkt sie gar nicht. Er bringt einen großen schwarzen Käfer und ein anderes Mal eine tote Elster mit in die Klasse. Findet sie eklig. Er lässt sich auf eine Kraftprobe mit einem anderen Jungen ein. Wenn sie es überhaupt bemerkt, erntet er nur Verachtung. Kurz gesagt, er hat keine Chance.

Irgendwann erzählt er seiner Spielfreundin Karin davon, die mit ihm in dieselbe Klasse geht. Die ist sehr interessiert an der Geschichte und bereit, ihm zu helfen. Karin will Marie fragen, ob sie ihn auch mag, ob sie mal mit ihm reden, ob sie seine Freundin sein will. Erschwerend ist, dass Marie nicht im U-Block wohnt, sondern am Rand der Stadt, ein paar Kilometer entfernt. Sie können sich nicht so leicht treffen, absichtlich oder zufällig. Karin bringt bald die traurige Antwort. Marie hat kein Interesse. Dabei bleibt es dann auch in der vierten Klasse. Kein Happy End. Nach der Vierten trennen sich ihre Wege. Sie gehen auf jeweils andere weiterführende Schulen. Sehen sich erstmal nicht wieder.

Aber irgendetwas bleibt. Diese unerfüllte, unbeantwortete Liebe beschäftigt ihn noch jahrelang. Sie ist ihm rätselhaft. Peinlich eigentlich nicht. Nein. Na ja, vielleicht ein bisschen. Denn so ganz in Ordnung ist das wohl nicht. Da hat er so eine Ahnung. So viel Liebe. Unerwidert. Ist das nicht peinlich? Zeigt das nicht seine Blödheit? Zum Glück hat Karin ihn verstanden. Sie hat ihm sogar geholfen. Sie ist eine Art Ankerplatz für seine Gefühle. Er muss sich nicht total bescheuert vorkommen. So rätselhaft ihm die ganze Geschichte als Viertklässler ist und noch lange Zeit später.

Eines Tages trifft er Marie wieder. Da sind sie beide wohl schon siebzehn. Sie arbeitet in einer Apotheke ganz in der Nähe der Straße, in der er wohnt. Er traut sich nicht hinein, um irgendetwas zu kaufen. Das würde er allzu gern tun. Etwas später sieht er sie mit ihrem Freund, einem Jungen, den er von seinem Gymnasium kennt. Merkwürdig. Er ist überhaupt nicht eifersüchtig. Das hat er erwartet, befürchtet, vielleicht sogar gehofft. Aber es geschieht nicht. Die Liebe ist noch da, wenn auch deutlich verblasst. Marie ist nicht mehr dieselbe. In seinen Augen. Die Liebe, die er immer noch fühlen kann, nimmt er mit, wohin, weiß er noch nicht.

Verwundungen

Wenn der Zweig anfängt zu brechen, auf dem er steht oder an dem er sich festhält, dann muss er vorsichtig sein. Er könnte abstürzen. Meist aber steht er auf einem sicheren dicken Ast. Wenn er absichtlich einen Zweig bricht, betrachtet er neugierig das Innere der Bruchstelle. Sie offenbart sich, weißgelb, saftig, scharfkantig, spitz und hart. Er fährt mit den Fingern darüber wie über eine offene Wunde. Leckt an der Flüssigkeit, die unter der Rinde hervortritt. Sie ist meist wässrig und würzig. Er betastet die Splitter, die an der Bruchstelle ins Leere ragen. Biegt sie, knickt sie, sticht mit ihnen in die weiche Borke der Linde, des Ahorns, der Silberpappel.

Auf die Bäume zu klettern ist unter den Kindern und insbesondere bei den Jungen ein alltägliches Spiel. Wer kommt am schnellsten und ohne fremde Hilfe an einem glatten Stamm nach oben? Wer traut sich am höchsten hinauf in die Krone, dorthin, wo die Zweige dünn werden? Wer ist schwindelfrei? Abgestürzt ist er noch nicht. Manchmal verletzt er sich, trotz aller Vorsicht. Ein paar Kratzer, ein paar blaue Flecken, kleine Risse und Schnitte an den Händen, an den nackten Beinen. Etwas Blut tropft. Es tut weh. Und ist schnell wieder vergessen. Risse, Schnitte, Schrammen, blaue Flecken auf den nackten Armen und Beinen gibt es immer wieder. Er ist sehr darauf bedacht, ohne Verletzung zu bleiben. Will Schmerzen vermeiden und seine Geschicklichkeit beweisen. Wenn ihn aber ein Schmerz plötzlich trifft, brennend, schneidend, stechend, pochend, quälend, dann heißt es, den Schmerz auszuhalten, stark zu sein. Eigentlich fallen ihm die Verletzungen und die Schmerzen oft erst auf, wenn er sich abends zu Hause waschen soll, wenn er mit dem Waschlappen über die verschorfte Stelle reibt, um den Sand, die Erde, oder sonstigen Schmutz wegzuwischen. Vor allem wenn Maman das macht. Sie ist etwas unaufmerksam, findet er.

Wenn er sich in einen der leeren Flugzeughangars wagt oder auf die flachen Dächer der großen Garagen steigt, die mit rissiger Teerpappe gedeckt sind, wenn er über Feuerleitern und durch zerbrochene Fenster in das Gebäude der stillgelegten Heizungsanlage mit den riesigen alten Heizkesseln steigt und sich verletzt, dann sieht er in seinen Verletzungen manchmal auch so etwas wie kleine Auszeichnungen. Er hat es geschafft! Solche Schmerzen auszuhalten gehört mit zum Spiel. Überhaupt gehört es irgendwie zum U-Block und zu seinen Bewohnern, dass Verletzungen und Schmerzen immer gegenwärtig sind, dass die Erinnerungen an kummervolle Zeiten ausgehalten werden.

Etwas richtig Schlimmes ist ihm eigentlich nie passiert. Oder doch? Einmal vielleicht. Kurz nach dem Einzug in den U-Block. Er ist auf einen mittelgroßen Ahornbaum geklettert wie ein kleiner Affe. Direkt neben der Sandkiste, in der viele Kinder spielen. Hat den Stamm umfasst mit Armen und Beinen und hat sich dann hochgeschoben, Stück für Stück. Danach klettert er bis in die Spitze des Baumes und beginnt wieder runterzurutschen. Dort, wo die Äste aufhören, nimmt er wieder den Stamm in die Arme und umklammert ihn mit den nackten Beinen, schiebt sich langsam nach unten.

Derweil haben andere Kinder eine Art Leiter an den Baum gestellt, um ihm den Abstieg zu erleichtern. Es ist ein blechern-metallenes Gestell mit Sprossen, das ursprünglich dazu diente, über dem Hauseingang mögliche kleine Schneelawinen aufzuhalten, die manchmal bei Tauwetter vom Dach herunterrutschen. Die zwei seitlichen Kanteisen sind links und rechts scharf von einer Metallschere abgeschnitten. Sie sind verbunden durch Sprossen, die auf dem Dach senkrecht, jetzt aber waagerecht stehen wie bei einer Leiter.

Er rutscht herunter, ohne zu sehen, was unten am Baum lehnt. Rutscht mit der Innenseite eines nackten Oberschenkels direkt rein in das scharfe Kanteisen. Es bleibt dort stecken. Zwei, drei oder vier Zentimeter tief dringt es ein. Ein Schock. Ein Schrei. Hilfloses Festhängen. Ohne die Hilfe der umstehenden Kinder könnte er sich nicht aus dieser Lage befreien. Die größeren heben ihn herunter. Der größte der Jungen, etwa fünfzehn, nimmt ihn auf die Arme und trägt ihn so quer über den weitläufigen Hof und dann zwei Treppen hinauf zu Maman.

Als sie die Tür öffnet, sieht sie ihren weinenden Jungen auf den Armen des Älteren, wie aufgebahrt. Dahinter eine ganze Traube der anderen Kinder, der Kleineren, Anteil nehmend, ganz aufgeregt, fragend. Sie nimmt ihn auf ihre

Arme und legt ihn aufs Sofa. »Knapp an einer Kastration vorbei«, sagt der Unfallarzt, der nach einer Stunde kommt. Das Kanteisen ist unmittelbar neben dem Schritt in den Oberschenkel eingedrungen. Die Wunde wird mit einer scharf riechenden Tinktur desinfiziert und mit einer weißen Mullbinde umwickelt. Es tut höllisch weh. Die Wunde heilt langsam. Zu langsam für den Jungen, der es hasst, tagelang liegen zu müssen, weil das Gehen noch weh tut. Doch irgendwann ist es geschafft, und er darf wieder raus zum Spielen.

Ein anderes Mal hat er mit einem Freund Kriegen gespielt im unteren Hausflur. Dort gibt es zwei Schwingtüren nebeneinander, durch die er mit Schwung und zur Verwirrung des Verfolgers rauscht. Immer im Kreis. Dazu muss er aber treffsicher den Griff des jeweiligen Flügels greifen. Das gelingt virtuos. Einige Zeit. Dann verfehlt er den Griff. Der schon aufgeschobene Türflügel kommt zurückgeschwungen. Sein nackter Ellbogen knallt in eine der Glasscheiben, stößt durch.

Die splitternde Scheibe schneidet mit einer der stehengebliebenen Zacken tief in seinen Oberarm. Fast bis auf den Knochen. Wie viele Schreie und wie viele Tränen aus ihm urplötzlich herausbrechen, erinnert er schon kurze Zeit später nicht mehr. Das Bild aber von dem klaffenden blutenden Schnitt prägt sich tief bei ihm ein. Ein Arzt kommt diesmal nicht. Die Wunde wird von Maman versorgt. Sie ist ärgerlich. »Du hättest besser aufpassen sollen«, sagt sie. »Sei nicht so wild!«

Zäune

Er hat so viel Platz, so viel Freiraum, so viele Möglichkeiten, um zu spielen, sich zu bewegen, zu toben, weite Ausflüge zu unternehmen. Trotzdem! Die Zäune provozieren ihn, reizen ihn jeden Tag. Sie begleiten ihn still, stumm und gleichzeitig aufdringlich. Wenn er aus dem Fenster des Kinderzimmers sieht, begrenzen sie den Vorplatz des U-Blocks. Wenn er an ihnen entlang zur Schule geht oder mit seinen Freunden zu den geliebten Spielplätzen, sind sie eine Herausforderung für ihn. Er fühlt sich eingesperrt oder ausgesperrt. Die Zäune markieren den Bereich, der nicht betreten werden darf.

Die Erwachsenen nehmen die Zäune anscheinend gar nicht wahr. Für die kleinen Kinder sind sie ein leicht zugängliches Klettergerüst, und sie spielen auf den Zäunen. Selten fällt einmal ein Ball auf die andere Seite, der dann aber schnell wieder zurückgeholt werden kann.

Für ihn sind die Zäune etwas Besonderes. Hinter den Zäunen liegt das Fremde, das Verschlossene, Verbotene. Ist das Englische Gebiet eine verbotene Zone, weil dort Reste des Krieges liegen? Vielleicht hofft er, dass er dort von diesen Resten etwas findet, etwas zu sehen bekommt, etwas anfassen kann, wovon sonst fast immer nur geschwiegen wird. Das stachelt ihn an. Heimlich und ungesehen will er es schaffen, über den Zaun zu kommen. Das ist aufregend und macht Angst, mit der er spielt, die er zu überwinden sucht. Er kann erwischt und möglicherweise bestraft werden. Will mutig sein und geschickt und diesen Gefahren ausweichen.

Wenn er aber erst einmal drin ist, in dem verbotenen Gebiet, dann fühlt er sich merkwürdigerweise wieder sicher.

Er befindet sich dann in einer anderen Welt, in einem anderen Land, und genießt es. Wild wucherndes Gras entdeckt er neben den großen steinernen Fahrzeughallen. Die Eisentore sind fest verschlossen. Um die Hallen herum wachsen hohe Brennnesseln, Holunderbeersträucher und junge Birken. Durch die zerbrochenen Fensterscheiben sieht er, dass die Hallen leer sind. Riesige leere Räume. Wofür sind sie gebaut worden? Sie sind so merkwürdig leer. Die Flugzeughangars hinter den Rollbahnen sind noch größer, wirken noch leerer.

Durch die rot geklinkerten Kasernengebäude hier im Englischen Gebiet streift er meist allein. Er findet seine Wege durch die langen Flure, durch dunkle Keller, über Dachböden, leere Waschräume und ehemalige Schlafräume für Soldaten. Hier ist niemand. Er befindet sich in einem riesigen Niemandsland. Es ist voller Rätsel und Geheimnisse. Außer ihm bewegen sich hier manchmal ein paar Wachmänner. Sie bleiben aber meist bei den Toren, durch die selten ein Fahrzeug fährt. Sie zeigen sich kaum in den Gebäuden.

Es ist für ihn eine Mutprobe, über den Zaun zu steigen, quer durch das verbotene Gebiet zu stromern, in gebückter Haltung, um nicht gesehen zu werden, und dann auf der anderen Seite wieder über den Zaun zu steigen, weit weg von zu Hause, dort, wo es diese Zäune gar nicht zu geben scheint.

Solange er sich aber im verbotenen Gebiet bewegt, ist er hellwach. Windet sich durch undurchdringliche Ginsterbüsche. Passiert freie Grasflächen. Umgeht morastige Mulden und verrostete Stacheldrahtrollen. Vermeidet nasse Schuhe und blutige Schrammen an den nackten Beinen.

Sieht sich zwischendurch immer vorsichtig um und prüft, ob nicht doch einer der Wachleute Wind davon bekommen hat, dass hier einer der Jungen unterwegs ist im streng verbotenen Gebiet. Alle Sinne sind angespannt und aktiv. Geschickt muss er sein, um sich hier wie eine Maus, wie eine Ratte, wie ein Hase, wie ein Fuchs, wie ein wildes Tier zu bewegen. Auf der Lauer, auf der Hut. Mit aufgestellten Ohren und schnuppernd, ob da vielleicht Zigarettenrauch in der Luft hängt, der ihn rechtzeitig vor den Wachleuten warnt.

FAMILIENGESCHICHTEN

Erinnerungen an Papa

»Ich habe eine Überraschung für dich«, sagt Papa. »Wir fahren mit dem Fahrrad in die Stadt.« Papa ist voller Vorfreude, und der Junge ist neugierig: Welche Art von Unternehmung kann das sein, bei der Maman und die Schwester zu Hause bleiben? Papa will mit ihm ins Kino. Da war der Junge noch nie. Er geht jetzt in die erste Klasse. Hat jemand von seinen Schulfreunden schon mal vom Kino erzählt? Er kann sich nicht erinnern. Es ist Sonntag. Nach dem Mittagessen fahren sie los. Papa hat diesen Film extra für ihn ausgesucht, sagt er. Der Titel ist »Der Junge im Urwald«. Es ist ein Abenteuerfilm. Papa setzt ihn auf den Gepäckträger, hat ein weiches Kissen daraufgelegt. »Vorsicht! Pass auf, dass du nicht mit den Füßen in die Speichen kommst!«, sagt Papa noch. Dann fahren sie los. Zuerst vom Hof und ein Stück an der Teerstraße entlang stadteinwärts. Endlich kommen sie in der Innenstadt an, stehen auf dem Pferdemarkt vor dem Zeughaus-Kino.

Seine Aufregung ist so groß, dass er der Geschichte zu Beginn kaum folgen kann. Als der Film beginnt, erklärt eine Stimme, dass er die Geschichte von einem Jungen sehen wird, der weit weg in einem fremden Land lebt, in Südamerika. Dann tauchen vor ihm Bilder von einem Jungen auf, der ungefähr so alt ist wie er selbst. Der fährt mit seinem Vater in einem schmalen Boot durch einen Wald, der unter Wasser steht. Es ist ein dunkler, geheimnisvoller und merkwürdiger Wald mit Bäumen, deren Kronen er nicht sehen kann, so hoch und groß sind sie. Lianen hängen von oben herab. Sie verdunkeln die Sicht und versperren den Weg. Der Junge, der vorn im Boot sitzt, schiebt die

Lianen mit seinen Händen immer wieder beiseite. Ein paar Affen sitzen auf den Ästen der seltsamen Bäume, kauen auf Blättern und Früchten herum. Vögel mit märchenhaften Mustern auf den Federn und riesig großen Schnäbeln gleiten unter den Baumkronen hindurch, mit weit gespreizten Flügeln. Nur mühsam kommen Vater und Sohn mit ihrem Boot voran. Es gibt keinen Weg, keine Fahrrinne, überall hängen Zweige ins Wasser. Dort bewegen sich, kaum sichtbar, kleine Fische und Krokodile. Einmal glaubt er eine Schlange zu sehen, die sich durch das Wasser windet. Gänsehaut auf seiner Haut. Ein kleiner tiefer Seufzer. Es gibt kaum ein Durchkommen in dieser Wildnis. Ob die beiden jemals wieder aus diesem Labyrinth herausfinden?

Endlich erreichen Vater und Sohn einen Fluss, dann eine Siedlung mit Hütten, deren Dächer aus großen Blättern bestehen. Davon hat der Junge noch in keinem Märchen gehört. Es ist ein kleines Dorf am Ufer des Flusses. Vor den Hütten sind schwarze, runde Feuerstellen in die Erde eingegraben. In ihnen brennen und qualmen Holzscheite. Daneben hocken dunkelhäutige Frauen mit langen schwarzen Haaren und kleinen Kindern. Die Frauen sind fast nackt, tragen nur einen Lendenschurz. Sie kochen irgendetwas in großen schwarzen Töpfen. Der Vater steuert das Boot ans Ufer und steigt mit seinem Sohn aus. Sie werden von einigen der Dorfbewohner mit kleinen Handzeichen begrüßt. Gehen zu den Hütten. Setzen sich ans Feuer. Die Reise durch den Urwald ist zu Ende. – Viel mehr erinnert er hinterher nicht. Aber. Er ist im Kino gewesen. Ist stolz und aufgeregt.

Papa spielt Geige. Nicht oft. Nur wenn er gute Laune hat und zu Weihnachten. Ein Stück hat offenbar eine ganz besondere Bedeutung, und Maman hört ihm dabei gern zu. Es ist der Schneewalzer. Der Rhythmus des Walzers kommt auch bei dem Jungen gut an. Er bewegt sich dann ganz spontan im Takt und muss lachen, freut sich mit. Dass Papa so etwas kann. Er bewundert ihn. Es ist etwas ganz Besonderes, wenn diese Stimmung in der Wohnung entsteht. So viel Freude und Schwung ist selten in der Familie. Papa strahlt, auch wenn er sich manchmal verspielt.

Dann gibt es eine riesige Überraschung. Zu seinem zehnten Geburtstag steht auf dem Geschenktisch des Jungen ein schwarzer Geigenkasten aus Holz. Er ist ausgeschlagen mit einem grünen, samtenen Stoff, und darin liegt eine Geige. Sie ist für ihn und hat die richtige Größe. Eine Dreiviertelgeige. Er ist wie hypnotisiert. Sprachlos. Fasziniert. Plötzlich scheint der Raum erfüllt zu sein von einem überwältigenden, in den Ohren rauschenden Klang. Papa fragt ihn etwas. Er versteht nichts. Das Licht zweier Kerzen spiegelt sich auf dem braunen Holzkörper der Geige. Aus den beiden F-Löchern scheinen Töne aufzusteigen. Wunderbare, zarte, schmeichelnde, auf- und absteigende Töne. Das Wohnzimmer ist voll davon. Ein Geigenbogen ist im Deckel des Geigenkastens mit einem einfachen Mechanismus befestigt.

Papa gibt ihm die ersten Unterrichtsstunden. Sie stehen dabei vor dem Fenster im Kinderzimmer. Was draußen auf dem Hof passiert, was die anderen Kinder spielen, interessiert ihn in diesen Momenten nicht. Papa steht neben ihm mit der großen Geige, und er mit seiner kleinen steht daneben. Er lernt, wie man die Geige richtig hält. Klemmt sie sich unter das Kinn, hält den linken Arm weit ausgestreckt, um den Hals seiner Geige richtig zu halten und die Saiten an der richtigen Stelle fest auf das Griffbrett zu drücken. Mit der rechten Hand führt er den Bogen, hält den

»Frosch« fest in der Hand. So heißt der Griff am unteren Ende des Bogens, hat ihm Papa erklärt. Dann streicht er mit den vorher mit Kolophonium geharzten Haaren des Bogens über die Saiten. Einfache Tonfolgen. Kleine Melodien. Er trifft die Töne der Tonleiter und der Lieder. Er ist beim Spielen und beim Üben wie in einer anderen Welt. Seine Welt ist größer geworden. Papa ist zufrieden. Mit ihm und mit sich.

Eines Tages eröffnet er dem Jungen, dass er ihm nun nichts mehr beibringen kann. Jetzt müsste er zu einem Lehrer in die Stadt. Dort einmal in der Woche hinzufahren, das wäre ein weiter Weg. Viel schlimmer aber: Eine Stunde dort kostet fünf Mark. Die hat Papa aber nicht übrig. Nicht jetzt. Vielleicht später. In einem Jahr. Damit ist die Geschichte mit der Geige beendet. Das ist ein großer Schock. Aber. Da ist nichts zu machen.

Auch Papa spielt immer seltener. Das liegt wohl daran, dass Maman es nicht gern hört, wenn er sich verspielt. Vielleicht liegt es auch an etwas anderem. Schade. Papas Freude beim Spielen strahlt so großartig über sein ganzes Gesicht und füllt das ganze Wohnzimmer, wenn er dort spielt.

Bei solchen Gelegenheiten erzählt Papa manchmal auch vom Großvater. Der ist Musiker. Er lebt in Bielitz, in einer Stadt in Oberschlesien, die jetzt zu Polen gehört. Damals, als Papa noch ein Kind war, gehörte sie zu Österreich. Damals brachte Papa seinem Vater dessen Geige ins Kino, wo Großvater zusammen mit anderen Musikern spielte, wenn es Stummfilme gab. Der Junge hört diese Geschichten gern, versteht nicht alles von dem, was in der Zwischenzeit passiert ist. Das macht aber nichts. Es hört sich an, als wäre das alles schon ganz lange her und wäre ganz weit weg. Die Geschichten klingen fast wie Märchen.

Eine andere Geschichte von Papa spielt auch in diesen Jahren. Er ist für einige Monate nicht zu Hause, sondern auf einem Lehrgang im Harz. In einem Ort mit dem witzigen Namen Hahnenklee. Das ist gar nicht weit weg, sagt Papa. Aber er muss dort viel arbeiten und es fehlt wohl auch das Geld, um die Bahnfahrt zu bezahlen. Er kommt nur einmal zwischendurch nach Hause. Nach diesem Lehrgang soll Papa mehr verdienen. Steuerinspektor soll er werden. Dann kann die Familie die Kaserne verlassen und in eine richtige Wohnung ziehen. Maman ist so froh. Während des Lehrgangs gibt es schon mehr Geld. Wunderbar. Maman kann sich ein neues Kleid kaufen, und auch er und seine Schwester bekommen neue Sachen. Endlich. Es klingt so, als könne ein neues Leben beginnen.

In dieser Zeit findet er einmal in der Schublade von Papas Schreibtisch, in der Bleistifte und Büroklammern aufbewahrt werden, ein Fünfmarkstück. Ganz gebannt dreht er das Geldstück zwischen den Fingern, rollt es auf der Tischplatte. Er hat es gefunden. Papa hat es sicher schon längst vergessen. Was soll er damit machen? Was könnte er sich alles davon kaufen? Eine Nacht und einen Tag wälzt er diese Gedanken. Dann erzählt er Maman davon. Sie besprechen die Sache und entscheiden, dass er Papa einen Brief schreiben soll. Darin erzählt er von seinem Fund. Dann steigt die Spannung wieder. Was wird Papa antworten? Nach einer nicht enden wollenden Woche kommt der Brief mit der Antwort. Papa bestimmt, dass die beiden Kinder das Geld zu gleichen Teilen haben sollen. Sie dürfen sich davon kaufen was sie wollen.

Der Lehrgang geht nicht gut aus für Papa. Er wird nicht befördert, verdient nicht mehr Geld. Sie bleiben dort, wo sie sind. Im U-Block. Papa nimmt den Misserfolg allem

Anschein nach recht gelassen auf. Maman aber nicht. Sie macht ihm Vorwürfe, dass er sich nicht genug angestrengt hat. Sie ist ärgerlich und traurig und nimmt es ihm eine ganze Zeitlang übel. Dann beruhigt sie sich wieder. Sie findet sich damit ab. »Glücklich ist, wer vergisst, was nicht mehr zu ändern ist.« Das ist ihr Leitspruch, den sie schon bei vielen Gelegenheiten geäußert hat. Auch jetzt scheint er ihr zu helfen.

Der Junge blickt in dieser Zeit manchmal zu Papa rüber und versucht, in seinem Gesicht zu lesen. Was denkt er wirklich über diesen Misserfolg? Tut es ihm nicht weh? Ist er nicht auch enttäuscht? Macht er sich Vorwürfe? Er kann im Gesicht von Papa nichts von alledem finden. Er hat wohl seinen Frieden mit sich gemacht.

Maman sagt über Papa, dass er kaum Gefühle zeigt, vor allem dann nicht, wenn er sich ärgert. Er hält den Ärger so lange zurück, bis er explodiert, sagt Maman. Sie scheint etwas Angst davor zu haben, dass das passiert. Sie bedauert wohl, dass Papa nicht früher über das redet, was ihn bedrückt oder ärgert. – Der Junge findet, dass diese Explosionen gar nicht so schlimm sind, wie Maman sagt. Ist Maman so ängstlich? Oder gibt es eine Seite an Papa, die er noch nicht kennt? Das kann er sich gar nicht vorstellen.

Großvater

Eine Postkarte von Großvater liegt auf dem Wohnzimmertisch direkt unter der Lampe. Sie ist etwas ganz Besonderes, weil sie so selten ist. Bald ist Weihnachten. Ist sie mit einem Päckchen gekommen? Er sieht keine Briefmarke und keinen Poststempel darauf. Alle freuen sich. Darüber, dass der Großvater noch lebt? Ist er schon alt? So vieles ist dem Enkel unklar.

Papa wendet die Karte, die eigentlich nur ein Foto ist, hin und her. Eine Seite zeigt das schwarz-weiße Foto einer Berghütte. »Auf dem Klimczok, 1117 m hoch.« Steht drauf. Das interessiert ihn eigentlich gar nicht. Ein Bild vom Großvater hätte ihn viel mehr interessiert. Auf der anderen Seite der Karte ist eine kaum leserliche Handschrift zu erkennen. Zittrig. Wie unter großer Anstrengung geschrieben. Ist Großvater krank? Wie es ihm wohl geht? Was er wohl macht? Er weiß kaum etwas von seinem Großvater. Der wohnt noch in Polen. Das liegt weit im Osten hinter dem »Eisernen Vorhang«, wie die Erwachsenen sagen. Da kommt man nicht hin. »Ich kann ihn leider nicht besuchen. Es ist zu gefährlich«, sagt Papa. »Warum?« – Papa antwortet nicht, tut so, als hätte er die Frage nicht gehört.

Papa liest vor. »Lieber Ernst und Familie, sende euch unseren Klimczok, 1117 m hoch. Erwarte jede Woche die Nachricht, dass ein guter ... gezogen wurde ... Gerlinde. Er kommt ganz bestimmt. O du fröhliche, o du selige Gnaden bringende Weihnachtszeit. Besten Gruß + Kuß von – Vater und Mutter.« Mehr Worte haben auf der Karte nicht Platz. Manches ist gar nicht zu lesen. Wie schade. Abgeschickt aus Bielsko am 9. XII 1956. Auf einer anderen Postkarte aus demselben Jahr ist ein verschneites Dorf zu sehen. Im Hintergrund bis zum Horizont ein Mittelgebirge. Darüber die Ortsangabe: Karpacz – widok na Sniezke. Bielsko 19. I. 1956.

Die Begegnung mit dem Großvater, wenn eine seiner seltenen Postkarten kommt, ist immer nur kurz, und sie ist merkwürdig. Lässt Raum für Fantasien. Der Eiserne Vorhang. Er erscheint in der Vorstellung des Jungen riesig und hoch bis in den Himmel. Kilometerlang. Undurchdringlich. Der Großvater muss ganz alt sein. Trotzdem schafft er es, eine Karte und ein Päckchen zu schicken. Liebevolle Worte für seinen Sohn, also für Papa. Sie klingen sehnsuchtsvoll. Ein Treffen wird es aber nie wieder geben. Sagt Papa. Auch er, der Enkel, wird den Großvater nie sehen können. Das ist traurig. Das hört er an der Stimme von Papa und auch an der von Maman.

Delle in der Wand

In der kleinen Wohnung im U-Block sind die Küche und das Kinderzimmer durch eine doppelte Wand aus dicker Dämmpappe getrennt. Dazwischen befindet sich ein Lattengerüst aus fünf Zentimeter breitem Kantholz. Eine gute Schallisolierung. An einem Sonntagmorgen erzählen die Eltern, dass da in der Küche eine tiefe Delle in der Wand sei, seit gestern Abend. Sie wollen den Kindern erzählen und erklären, woher sie stammt, damit sie sich keine unnötigen Gedanken machen. Vielleicht denken sie, die Kinder hätten in der Nacht etwas gehört. Papa hatte Maman geschubst und sie ist mit dem Ellbogen gegen die Wand geflogen und hat diese Delle verursacht. Aber warum hat Papa das getan? Ja, aus Versehen. Aber wieso? Ja, Papa sei betrunken gewesen.

Irgendwann erzählen sie etwas mehr. Am Abend zuvor, am Samstagabend, nach der Arbeit, war Papa mit ein paar Kollegen in der Stadt noch auf ein Bier in eine Kneipe gegangen. Das tat er manchmal. Er vertrank dabei Geld, das dann in der Haushaltskasse fehlte. Maman machte ihm Vorhaltungen. Dabei sei es dann zum Streit gekommen. Er hatte sie geschubst. Danach hatten sie sich aber wieder vertragen.

Beide Kinder sind total empört. Sind sofort auf der Seite von Maman. Wie konnte Papa das nur tun. Trinken. Geld vertrinken. Maman schlagen! Zum Glück hatten sich beide wieder versöhnt. Hatten sie ja beide gesagt. Deshalb gibt es auch kein Drama.

Bei einer anderen Gelegenheit kann er sehen, dass Papa eine gebrochene Nase hat. Er war betrunken auf dem Heimweg von der Kneipe mit dem Fahrrad gestürzt. Auf dem Streuheidenweg, wo es passiert war, geht es bergab, und es ist ein sandiger Feldweg. Eine gebrochene Nase. Geschieht ihm recht. Oder? Danach hat er nie wieder getrunken. Ist nie wieder gestürzt. Hat Maman nie wieder geschubst. Seitdem ist alles in Ordnung.

Familienausflüge

Manchmal, am Sonntag, wenn Papa nicht arbeitet und die Kinder nicht in die Schule gehen müssen, macht die ganze Familie einen Ausflug. Maman nimmt die Schwester und Papa nimmt ihn mit aufs Fahrrad. Da sie keine Kindersitze haben, werden Sitzkissen aus dem Wohnzimmer benutzt, damit die Kinder sich nicht den Hintern durchscheuern. Auf dem Gepäckträger oder der Mittelstange des Rades werden die Kissen mit einem kleinen Strick befestigt. Dann fahren sie in den Rüstjer Forst oder in den Agathenburger Wald und sammeln dort im Herbst Pilze. Sie finden vor allem Maronen und Pfifferlinge. Steinpilze sind selten. Kremplinge finden sie häufig, die schmecken aber nicht so gut. Fliegenpilze. Die sehen märchenhaft aus, sind aber giftig. Einmal findet er auch den Grünen Knollenblätterpilz. Vorsicht! Tödlich! Papa weiß Bescheid. Diese Unternehmungen findet der Junge erst ganz schön, mit der Zeit aber auch etwas langweilig.

Aufregend und von ganz besonderem Reiz sind dagegen die Ausflüge an die Elbe. Sie dauern den ganzen Tag, denn der Weg dorthin ist lang. Sie brauchen wohl eine Stunde, bis sie am Strand von Twielenfleth ankommen. Sie sind noch Kilometer entfernt, da hört er schon die großen Schiffe. Ihre Hörner haben einen tiefen, weitreichenden, verheißungsvollen Klang. Lange bevor er die Elbe sieht, riecht er schon das Wasser.

Die Elbe hat einen ganz besonderen Geruch. Er spürt ihn schon in der Nase, wenn sie noch ein paar Kilometer entfernt ist. Es riecht nach Tang, Teer, Weidensträuchern, Sand, Salz und vielen Dingen, für die er gar keine Namen hat. Dann kommt der große Moment, wenn sie den Deich erreicht haben und die Fahrräder hinaufschieben und die Elbe sehen. Es verschlägt ihm immer wieder den Atem, wenn er den breiten Fluss sieht, der von einem Horizont bis zum anderen reicht. Auf der einen Seite sind bei guter Sicht die Kräne vom Hamburger Hafen zu sehen. Auf der anderen Seite verschwindet der breite Fluss einfach in einer weiten Biegung zwischen den Deichen.

Manchmal sagen die Erwachsenen, dass sie gern mit einem der Schiffe mitfahren würden, die von Hamburg kommen und ins Meer hinauswollen. Sie sagen, sie würden gern in irgendein fernes, fremdes Land reisen. Nein. Das möchte er nicht. Er möchte jetzt hier sein und hier bleiben.

Für ihn gehören die Schiffe zum Fluss hier und an dieser Stelle. Er kann und will sich gar nicht vorstellen, an Bord zu gehen und von hier wegzureisen. Hier ist es doch gerade so schön. Er will jetzt hier nicht weg.

Bei Ebbe laufen die Kinder gern in den Schlick. Der bleibt an den Füßen und an den Beinen kleben und macht ihnen schwarze Strümpfe, ehe sie am Wasser ankommen. Die Eltern rufen ihnen dann meist besorgte Warnungen hinterher. »Geht nicht so weit! Geht nicht ins Wasser! Bleibt hier in der Nähe!« Das ist in der Regel umsonst, denn warum sollten sie nicht weitergehen, wenn es doch so viel Spaß macht? Bei hoch stehendem Wasser kommt manchmal sogar Maman mit hinein, obwohl sie nicht schwimmen kann. »Warum kannst du nicht schwimmen?« Fragen die Kinder. »Ja. Hm. Ich hatte keine Gelegenheit, das zu lernen. Keiner hat es mir beigebracht. Ich hatte auch immer Angst vor dem Wasser.« Dann hören die Kinder mit dem Fragen auf. Merkwürdig bleibt es trotzdem, dass sie nicht schwimmen kann. Das ist doch nicht so schwer.

Wenn die Flut kommt, zieht es ihn gleich in den Fluss. Aber Vorsicht! Die Strömung ist sofort spürbar an den Beinen. Sie saugt und zieht ihn fast um. Hält er den Kopf unter Wasser, dann kann er das dunkle, mahlende Geräusch der Motoren und das helle Zirpen der Schiffsschrauben hören. Er liebt diese Geräusche, die so rätselhaft sind und so fremd.

Papa kommt gern mit ins Wasser. Er tobt mit den Kindern. Er spielt mit ihnen und mit dem Ball, wenn sie einen dabeihaben. Lacht. Bietet Maman in den ersten Jahren immer mal wieder an, ihr das Schwimmen beizubringen. Maman lehnt immer wieder ab. Merkwürdig.

Zwischendurch gibt es etwas zu trinken und zu essen.

Maman hat genügend Proviant vorbereitet. Alles, was sie unterwegs brauchen. Bei ihr kann man sich auch ausruhen und ankuscheln. Sie hat ihren Platz auf der mitgebrachten Decke, die sonst auf dem Bett im Wohnzimmer liegt. Die Decke liegt im Sand. Im Schatten der Weidenbüsche richtet die Familie ihr Lager ein. Auf den Kissen ruhen die Köpfe. Eincremen mit Nivea. Die Erwachsenen machen es sich bequem, wie sie sagen, und lassen es sich in der Sonne gut gehen. Der Junge stromert durch die Weidenbüsche und am Strand entlang. Entdeckt angeschwemmtes Treibholz, findet Planken von Schiffen und Teile von schweren Baumstämmen und einmal auch eine tote Möwe. Der Sand ist warm und weich, drängt zwischen die Zehen der Füße. Diese Ausflüge sind die helle Freude. Selten gibt es Streit zwischen den Kindern. Manchmal ist auch die befreundete Familie dabei.

Bei diesen Ausfahrten blüht auch Papa sichtbar auf. Er strahlt und lacht und ist bester Laune. Er genießt es, draußen in der Natur zu sein. Das sagt er immer wieder. Er ist ein Wandervogel gewesen, wie er erzählt. »Was ist das, Papa, ein Wandervogel?« Er erzählt davon, wie er in den Bergen gewandert ist, als er ein junger Mann war. Berge gab es ganz in der Nähe seiner Heimatstadt Bielitz. Mit dem Bus konnte er rausfahren. In die Beskiden. In die Karpaten. Wunderbare Namen. Die Wandervögel liebten auch die Freikörperkultur. Papa erzählt, wie er Maman einmal einlud, nackt in einem Bergsee zu baden. Maman hielt davon nichts, wie sie sagt, und die beiden lachen.

Bei diesen Ausflügen und bei den Erzählungen über die Erlebnisse in der Natur strahlen Papas Augen. Wenn er von den Bergwiesen erzählt, von den Gipfelkreuzen und von den Berghütten. Papa erinnert sich gern an diese schönen

Zeiten. In der Gegenwart gefällt es ihm sehr viel weniger. Der Beruf als einfacher Finanzbeamter macht ihm gar keinen Spaß. Dass er jeden Tag dorthin geht, nennt er eine reine Quälerei. Es ist notwendig, um die Familie zu ernähren. Die Familie, das sagt er in diesem Zusammenhag häufig, ist sein Ein und Alles.

Prügelstrafe, zu Hause

Die Schläge treffen auf seinen blanken Hintern. Einmal oder zweimal knallt es. Maman will es so. Papa exekutiert die Strafe. »Ich werde mit dem Jungen nicht mehr fertig.« Sagt sie. »Du musst hart durchgreifen, sonst gehorcht er mir nie!« Papa schlägt mit dem Stock auf den blanken Po. Vor dem Zubettgehen.

Was ist davon zu berichten? Der Schmerz. Die Demütigung. Der aufkommende Hass. Er verflucht beide, Maman und Papa. Beißt die Zähne zusammen. Will nicht schreien. Will den Schmerz nicht zeigen. Möglichst nicht. Die Schwester im Hintergrund liegt schon im Bett. Sie bekommt das alles mit. Auch vor ihr will er möglichst tapfer sein. Nicht schreien. Nicht weinen. Bitte nicht! Aber das lässt sich nicht ganz unterdrücken. Natürlich nicht. Was Maman wohl in diesem Moment denkt und fühlt? Sie befindet sich nur fünf Schritte entfernt in der Küche oder im Wohnzimmer. Bekommt die Kommandos beim Ausziehen mit: »Hose runter!« Das Jammern und Betteln. »Nein! Nein!« Das Klatschen der Schläge mit dem Stock auf den nackten Po und die nackten Beine. Das Schreien. Weinen. Jammern. Unterdrücktes Schluchzen.

Was war sein Vergehen? Er war im Kino gewesen. Ja und? Das ist doch nichts Schlimmes. Warum das Verbot? Er kann das nicht verstehen, spürt nur das Brennen auf der Haut. Brutal und gemein. Das sind sie. Vor ihnen muss er sich in Acht nehmen. Er sieht sich als einsamer Cowboy durch die Prärie reiten. Allein. Er verlässt den Ort, an dem er verprügelt worden ist. Allein fühlt er sich sicher. Allein fühlt er sich besser. Er hat ein Abenteuer bestanden. Er hat seinen Kopf durchgesetzt. Er hat sich nicht einschüchtern lassen. – Versucht nicht, mich einzusperren! Das schafft ihr nicht! Nein! Ich weiß jetzt, worauf ich aufpassen muss. Nehme die drohende Strafe ernst. Weiche den Drohungen aus. Eure Schläge gehen von jetzt an ins Leere.

Flieder

Das hat er sich ganz fest vorgenommen. Als Erster will er aufwachen und ganz von allein. Ohne Wecker, wenn die ganze Familie noch schläft. Heute ist Sonntag. Er will leise aufstehen, ohne dass jemand aufwacht. Sich anziehen. Die Wohnung verlassen. Vorsicht mit der Wohnungstür. Die macht knarrende Geräusche. Das Aufschließen könnte laut werden. Heimlich rausschleichen auf den Flur und auf den Hof. Dann kann er sich wieder normal bewegen.

In den letzten Tagen hat er sich draußen im Hof und in der Nachbarschaft umgesehen. Es ist noch ziemlich kalt. Die ersten Tulpen blühen schon und die frisch gepflanzten Stiefmütterchen in den kleinen Vorgärten auch. Er ist auf der Suche nach etwas ganz Bestimmtem. Es gibt einen

Strauch direkt vor dem Haus, der infrage kommt. Aber dieser Strauch ist ziemlich kaputt. Die Kinder klettern oft in ihm herum. Viele Zweige sind abgebrochen. Da ist nichts mehr dran, was er brauchen kann. Deshalb muss er jetzt am frühen Morgen einen weiten Weg gehen. Die kurzen Hosen lassen die Kälte an seinen Beinen aufsteigen. Da ist nichts zu machen. Wenn er sich schneller bewegt, wird ihm wärmer. Er geht um den Flügel der Kaserne herum, der an die Straße grenzt. Von da aus durch die drei Wäldchen, wie die Kinder die kleinen baumbestandenen Randstreifen neben der Straße nennen. Dann über die Bundesstraße und den Geestrand runter zu den Bahngleisen. Dort unten hat er schon oft ein kleines Häuschen gesehen. Hier wohnen die Petersens. Ein Häuschen mit Garten. Es liegt weit abseits von allen Wegen, über die er und die anderen Kinder regelmäßig streifen. Im Garten steht ein Fliederstrauch. Unbeschädigt. Gut gewachsen. Schon ein wenig aufgeblüht. Dorthin will er. Ein schöner Strauß mit halb geöffneten Blüten soll es sein. In einem möglichst dunklen Lila.

Jetzt ist er unterwegs. Seine grüne Wolljacke, die Maman ihm zum Geburtstag gestrickt hat, passt wie angegossen und hält ihn warm. Der Morgennebel lässt Tauperlen auf dem Strickmuster der Ärmel entstehen. Mit der Zeit werden sie verdampfen. Das hat er schon ein paar Male beobachtet. Unter den Bäumen recken sich halbwüchsige Triebe vom Ahorn und von Silberpappeln wie Peitschen aus dem Gras. Die Brombeere wirft Ranken mit scharfen Dornen in den Weg. Mit denen darf man nicht spaßen. Er hatte im letzten Herbst tiefe blutige Kratzer in der Haut, als er unaufmerksam und mit nackten Beinen durch das Gestrüpp gerannt war.

Jetzt erreicht er die breite Teerstraße. Sie führt von Stade nach Hamburg. Es gibt kaum Verkehr. Der breite Sandweg auf der anderen Seite bringt ihn geradewegs an die Bahngleise und zum Grundstück der Petersens. Jetzt steigt die Aufregung. Ist jemand im Garten? Ist jemand zu sehen? Kann ihn jemand beobachten? Jetzt kann es gefährlich werden. Er schleicht durch die unverschlossene Eingangspforte in den Garten am Haus. Ein paar Schritte zum Fliederstrauch. Nein, ein Messer hat er nicht. Aber Flieder lässt sich leicht brechen. Die Blüten sitzen sehr hoch, und er ist klein. Zum Glück lassen sich die langen Zweige nach unten biegen. Dann den richtigen Zweig erwischen und knack. Auf den Boden werfen. Zwei, drei, vier weitere passende Zweige mit leuchtenden Blüten findet er recht schnell. Bricht sie ab. Ein Strauß soll es sein. Ein beeindruckender, duftender, in prächtigstem Lila leuchtender Fliederstrauß. Für Maman. Heute ist Muttertag.

Noch ehe irgendjemand ihn sehen und halten kann, hat er den Garten auch schon wieder verlassen. Ist zurück auf dem Weg nach Hause und jetzt im Eiltempo. Noch bevor Maman aufgestanden ist, will er dort sein. Eine Vase hat er sich am Vorabend ausgesucht. Die Überraschung soll vollkommen sein. Die Kälte hat er längst vergessen. Jetzt kommt es darauf an, heimlich, still und leise in die Wohnung zu kommen. Der Plan gelingt. Die Blumen stehen auf dem Wohnzimmertisch – neben Mamans Bett.

Maman wacht auf. Er sagt nichts. Wartet, bis sie den Strauß entdeckt. Dann will er sagen: »Glückwunsch zum Muttertag!«

»Ach.« Sagt sie müde und verschlafen. Sieht seine erwartungsvollen Augen nicht. »Wo kommt denn der Flieder her?« Mehr sagt sie nicht. Nicht jetzt und auch nicht später. Verschwindet wortlos in der Küche, um sich zu waschen. Er sagt auch nichts.

Er träumt sich augenblicklich zurück in sein aufregendes Abenteuer, das er am heutigen Morgen erlebt hat. Träumt sich dann zum nächsten Muttertag. Dann wird der Strauß noch größer, die Blüten werden voll aufgeblüht sein und hundertmal stärker leuchten und duften als heute. Dann wird Maman ganz sicher beeindruckt sein. Sie wird ihn überschwänglich in die Arme nehmen und ganz fest drücken. Dann wird sie ihn fragen, wo er gewesen ist. Sie wird wissen wollen, welche Schwierigkeiten er überwinden musste, um diesen überwältigend schönen Strauß für sie zu finden. Sie wird stolz und gerührt sein, wenn sie auf ihren Jungen blickt! Er fühlt ihre warmen Arme, ihren starken, liebevollen Körper. Sie wird begeistert und gespannt seinem Bericht lauschen und sich von nichts ablenken lassen. Sie wird voll und ganz für ihn da sein. Wird bei jeder Gelegenheit den Nachbarinnen erzählen, wie großartig ihr Sohn ist und wie sehr sie ihn liebt.

Aber. So ist es nicht gekommen. Er hat sich so viel Mühe gegeben und so sehr angestrengt. Alles so gründlich überlegt. Hat er etwas falsch gemacht? Maman wirkt etwas traurig. Oder ist sie verärgert? Hat sie ganz andere Sorgen? Was kann er tun, um sie aufzuheitern? Er weiß es nicht. Sie zeigt ihre Gefühle nur ganz selten offen. Sie wirkt nachdenklich und irgendwie bedrückt. Er fühlt sich jetzt schlecht, steht allein im Wohnzimmer. Schämt sich fast für das, was er gemacht hat. Aber was ist daran falsch, seiner Mutter Blumen zu schenken – zum Muttertag?

Weihnachten, warm

Weihnachten kündigt sich immer schon lange vorher an. Es wird kälter, die Bäume verlieren die Blätter, schon am Nachmittag wird es dunkel. Er trägt wieder lange Hosen, eine dicke Jacke und seine Pudelmütze. Manchmal fällt Schnee. Dann beginnt die Adventszeit mit Kerzen, Keksen und ersten Heimlichkeiten. Geschenke. Was soll er sich wünschen? Was darf er sich wünschen? Es soll möglichst praktisch sein, sagen die Eltern. Etwas zum Anziehen. Eine Süßigkeit? Ein Spielzeug? Ja. Das geht auch.

Weihnachten. Heiligabend. Eine schöne Bescherung. Da ist was los! Natürlich. Ein Tannenbaum muss gekauft werden, der größte, der ins Wohnzimmer passt. Bestimmt mehr als drei Meter hoch. Papa holt ihn mit dem Fahrrad irgendwo vom Markt. Manchmal kommt auch ein Weihnachtsbaumverkäufer mit seinem großen Wagen direkt bis auf den Hof. Im U-Block leben viele Familien. Da lohnt sich die Fahrt aus der Stadt. Am Vormittag des Heiligen Abends wird der Baum aufgestellt. Sein Stamm wird in einen Eimer mit feuchtem Sand gesteckt, damit er Wasser bekommt und die Nadeln nicht so schnell vertrocknen. Das ist umständlich. Deshalb wird in späteren Jahren ein eiserner Fuß benutzt. Dicke Schrauben halten den Stamm darin fest. Der Junge sieht bei dieser Arbeit immer genau zu. Nachdem der Baum einmal mit voller Kerzenbeleuchtung mitten im andachtsvollen Ritual umgefallen ist, wird er von da an seitlich an den Wänden mit Schnüren befestigt.

Lametta ist ganz wichtig. Silberne und bunte Weihnachtskugeln. Aus Stroh geflochtene Püppchen und Engel. Oben eine Tannenbaumspitze. Aber nur, wenn noch genügend Platz ist. Kleine rotbackige Äpfel. Meist Boskop oder

Altländer Prinz. In einem Jahr kommt etwas Neues dazu: Hundert und mehr Karamellbonbons werden einzeln in weißes Seidenpapier gewickelt und in den Baum gehängt. Das sieht aus wie Schnee auf grünen Zweigen. Wenn dann noch die Kerzen angezündet werden und ihr flackerndes Licht über die grünen Zweige, die silbernen Kugeln und die weißen Bonbons strahlt, sieht es wirklich himmlisch aus. Das ist für ihn und seine Schwester und die ganze Familie immer wieder ein einmaliges Erlebnis.

Das Schmücken des Baumes ist die Aufgabe von Papa, der damit nach dem Mittagessen beginnt. Dann dürfen die Kinder nicht mehr ins Wohnzimmer. Papa spendiert sich eine Flasche Weißwein und wirkt ganz glücklich, selig und beschwingt. Es sieht aus, als würde er nicht nur in einem verschlossenen Raum verschwinden, sondern in einer anderen Welt. Die Kinder müssen jetzt warten. Sie spielen ungeduldig, unruhig, sind aufgeregt und fragen sich gegenseitig, ob sie die gewünschten Geschenke wohl bekommen. Dann ziehen sie sich um, machen sich festlich und fein.

Irgendwann läutet ein kleines Glöckchen. Der Klang holt die Kinder herein. Sie staunen jedes Jahr aufs Neue. Das Licht der vielen flackernden Kerzen am Baum, vom Boden bis ganz nach oben, bis unter die Decke. Das Wohnzimmer hat sich ganz und gar verändert. Alles strahlt im Licht der Kerzen. Die Veränderung ist unglaublich. Der Junge steht neben seiner Schwester, wenn sie das Zimmer betreten. Die Eltern stehen ihnen gegenüber und strahlen auch, wenn sie die Gesichter der Kinder sehen. Es dauert einige Zeit, dann werden auch die Geschenke wichtig. Vor allem aber ist es die gemeinsame Andacht und Rührung bei so viel Schönheit und unwirklichem Zauber, der für alle so viel Bedeutung hat.

In den ersten Jahren im U-Block werden auch gemeinsam Weihnachtslieder gesungen, bevor es zur Bescherung kommt. Obwohl vor allem Papa nicht viel von der Kirche und den biblischen Geschichten hält, was er oft betont, bleiben sie bei den traditionellen Liedern. O Tannenbaum. Alle Jahre wieder. Stille Nacht, heilige Nacht. Es ist ein Ros' entsprungen. Leise rieselt der Schnee. O du fröhliche. An allen Weihnachtsfeiertagen wiederholt sich dieses Ritual. Einmal bringt Papa neue Texte zu den alten Liedern mit, die nicht so christlich sind. Sie klingen nicht so gut, findet der Junge, und Maman mag sie gar nicht. Sie liebt das Alte, das Bekannte, sagt sie. Also verschwinden die neuen Texte bald wieder. Der Baum bleibt im Wohnzimmer bis ins neue Jahr. Am 6. Januar wird meist abgeräumt. Manchmal bleibt er auch bis zum 17. Januar. Das ist Mamans Geburtstag.

Einmal bringen die Eltern ein paar Wochen vor Weihnachten einen Spielzeugkatalog mit, aus dem sich die Kinder etwas aussuchen können. Der Katalog liegt plötzlich auf dem Tisch, und seine Schwester und er studieren ihn ausgiebig wieder und immer wieder. Alles, was sich Jungen und Mädchen wünschen, finden sie in Farbe in diesem Hochglanzkatalog. Bei jedem Spielzeug steht auch der Preis. Da kann er rechnen und sich Gedanken darüber machen, was sich die Eltern wohl leisten können und was nicht.

Im Katalog bleibt er immer wieder auf der Seite mit dem roten Feuerwehrauto hängen. Es hat eine schwenkbare und ausziehbare Leiter. Dicke Gummireifen. Steuerbare Vorderräder. Das Auto ist so lang wie ein großes Schullineal. Richtig groß. Soll er sich das wünschen? Darf er sich das wünschen? Es ist richtig teuer. Fast dreißig Mark. Das Feuerwehrauto ist sein Traum. Also fragt er nach langem

Zögern seine Eltern. Die verziehen den Mund, die Nase und die Stirn. Das sei doch etwas zu teuer. Ja. Stimmt. Etwas zu teuer. Aber vielleicht ja nur etwas. Er versucht zu verhandeln. Wenn er sich nichts anderes wünscht. Und überhaupt, das ist das Einzige, was er will. Sonst gibt es nichts, was ihm Spaß macht. Die Eltern bleiben zurückhaltend und stumm. Da macht er sich Hoffnungen. Schließlich haben sie nicht nein gesagt. Am Ende ist er sich sogar sicher.

Als an diesem Weihnachtsabend die Bescherung kommt, ist die Spannung besonders groß. Als das rote Feuerwehrauto nicht unter dem Weihnachtsbaum steht, ist er total enttäuscht. Außerdem wird er sauer und wütend. Er hat alles getan, was ihm möglich war, hat angeboten, auf alles andere zu verzichten. Er schmollt und hat extrem schlechte Laune. Er ist untröstlich. Er ist unleidlich. Langsam und erst nach Tagen normalisiert sich sein Gefühlszustand, und er ist wieder ansprechbar.

Weihnachten ist vorbei. Der Januar kommt. Spiele im Schnee. Die Enttäuschung ist vergessen. Da kommt der Geburtstag von Maman. Am 17. Januar. Es gibt einen Knall, der ihn noch lange beschäftigt. An diesem Tag macht Maman ihn darauf aufmerksam, dass da ein Paket auf dem Tisch steht, das für ihn ist. Für ihn? Aber es ist doch ihr Geburtstag. Ja. Ein Geschenk für ihn. Ungläubiges Staunen. Er öffnet das Paket. Es ist das rote Feuerwehrauto. Maman sieht ihn erwartungsvoll an. Er ist sprachlos. Fassungslos. In ihm toben Gefühle, heiß und kalt. Freude und Wut. Nein. Er weiß nicht, was er davon halten soll, wie er damit umgehen soll. Es zerreißt ihn, es schmerzt ihn, es macht ihn unvorstellbar glücklich und dann wird er wieder traurig. Auf und ab und immer im Wechsel.

Er bedankt sich brav. Nimmt Maman in den Arm. Sie lächelt. Drückt ihn an sich. Ja, sagt sie. Du warst so traurig zu Weihnachten, dass ich es nicht aushalten konnte. Ich wollte doch, dass du dich freust. – Aber jetzt kann er sich gar nicht richtig freuen. Maman hat bestimmt auf etwas verzichtet, was sie gern gehabt hätte. So muss es gewesen sein, denkt er. Das hat er natürlich nicht gewollt. Das ist schrecklich.

Er schämt sich. Er hat Maman in eine fürchterliche Situation gebracht. Jetzt fühlt er sich schuldig. Aber er muss sich freuen, sonst wäre Maman wieder traurig. Also tut er so, als ob er sich riesig freut und hofft, dass Maman nicht merkt, dass er nur so tut als ob.

Radio

Das Radio steht zu Hause im Wohnzimmer. Hier spielt die Musik. Hier gibt es Nachrichten, und hierher werden die Sportereignisse am Wochenende übertragen. Hier hört er oft auch den Schulfunk an Nachmittagen in der Woche. Maman hört ihn auch gern beim Bügeln oder bei anderen Hausarbeiten. Ziemlich spät am Sonntagabend, nach den Sportnachrichten, wenn er schon lange im Bett sein muss, gibt es manchmal ein Hörspiel. Er liegt im Kinderzimmer im Bett und drückt ein Ohr an die Wand. Dann kann er, wenn er gut aufpasst, diese Hörspiele verfolgen. Die plattdeutschen gefallen ihm besonders gut. Die Sprache ist schön und sie erinnert ihn an die Zeit im Alten Land, als sein Spielfreund so sprach und der Bauer natürlich auch.

Etwas anderes ist aber noch wichtiger. In diesen Hörspielen geht es um Dinge, von denen seine Eltern ihm nie etwas erzählen würden. Die Tochter des Brunnenmachers zum Beispiel bekommt ein uneheliches Kind. Der Schleusenwärter hat im Krieg schlimme Dinge erlebt und getan, und sein schlechtes Gewissen macht ihm fürchterlich zu schaffen. Der Sohn des Bauern hat geheiratet und zieht mit seiner Frau ins Dachgeschoss ein. Die Schwiegertochter verträgt sich überhaupt nicht mit der Bauersfrau, die immer alles bestimmen will. Dramatische Konflikte entwickeln sich. Es wird geschrien, geheult und manchmal auch geschlagen. Die Polizei kommt. Es drohen böse Zerwürfnisse. Da passiert etwas, wovon er sonst nichts zu hören bekommt. Er ahnt, dass überall in der Welt solche Dinge passieren. In seiner Familie wird darüber aber nicht gesprochen.

In einem der plattdeutschen Hörspiele wird die Geschichte von Philemon und Baucis erzählt. Aber anders, als er sie aus der Schule kennt. Dort waren sie Figuren aus der griechischen Antike. Sie lebten als liebendes und mitfühlendes altes Ehepaar in Armut. Als verkleidete Götter sie besuchen, bewirten sie diese in selbstloser Gastfreundschaft, sodass die Götter ihnen ihren letzten Wunsch erfüllen.

Philemon und Baucis, von denen hier auf Plattdeutsch in einem aufwühlenden Hörspiel erzählt wird, leben im Zweiten Weltkrieg als altes griechisches Ehepaar in den Bergen von Kreta. Ein verwundeter deutscher Soldat verirrt sich zu ihnen. Er ist desertiert. Sie verstecken und pflegen ihn aus Mitgefühl. Er wird von griechischen Partisanen verfolgt und entdeckt. Der gnadenlose Partisanenführer lässt die beiden Alten töten. Auch er erfüllt ihnen ihren letzten Wunsch und lässt beide miteinander sterben. Sie werden gleichzeitig am selben Baum erhängt und miteinander begraben. Die tiefe Verbundenheit des alten Ehepaares und ihr aufopferungsvolles Verhalten berühren den Jungen sehr. Diese Geschichte beschäftigt ihn einige Tage lang. Ob seine Eltern auch so gehandelt hätten?

»Prinz Eisenherz«

Ein Spielfreund hat ihm das Buch gezeigt. Der Freund ist vielleicht zwei Jahre älter und wohnt in einer der Baracken, die auf der linken Straßenseite stehen, wenn man vom U-Block aus zur Harburger Straße geht. Diese Baracken sehen schmutzig und unordentlich aus. Sie haben einen schlechten Ruf, denn dort wohnen die, die noch ärmer dran sind als die U-Block-Bewohner. Aber. Dieser Freund hat ein Buch, das unglaublich fantastisch ist. Es hat einen festen Einband und ist ziemlich dick. Darin abgedruckt sind Geschichten von Prinz Eisenherz. Es enthält viele große Zeichnungen von den Wikingern und ihrer Ausrüstung, von Prinz Eisenherz und seinen Abenteuern, von Schiffen und Burgen und der Landschaft in England. Die Bilder sind viel größer als in den Comic-Heftchen und es gibt mehr zu lesen. Der Freund will das Buch verkaufen oder tauschen.

Da er kein Geld hat, bietet der Junge ihm sein Fahrtenmesser an. Das Messer ist recht groß und hat eine lederne Scheide, die man am Gürtel tragen kann. Er hat es sich für etwa fünf Mark vor einem Jahr in der Stadt gekauft. Die Spitze ist leider abgebrochen, weil er sie in einen Ahornbaum gerammt hat. Beim Rausziehen hat er sich ungeschickt angestellt. Dieses Messer bietet er zum Tausch an, und der Freund akzeptiert.

Die Aufregung wächst. Dieses Tauschgeschäft will er von den Eltern bestätigen lassen, um ganz sicherzugehen, dass er das Buch hinterher behalten kann. Sie gehen also eines Abends in die Baracke des Freundes, als dessen Eltern zu Hause sind. Die kümmern sich kaum darum, was die Kinder vorhaben. Dann gehen sie zu ihm nach Hause, und sein Vater nimmt sich Zeit. Er sieht sich das Buch an und dann das Fahrtenmesser. Fragt den Freund, ob der Tausch für ihn in Ordnung sei. Dann ist der Handel abgeschlossen.

Dies ist sein erstes eigenes Buch. Es spielt eine große Rolle für ihn, denn die Geschichten darin erzählen große Abenteuer. Sie versetzen den Leser in die Zeit, als die Wikinger die Nordsee befuhren, England eroberten und auch die Gegend um Stade unsicher machten, wenn sie die Elbe hinaufsegelten. Die Zeichnungen kann er auf durchsichtigem Pergamentpapier nachzeichnen und dann ausmalen. Und dann ist da die wunderbare Liebesgeschichte zwischen Prinz Eisenherz und Alena, der Prinzessin aus Schweden, die ihn immer wieder aufs Neue fesselt.

Jochen

Manchmal kommt Jochen zu Besuch, sein Cousin. Der ist sechs Jahre älter, lebt irgendwo am Bodensee. Jochen besucht ein Gymnasium, das aber so weit von seinem Zuhause entfernt ist, dass er in einem Internat wohnen muss. Er ist froh, in seinen Ferien manchmal Onkel Ernst und Tante Irmgard zu besuchen, wie er Papa und Maman nennt. Mit Jochen kommt immer etwas Abwechslung in die Familie, und er ist auch ein Grund, Ausflüge an die Elbe oder in den nahen Rüstjer Forst zu unternehmen. Jochen liebt Donald-Duck-Hefte und fragt und drängelt, dass der Junge sich bei seinen Freunden erkundigen soll, wer eines dieser Hefte ausleihen kann. Bei dieser Gelegenheit lernt er diese Hefte überhaupt erst kennen. Die Geschichten vom reichen, geldgierigen Onkel Dagobert, dem eitlen Vetter Gustav, der vom Glück verwöhnt wird, und vom ewigen Unglücksraben Donald und den Neffen Tick, Trick und Track. Bei dieser Gelegenheit liest er auch selbst darin herum. Über eine der Geschichten muss er lange nachdenken. Die drei Neffen von Donald fahren mit Daniel Düsentrieb, der immer spannende Sachen erfindet, im Auto. Auf der Rückbank sitzt ein sprechender Roboter, der alle Fragen beantworten und einem sagen kann, was gleich geschehen wird. Die vier steuern einen Berg abwärts, die Bremse streikt, und sie nähern sich einer Kreuzung. Daniel Düsentrieb fragt seinen Roboter, ob unten auf der Querstraße ein anderes Fahrzeug von rechts kommt, das also Vorfahrt hat.»Nein!« antwortet die Maschine. Unten angekommen, kommt ein Auto von links. Es knallt. Ein Unfall. Die vier finden sich im Straßengraben wieder. Der Roboter ist nur noch Schrott. »Tja,« sagt Daniel,»er hat richtig geantwortet. Ich habe ihm nur die falsche Frage gestellt.«

Manchmal bringt Jochen seinen Fotoapparat mit und knipst ihn und die ganze Familie. Wenn der Junge nach der Entwicklung die Fotos sieht, kann er sich gut daran erinnern, wann und wo sie aufgenommen wurden. Spannend ist es auch zu sehen, wie Jochen die Fotos bei der Aufnahme arrangiert. Dann muss man sich an eine bestimmte Stelle hinstellen und ein besonderes Gesicht machen. Die Bilder zeigen zwar nichts Besonderes, aber auf ihnen scheint immer die Sonne, sie bringen die Erinnerung an die Familienausflüge zurück und zeigen die Fotografierten immer in guter Stimmung. Sonne. Freude. Lachen. Manchmal sogar Ausgelassenheit. Das gefällt ihm sehr. So einen Fotoapparat will er sich später auch einmal kaufen, wenn er genügend Geld hat. Das beschließt er schon jetzt.

Glatzkopf

Gerda und Albert sind sehr gute Freunde von Papa und Maman. Er kennt sie, seit er denken kann. Noch aus dem Alten Land, als sie bei Berta Hohmann wohnten. Albert hat einen Kopf, von dem der Kleine seine Augen nicht lösen kann. Er hat eine Hakennase, wie der Schnabel bei einem großen Vogel. Über den buschigen Augenbrauen beginnt eine Glatze, wie der Junge sie noch nie gesehen hat. Ein schmaler Kranz lockiger Haare verbindet hinten am Kopf ein Ohr mit dem anderen. Dieser Vogelkopf kann lustig sein und lachen. Dann ist alles in Ordnung. Doch dieser Kopf kann auch grimmig gucken, dann schreckt der Junge zurück. Mit diesen beiden Gesichtern spielt Albert gern. Und er raucht. Fast immer. Dicke Zigarren. Das qualmt und riecht und stinkt. Gerda raucht Zigaretten. Kette. In der Küche der Wohnung ist oft dicke Luft.

Bald nach dem Einzug in den U-Block sind die beiden zu Besuch und organisieren mit Maman und Papa ein großes Fest zu Sylvester. Es werden viele kleine Hüte gebastelt, für jeden der Gäste. Auch für die Kinder. Im Wohnzimmer werden bunte Papierschirme über die Lampen gehängt. In ein großes Gurkenglas wird Wein geschüttet und Sekt.

Ganz unten schwimmen eingelegte Kirschen. Die Bowle ist jetzt angesetzt. Gläser werden bereitgestellt für den Moment, in dem das Fest beginnt. Die Kinder laufen aufgeregt durch die Wohnung und auf den langen Fluren des U-Blocks herum, von einer Wohnung in die andere. Überall stehen die Türen offen, überall wird gefeiert. Er weiß gar nicht, was da im Einzelnen passiert, findet das Ganze aber fantastisch. Überall wird gelacht. Musik kommt aus den Radios. In manchen Wohnungen wird getanzt. Die großen Töchter von Tante Gerda und Onkel Albert tanzen mit den großen Jungen im Haus. Lange wird von dieser Sylvesterfeier später noch gesprochen. So ein Fest wird später nie wieder gefeiert.

Papa erzählt manchmal mit einem fröhlichen Schmunzeln im Gesicht, wie er mit Tante Gerda zusammengearbeitet hat in der sogenannten Schwarzen Zeit auf dem Schwarzmarkt. Beide hatten in ihren Rucksäcken Obst und Fleisch aus dem Alten Land nach Hamburg gebracht und dort gegen Kaffee, Schmuck und sonstige wertvolle Sachen getauscht. Damit sind sie dann wieder über die Elbe ins Alte Land gefahren. Auf Fahrrädern über die Elbbrücken. Mit den Fähren über die Elbe. Mit Geschick und manchmal auch mit Frechheit hatten sie die Kontrollen, die es auf den Elbbrücken und an anderen Ausfallstraßen gab, überlistet, umgangen, vielleicht sogar bestochen. Wer weiß. Sie waren sehr erfolgreich gewesen. Hatten ihre Familien gut ernähren können. Bei Papa waren darüber hinaus auch ein paar tausend Mark übriggeblieben. Damit hatte er sich nach der Währungsreform selbstständig machen wollen. Doch das hatte leider nicht geklappt. Das ist lange her.

Irgendwann ziehen Albert und Gerda nach Wedel. Wedel liegt, von Stade aus gesehen, auf der anderen Elbseite.

Jeder Besuch bei ihnen ist immer eine große Unternehmung und damit etwas ganz Besonderes. Etwa zweimal im Jahr geht es zu Gerda und Albert. Der Junge freut sich schon lange vorher darauf. Mit dem Bus fahren sie vom U-Block in die Stadt. Dort besteigen sie einen anderen Bus, der sie nach Steinkirchen ins Alte Land bringt. Dann gehen sie zu Fuß zur Fähre, die in Lühe abfährt und die Familie nach Wedel übersetzt. Er liebt das Schaukeln der Fähre auf dem Wasser. Vom Fähranleger in Schulau haben sie dann einen kleinen Fußmarsch vor sich bis zur Siedlung und der Doppelhaushälfte, in der Tante Gerda und Onkel Albert mit ihren drei Töchtern leben.

Einmal tobt er mit seiner Schwester auf der Fähre herum, die ziemlich leer ist. Sie lachen, kreischen und spielen Fangen. Er hält sich an einer Stütze fest, dreht sich rückwärts und landet mit großem Schwung auf der Sitzbank. Dort hat Maman einen großen Eierkarton mit fünfzig frischen Hühnereiern abgestellt. Sie waren als ein Gastgeschenk gedacht. Jetzt sitzt er mittendrin. Die Eltern schreien entsetzt auf. Er weiß erst gar nicht, was passiert ist. Fängt an zu heulen. Sieht die Bescherung. Die meisten Eier sind kaputt. Das Eigelb verteilt sich in der Tasche. Er schämt sich fürchterlich. Später bei Gerda und Albert wird die Geschichte erzählt und auch darüber gelacht.

LICHT UND SCHATTEN

Verschickungsheim

Reihenuntersuchung in der dritten Klasse. »Ein Monat sollte reichen. Dann hat der Junge genug an Gewicht zugelegt.« Die Stimme des Schularztes ist tief und laut. Zu laut, findet der Junge. Der Arzt erklärt weiter: »Viele Kinder leiden an Untergewicht, jetzt in der Nachkriegszeit. Manche Kinder haben eine eingefallene Brust. Hungerloch nennen wir das oder Hühnerbrust.« Dann ist die Untersuchung endlich vorüber. Es ist ihm unangenehm und peinlich, wie da über ihn gesprochen wird.

Das Verschickungsheim, in das er fahren soll, liegt am Rande von Clausthal-Zellerfeld im Harz. Als der Junge davon hört, nimmt er es gelassen auf. Das ist alles noch weit weg, erst im nächsten Jahr. Er selbst findet übrigens nicht, dass er krank ist, zu dünn oder untergewichtig. Eine Hühnerbrust hat er auf gar keinen Fall. Die Reise und der neue Ort machen ihn neugierig. Sie könnten interessant sein.

Er versucht sich vorzustellen, was da auf ihn wartet im Kindererholungsheim, wie er es für sich im Stillen nennt. Ist es ein Paradies für Kinder? Er denkt an Süßigkeiten. Spielen den ganzen Tag. Viele Kinder. Fußballspielen. Auf Bäume klettern. Spaß haben. Warme Sonne. Barfuß laufen. Baden. Planschen. Mit Wasser spritzen. Lachen. Freunde. Vertraute. Geheimnisse. Kleine Tiere, mit denen er spielen, die er beobachten, die er ärgern kann. Kröten. Lurche. Frösche. Fische. Durchs Wasser waten. Alles, was ihm Freude macht, kommt ihm in den Sinn. Dann seine Tagträume. Drachen besiegen. Ritterrüstung. Schwerter. Richtig große Schwerter. Unbesiegbar. Ein Held. Für seine Marie. Die aus seiner Klasse.

Aber. Er ist da ganz allein. Ohne Maman. Ohne Papa.

Keiner ist da. Auch seine Schwester nicht. Wer ist für ihn da? Er kennt niemanden. Alle sind ihm fremd. Die Kinder. Es wird Streit geben und Klopperei mit den Jungs. Wie blöd! Er wird verloren und verlassen sein. Das kennt er auch. Angst. Angsthase. Magenkneifen. Bauchschmerzen. Beklemmungen. Angstträume. Die Eltern schicken ihn weg. Hänsel und Gretel. Im Wald. Dunkel. Bitterkalt. Hexe. Wer wird ihn retten?

Bloß nicht daran denken! Besser nichts fühlen. Nichts davon erzählen. Maman will nichts davon wissen. Sie meint es doch immer gut mit ihm. Glaubt, dass es das Beste für ihn ist, wenn er dort hinfährt. Ihr will er nicht noch mehr Kummer machen. – Er versucht sich vorzustellen, dass es ihm gefällt, dass es im Kindererholungsheim wirklich wie in einem Kinderparadies ist. Das gelingt ihm auch. Meist.

Der Tag der Abreise kommt näher. Die Eltern werden unruhig und wirken ein wenig besorgt. Das kann er beobachten. Da wird auch er unruhig und ängstlich, obwohl er gar nicht weiß, warum. Was soll er mitnehmen? Wäsche? Zahnbürste? Handtuch? Spielzeug? Papa hat da eine lange Liste geschrieben. Alles wird gewaschen und bereitgelegt. Das sieht merkwürdig aus, weil das alles für ihn ist und für seine Reise. Aber. Es ist auch nicht anders, als wenn Maman sonst die Wäsche wäscht, bügelt und zusammenlegt. Warum also die ganze Aufregung? Er wird mit der Bahn fahren. Allein? Andere Kinder aus seiner Klasse oder aus seiner Schule sind jedenfalls nicht dabei. Der Morgen der Abreise ist dann etwas ganz Besonderes. Sehr früh ist es, noch dunkel. Februar oder März.

Er steht auf, kommt in die Küche und hat plötzlich ein Gefühl wie Weihnachten. Vor ihm auf dem Küchentisch liegt ein ganz besonderes Geschenk, das ihn völlig überrascht und seine Gefühle aufwirbelt. Warum, das könnte er gar nicht sagen. Er bekommt einen Rucksack. So groß, dass er ihn gut tragen kann. Papa hat ihn selbst gefertigt. Der sitzt dabei und erzählt, dass er für seine Wanderungen in den Bergen früher immer einen Rucksack dabeigehabt hat. Darin hatte er alles, was er unterwegs brauchte.

Seit ein paar Monaten schon hat er das Material für diesen Rucksack organisiert. Die Lederschlaufen waren besonders schwer zu bekommen. Er hat Freunde und Kollegen gefragt, und sie haben ihm geholfen. – So etwas Großartiges hat der Junge noch nie gesehen. Alles, was er mitnehmen soll, hat darin Platz. Er passt perfekt. So viel Arbeit hat sein Vater sich für ihn gemacht! Nur für ihn.

Papa ist sein Held. Auf ihn ist der Junge stolz. Stolz muss auch Papa auf ihn sein, denn sonst hätte er diesen fantastischen Rucksack nicht für ihn genäht. Papa kann Rucksäcke nähen. Unglaublich. Aber wahr. Denn da liegt er vor ihm, der Rucksack. Für ihn und die Reise in den Harz. Ein Rauschen ist in seinen Ohren, wenn er hört, wie Papa davon erzählt, wie er das Material organisiert hat. Ein Kribbeln ist in den Fingern, wenn er über das raue Leinen streicht und die glatten Lederschlaufen untersucht. Er sieht Papa. Nein, jetzt sieht er sich mit dem Rucksack in den Bergen. Im Harz.

Im Harz? Den kennt er doch gar nicht. Dorthin soll er »verschickt« werden. Jetzt wird ihm wieder etwas unheimlich zumute. Widerstrebend lässt er sich die Trägerriemen über die Schultern streifen und den Rucksack auf dem Rücken festziehen.

Die Bahnfahrt dauert eine gefühlte Ewigkeit, hinterlässt aber weiter keine Erinnerungen. Bei der Ankunft in Clausthal-Zellerfeld sieht er ein großes, aus Holz gebautes Gebäude. Das ist das Kindererholungsheim, in dem er vier Wochen bleiben wird. Eine große Zahl von Kindern wartet schon im Haus. Alle sind etwa in seinem Alter. Es sind alles Jungs.

Nachdem sie ihr Gepäck in die Schlafräume gebracht haben, treffen sich die Kinder im Speisesaal. Dort nehmen sie an großen Tischen Platz. Brot, Butter, Käse, Wurst, Marmelade stehen bereit. Manchmal ist etwas Obst dabei. Die Kinder müssen es sich selbst nehmen und darauf achten, dass alles gerecht verteilt wird.

Manchmal streiten sie. Manchmal tauschen sie eine Scheibe Käse gegen zwei Scheiben Wurst. In der Mitte der langen Tische zu sitzen ist praktisch, weil man an alles selbst herankommt. Es ist unpraktisch, weil man die andern bedienen muss. Je nach Lust und Laune setzt er sich mal in die Mitte, mal an den Rand.

Den größten Teil des Tages sind die Kinder draußen. Sie wandern in kleinen Gruppen mit den Frauen, die sie begleiten. Die passen auf, dass sie den richtigen Weg gehen, zurück zum Heim finden, und dass sie auf dem Weg nicht zu viel Quatsch machen. Das macht aber am meisten Spaß! Sie gehen die Berge rauf oder runter, manchmal durch dunkle, tief verschneite Wälder. Dann wieder haben sie freien Blick über weite Felder. Die Jungen finden ab und zu Steine auf den Wegen, in denen Gold blinkt. Die werden gesammelt, und die Hosentaschen sind oft schwer davon. Außerdem schneit es oft. Schneeballschlachten. Nasse Hosen. Nasse Handschuhe. Nasse Schuhe. Daran hat er sich schnell gewöhnt.

Er findet einen Jungen, mit dem er sich anfreundet. Der kann unglaublich spannende und witzige Geschichten erzählen. Den ganzen Tag lang. Ob der sich die Geschichten alle ausdenkt? Er kann gar nicht aufhören zu erzählen. Dieser Junge kommt aus Goslar. Das ist nicht weit entfernt. Er hat einen kleinen und einen großen Bruder zu Hause. Mit denen spielt er tolle Spiele. Sie sind frech und lustig. Sie hecken Streiche aus. Spielen Theater für die Nachbarn, die Eltern, die Lehrer. Solche Brüder hätte er auch gern.

Alle zwei bis drei Tage betreten sie einen besonderen Raum im Haus. Dort müssen sie sich nackt ausziehen und bekommen eine dunkel getönte Brille aufgesetzt. Dann gehen sie in den nächsten Raum. Dort gibt es Höhensonne. Die Jungen sehen nicht viel durch die abgedunkelten Brillen. Sie werden aufgefordert, im Kreis zu gehen. Langsam. Ohne zu rennen, ohne zu schubsen, ohne irgendwelche Spielchen. Das fällt am schwersten. Beim ersten Mal ist es ihm peinlich, nackt vor den Frauen herumzulaufen. Da man sie wegen der dunklen Brillen aber kaum sieht, ist ihm das schnell egal. Ein paar der anderen Jungen bekommen Angst. Die Frauen versuchen, sie zu beruhigen. Das gelingt nicht immer. Ihn nervt das. Ein eigenartiger Geruch füllt den Raum. Die Lampen der Höhensonnen verursachen ihn, erklären die Frauen. Es riecht unangenehm und wie verbrannt. Ein leichter Gestank. Es ist, als wenn eine elektrische Leitung schmort. Kurzschluss liegt in der Luft. Er kennt das von zu Hause. Nach zehn oder fünfzehn Minuten ist alles vorbei, sie können den Raum verlassen und die nächste Gruppe muss rein. Das alles soll gut für die Gesundheit sein.

Schlimm ist es in der Mittagspause, wenn sie schlafen sollen und wenn er nicht schlafen kann. Stattdessen muss er oft dringend auf die Toilette. Das dürfen die Jungen aber in keinem Fall. »Sonst rennt ihr die ganze Zeit nur herum und niemand kann schlafen.« Sagen die Frauen. Wenn er dann aber doch muss? Leise hebt er sich aus dem Bett. Schleicht auf Zehenspitzen durch den Schlafsaal zur Tür. Versucht den Moment abzupassen, wenn die Frau, die Aufsicht führt, abgelenkt ist, um dann zur Toilette zu huschen. Auf dem Rückweg ist es dann schon egal, wenn er erwischt wird, denn dann hat er ja schon gepinkelt. Auf dem Weg dorthin erwischt zu werden, ist brutal, denn dann wird er zurück ins Bett geschickt. Das ist schrecklich. Keiner will ins Bett pinkeln. Er muss also mit dem lauten und wütenden Geschimpfe der Frau leben, wenn sie ihn erwischt. Dasselbe passiert natürlich auch abends beim Schlafengehen. Weil es dann aber dunkel ist, haben die Jungen eine etwas größere Chance, ungesehen über den Flur zu kommen. Es ist und bleibt ein tägliches Katz-und-Maus-Spiel. Kein Spaß. Viel Angst.

Ins Bett pinkeln. Das passiert manchmal einem der Jungen in seinem Schlafsaal, in dem die Betten stehen. Viele Betten. Bestimmt zwanzig oder mehr. Wenn es passiert und eine der Frauen hat es entdeckt, dann zieht sie das Laken ab, stellt die Matratze auf und hängt das Laken zum Trocknen und Lüften darüber. Das sieht dann aus wie ein großes weißes Segel. Mit einem weithin erkennbaren etwas gelblichen Wasserfleck. Alle Kinder können es sehen. Schandfleck. Brennende Scham kann er spüren, wenn er nur daran denkt, dass ihm das auch einmal passieren kann. Auf keinen Fall! Seine Blase, sein kleiner Bauch krampfen sich zusammen.

Wenn das passiert, ist das ein schlimmer Schicksalsschlag. Dieses Wort. Er kennt es von zu Hause. Er bedauert den armen Jungen, den es »erwischt« hat, und empfindet Mitleid mit ihm. Aber. Da kann man nichts machen. Außer. Darüber hinwegzusehen. Stillschweigen wahren. Beim Essen im Speisesaal. Darüber auf keinen Fall reden. – Wenn der Junge weint? Ihn in Ruhe lassen. Helfen kann er ihm nicht. Er fühlt sich ohnmächtig.

Nach vier Wochen wird er auf die Waage gestellt und für zu leicht befunden. Keine Gewichtszunahme. Komisch. War doch alles ganz in Ordnung. Er hat gut und gern gegessen. Höhensonne genommen. Es reichte aber nicht. Also soll er noch vier weitere Wochen bleiben. Na ja. Das Unangenehmste ist, dass sein Spielfreund abreist. Das ist traurig. Aber sonst nimmt er es gelassen. Es ist, wie es ist.

Eines Tages kommt Post von zu Hause. Oder? Nein. Aus der Schule. Es ist ein kleines Päckchen mit Bildern. Die Mitschülerinnen und Mitschüler aus seiner Klasse haben Bilder für ihn gemalt. Die gute Frau Mohr! Seine Klassenlehrerin. »Wir wünschen Dir alles Gute. – Werde bald gesund!« Schreibt sie. Er war doch nie krank! Wird ja auch bald wieder zurück sein! Er fühlt sich doch meist ganz wohl hier. – Die Bilder sind ganz nett. Aber das Wichtigste fehlt: ein Bild von Marie. Sie ist seine heimliche Liebe in der Klasse. Er ist sehr enttäuscht. Diese blöde Kuh! Hat sich gedrückt! War zu feige! Schade! Was sie wohl für ihn gemalt hätte?

Wenn er Post von seinen Eltern bekommt, ist das schön. Sie haben ihn nicht vergessen. Was im Brief steht, ist nicht so wichtig. Er fängt an, sich für die Briefmarken auf den Briefen zu interessieren. Posthorn. Acht und zehn Pfennig. Auf den Päckchen ist mehr Porto drauf. Manchmal sind besondere Bilder auf den Marken. Es sind Sondermarken. Einige seiner Freunde im Heim schenken ihm die Briefmarken, die auf ihren Briefen und Postkarten und Päckchen kleben. Wenn er wieder zu Hause ist, will er ein

Sammelalbum haben. Papa hat eins. Der wird ihm sicher helfen.

Für den zweiten Monat im Heim hat er sich etwas Besonderes vorgenommen. Er hat oft beobachtet, dass die Kinder, die Geburtstag haben, während sie hier sind, ein paar kleine, aber schöne Vergünstigungen bekommen. Sie dürfen sich zum Geburtstag ein Essen aussuchen, sie erhalten ein kleines Geschenk und können sich ein Lied wünschen, das alle Kinder im Speisesaal für sie singen. Außerdem hat er bemerkt, dass die Frauen nicht kontrollieren, ob jemand tatsächlich ... Also behauptet er einfach, in drei Tagen hätte er Geburtstag. Und siehe da, es funktioniert. Er feiert Geburtstag. Alle singen für ihn, und es gibt ein kleines Geschenk. Klasse. Leider kann er niemandem von seinem Abenteuer erzählen. Sonst würde alles herauskommen. Also behält er die Geschichte für sich. Ein schlechtes Gewissen hat er nicht. – Wieso auch?

Wenn sie bemerken sollten, dass seine Geschichte nicht stimmt, was dann? Er überlegt eine Weile. Er muss sich irgendwie herausreden. Sie haben ihn falsch verstanden. Das tut ihm leid. Nicht seine Schuld. Den Rest wird er trotzig aushalten. Was können sie schon tun, außer zu schimpfen? Ihn schlagen? Das werden sie nicht. Ihn nach Hause schicken? Bitteschön! Ihn vor den andern Kindern bloßstellen? Er grinst in sich hinein. Viele der anderen Jungs werden ihn eher bewundern als verachten. So gut kennt er die Jungs schon. Das ganze Unternehmen ist ziemlich gewagt. Findet er. Aber. Es gelingt!

Später, zu Hause, wird er von den Eltern gefragt: »Wie war's denn?« – »Hast du zugenommen?« – »Hast du Heimweh gehabt?« Ja, dann fängt er an zu erzählen. Vor allem die kleinen Abenteuergeschichten kommen gut an. Nach seinen Gefühlen wird nicht gefragt. Wenn er davon anfängt, merkt er schnell, dass seine Eltern von Angst und Heimweh nicht viel wissen wollen. Sie sagen: »Unser tapferer Junge.« – »Schön, dass du wieder da bist.« Er gewöhnt sich an, in seinen Geschichten alles zu vermeiden, was sie belasten könnte. Sie sind so froh, dass er wieder da ist. Diese Stimmung will er ihnen und sich nicht verderben.

»Hast du Heimweh gehabt?« Danach fragen auch seine Freunde. Nein, Heimweh hat er nicht gespürt. Merkwürdig. Ja. Tatsächlich. Aber. Warum eigentlich nicht? Auch Karin und Hanne sind neugierig. Mit ihnen geht er jeden Tag zusammen in die Schule. Sie geben nicht so schnell auf. Sie wollen wissen, wie es in diesem Kinderverschickungsheim war und warum er kein Heimweh hatte. Sie können sich das gar nicht vorstellen. Er druckst herum. Diese Frage ist ihm unangenehm, ja peinlich. Er schämt sich ein bisschen und weiß gar nicht, warum. Hätte er Heimweh haben müssen?

Sie sitzen zusammen in einer stillen Ecke auf der Treppe im Treppenhaus. Karin und Hanne sehen ihn ruhig und freundlich an. Sie warten. Nein. Heimweh hat er nicht gehabt. Er ist doch kein Schwächling. Vielleicht hat er manchmal daran gedacht, wie es wäre, wenn er früher nach Hause fahren könnte. Mehr kann er dazu nicht sagen. Er steht auf, geht weg. Sie sehen ihm nach.

Frösche

Wenn er den Hof vor dem U-Block verlässt, an der rechten Seite, an Basteins Laden vorbei geht, die Teerstraße überquert, dann den Weg vor dem T-Block nimmt, kommt er auf den sandigen Feldweg, der zur Schule führt. Den geht er ein Stück, biegt dann aber scharf rechts ab und noch einmal rechts. Jetzt geht es leicht bergan. Hier steht er auf dem »Sender«. Das ist ein kleiner sandiger Hügel, auf dem im Krieg einmal eine Sendestation des Fliegerhorstes gestanden haben soll. Hier ist er im Winter auch schon mal mit einem geliehenen Schlitten hinuntergerutscht. Der Abhang wird dann eine richtige kleine Rodelbahn. Von hier aus hat er auch schon einmal im Herbst einen selbst gebastelten Drachen steigen lassen.

Aber zum »Sender« will er heute gar nicht. Auf dem Weg dorthin, weit genug entfernt vom U-Block und den dort spielenden Kindern, gibt es ein paar Gärten, in denen Gemüse angebaut wird. Wer die Gärten anlegt und dort erntet, kann er nicht sagen, denn direkt an diesem Weg wohnt niemand. Im Sommer pflückt er hier manchmal junge Erbsen, die er sich gleich in den Mund steckt, zerkaut und genießt. Später im Jahr gibt es manchmal Tomaten. Das ist aber selten.

Hier wohnt niemand, aber hier haben einmal zwei kleine Häuser gestanden. Von ihnen existieren nur noch die Kellerräume. Die Kellerdecken sind erhalten und bieten einen merkwürdigen Anblick. Es sind kleine, glatte Betonflächen mitten im Garten. Übergangslos. Darauf liegt meist etwas Sand und Lehm, die der Wind von den Feldern ringsum herübergeweht hat.

In einer der Betondecken klafft ein rechteckiges Loch. Wahrscheinlich gab es hier einmal eine Kellertreppe aus Holz, die verfeuert wurde oder vermodert ist. Vorsichtig muss er hier sein, wenn er hinunterwill. Er legt sich auf den Bauch, sieht hinunter und kann auf dem Boden des Kellers Ziegelsteine erkennen. An ihnen hängt Mörtel und Moos.

Dazwischen türmen sich unregelmäßig geformte Betonbrocken. Müll hat jemand hineingekippt. Hier liegen leere, verrostete Konservendosen, leere Flaschen, halb verrottete Kartons. Dazwischen Sand und Erde, von oben hineingeweht. Grasbüschel. Feldblumen. Es sieht aus wie auf den Schutthalden zwischen den Ruinen. Hier sammelt sich auch Wasser, sodass er überlegt, ob er wohl nasse Füße bekommt, wenn er hinuntersteigt, um sich den Boden genauer anzusehen.

Er entdeckt ein paar Frösche. Sie bewegen sich im Wasser mit einfachen Schwimmstößen. Kommen an den Rändern der flachen Pfützen zur Ruhe. Nur ihre Augen ragen über die Oberfläche, die Körper liegen unter Wasser. Er sieht ihnen eine Weile zu. Dann wird es langweilig. Er sucht sich ein paar Steinchen und fängt an, nach den Fröschen zu werfen. Trifft nicht, trifft, trifft wieder nicht.

Wie kann er überhaupt hinunterkommen? Von der Kellerdecke, auf der er jetzt liegt, kann er nirgendwo hinunterklettern. Er kann hinunterspringen. Auf den steinigen, unebenen und nassen Boden? Und wie kommt er dann wieder hinauf? An einer Seite des Raums gibt es ein kleines Kellerfenster. Das ist sein Einstieg und wird später der Ausgang.

Es ist nass und kalt und in den Ecken ziemlich dunkel. Noch mehr Müll wird sichtbar. Eine eigene Welt breitet sich hier unten aus, zu der niemand Zutritt hat. Außer ihm. Eine Unterwelt. Verwildert. Vermüllt. Abgeschieden und versteckt. Aber hier wachsen Gras und Blumen und sogar ein kleiner Holunderstrauch. Hier leben Frösche im Wasser. Er sieht kleine schwarze Kaulquappen zwischen den Gräsern hin und her huschen. Wasserspinnen laufen über die spiegelnde Oberfläche, und Gelbrandkäfer tauchen bis auf den Grund und jagen ihre Beute. Er fängt einen der Frösche. Das ist nicht schwer, denn sie können nicht weit flüchten. Der Frosch ist nicht sehr groß und verhält sich ganz ruhig in seiner Hand. Was kann er mit diesem Frosch machen? Er kann alles mit ihm machen, hier in dieser abgeschiedenen Welt, in die niemand hineinsehen kann. Hier ist er ganz allein. Weit weg vom Rest der Welt. Hier in der Unterwelt ist er jetzt der Herr über Leben und Tod.

Goldene Gans

Die gute Frau Mohr. Seine Klassenlehrerin. Er mag sie, denn sie ist immer freundlich und aufmerksam den Kindern gegenüber. Im Sommer unternimmt sie mit der Klasse kleine Ausflüge. Sie verlassen die Schule und gehen die Hauptstraße des Fliegerhorstes entlang bis zu seinem Ende im Westen. Dort beginnen die Felder, und es gibt kleine Wäldchen. Wenn das Korn hoch steht, können die Kinder nicht darüber hinwegsehen. Sie gehen dann wie in einem Labyrinth spazieren. Die Kornhalme stehen dicht an dicht, bilden einen dunklen, schattigen Wald, in dem er, wenn er länger hineinsieht, viele kleine Tierchen entdeckt. Über dem Korn leuchtet ein blauer Himmel. Er kann beobachten, wie die Lärchen aufsteigen und dabei zwitschern und immer höher fliegen, bis er sie nicht mehr sehen kann. An den Rändern der Felder stehen Kornblumen und Mohn. Blau und Rot und dazwischen weiße Kamille und gelber Hahnenfuß. Libellen an den Waldrändern. Hummeln und Bienen in der Luft. Käfer und Schnecken im Gras. Er kann sich nicht satt sehen. Zwischendurch rennt er mit den anderen Kindern um die Wette. Sie ärgern sich gegenseitig, lachen über misslungene Kunststückchen, die sie sich vormachen. Frau Mohr ist immer dabei, passt auf, dass keinem etwas passiert und dass sie rechtzeitig wieder in der Schule sind.

Als Frau Mohr zu Beginn der vierten Klasse ein Baby bekommt, lädt sie die Mädchen zu sich nach Hause ein, um ihnen das Kind zu zeigen. Die Jungen werden nicht eingeladen. Das findet er ungerecht, auch wenn ihn das Baby gar nicht so sehr interessiert. Aber er nimmt es seiner guten Frau Mohr etwas übel.

Als einige Schüler der Klasse ihre Aufnahmeprüfung für das Gymnasium machen wollen, wird darüber unter den Kindern auch geredet. Einer von den Jungen, der ganz gut im Unterricht ist, erzählt allen, dass seine Oma ihm abgeraten hat, die Prüfung zu machen. Nicht, weil er das nicht schaffen könnte, sondern weil er dann später so viele lange und schwierige Klassenarbeiten schreiben muss. Das klingt komisch. Wenn man die Prüfung schafft, dann doch auch alles, was danach kommt. Oder etwa nicht? Vielleicht hat die Oma ganz andere Gründe. Und wieso mischt die sich überhaupt ein? Darüber denkt der Junge nach. Hat sie vielleicht doch recht, und er weiß nur nichts von dem, was später kommt?

Das Ende der Volksschulzeit ist gekommen. Frau Mohr hat mit ihrer vierten Klasse ein Theaterstück eingeübt. Das soll am letzten Tag des Schuljahres aufgeführt werden. Alle Schüler haben sich in der Aula versammelt, auch alle Lehrer und die Eltern, die kommen konnten. Er kann keinen freien Platz sehen. Die Kinder auf den Zuschauerplätzen sind aufgeregt und unruhig. Sie rutschen auf den Stühlen hin und her. Sie unterhalten sich und kichern. Es ist sein letzter Schultag in der Volksschule. Kurze Zeit später wird er zum Gymnasium gehen. Aber das ist in diesem Moment vollkommene Nebensache.

Er spielt mit in dem Theaterstück. Sie haben es an vielen Tagen geprobt. Er musste Texte auswendig lernen. Sie haben auf der Bühne Aufstellung genommen. Sind immer wieder das ganze Stück durchgegangen. Da war die Aula leer. Aber jetzt ist sie voll. Alle Augen sehen nach vorn zur Bühne. Er ist der »Dummling«, der jüngste von drei Brüdern. Einer nach dem anderen wird in den Wald geschickt, um Holz zu holen. Der Jüngste zuletzt. Die Geschichte hat er schnell verstanden.

Jetzt steht er da in grasgrünen Socken, die Maman ihm ausgesucht hat. Seine Turnschuhe hat er vergessen, deshalb steht er jetzt da, ohne Schuhe. Aber er hat keine Zeit mehr, etwas zu ändern. Ihm sind diese Socken peinlich. Hilfe. Aber das Stück beginnt.

Die älteren Brüder sind die Lieblinge ihrer Mutter und werden, mit Eierkuchen und Wein gut versorgt, in den Wald geschickt. Zuerst der Älteste und dann, als er erfolglos zurückkommt, sein Bruder. Im Wald treffen sie ein altes Männlein, das um Essen und Trinken bittet. Aber. Sie sind geizig. Sie geben ihm nichts. Dann verletzt sich zuerst der Älteste und am nächsten Tag der Zweitälteste mit der Axt, als sie einen Baum fällen wollen. Sie müssen unverrichteter Dinge nach Hause zurückkehren. Das hat das Männlein gemacht, das sie für ihre Hartherzigkeit bestraft. Am dritten Tag wird der Dummling geschickt. Ihm traut man nichts zu, und er soll dieselbe Strafe erleiden. Aber. Als er dem alten Männlein begegnet, verhält er sich anders. Er ist großherzig und teilt seinen Kuchen und seinen Wein mit ihm. Dafür wird er von dem Männlein belohnt. Der Dummling findet eine Gans mit goldenen Federn und ist plötzlich reich.

Das alles findet der Junge nicht sehr spannend. Er muss sich so viel Text merken, dass er ihn oft vergisst. Die Lehrerin hilft ihm dann, genauso wie sie den anderen hilft, wenn sie stecken bleiben. Doch eine Stelle gibt es in dem Stück, bei dem sein Herz ganz heftig klopft. Immer wieder, wenn sie es proben. Es ist die Stelle, wenn er, der reich gewordene Junge mit der Goldenen Gans, den König um die Hand seiner Tochter bittet. Das geschieht drei Mal. Erst beim letzten Mal sagt zuerst der König und dann sagt seine Tochter: »Ja.«

Die Tochter wird gespielt von Wilma Arnd. Sie ist die größte Schülerin in der Klasse und bei Weitem die klügste. Sie bekommt immer die besten Noten. Er findet sie ganz in Ordnung. Sie wohnt aber nicht auf dem Fliegerhorst in einer der Kasernen, sondern am Stadtrand von Stade in einer Siedlung in einer richtigen Wohnung. Sie treffen sich nicht nach dem Unterricht. Irgendwie ist sie etwas Besseres. Und sie, gerade sie muss ihn heiraten. Auf diesen Moment fiebert er geradezu hin. Wenn sie »Ja« sagt, muss Wilma immer lächeln. Das findet er besonders schön. Sie hat Grübchen. Vielleicht mag sie ihn sogar. Nach der Aufführung bekommen sie viel Applaus. Und seine grünen Socken werden besonders gelobt, weil sie so gut zu seiner Rolle passen. Aber das interessiert ihn schon nicht mehr. Er will raus auf den Schulhof. Ist erleichtert, dass er seine Rolle gut gespielt hat und nicht stecken geblieben ist. Und er denkt an die Königstochter.

»Schön war die Zeit«

Die Jungen auf dem Hof sind in ihr Spiel vertieft, rennen hin und her. Spielen sich den Ball zu, schubsen sich und krakeelen, weil es Spaß macht, weil sie ein Tor geschossen oder es verfehlt haben.
Doch heute ist etwas anders. Mitten im Spiel hört er plötzlich eine Musik, erst leise, dann immer lauter. Sie kommt aus einem der geöffneten Wohnungsfenster. Er läuft weiter. Da öffnet sich ein weiteres Fenster und noch eins, und auch von dort kommt die Musik. Sie wird lauter. Er bleibt stehen. Es ist ein Schlager, der aus den Radios kommt, die einige der Mütter auf das Fensterbrett in die geöffneten Fenster gestellt haben.
»So schön, schön war die Zeit…« Hallt es über den Hof. Die anderen Jungen bleiben auch stehen und hören zu. Er kennt das Lied. Freddy Quinn singt es. Eine Schnulze. Aber in diesem Moment klingt es fast wie eine Hymne. Getragene Stimmung. Voller Wehmut und Trauer. »… fern, so fern das Heimatland …« Er versteht und fühlt, dass es darum geht. Hinter allen Fenstern wohnen Flüchtlinge. »… Alles liegt so weit, so weit …« Seine Verwirrung löst sich langsam. Das sind Worte für die Stimmung, die hier im U-Block manchmal zu spüren ist. Er fühlt sich bedrückt und erleichtert zugleich. Jetzt ist es gesagt. Jetzt ist es raus. Das Lied klingt aus. Die Jungen spielen weiter.
In dem dunklen Haus mit den langen Fluren und auf der zweiten Etage findet er immer wieder zurück zur Wohnung, zu Maman und zu seiner kleinen Schwester. In den ersten Tagen hat er manchmal Angst, dass er die Wohnung nicht wiederfindet und sich verläuft. Er erinnert sich an ein Märchen: »Hänsel und Gretel verliefen sich im Wald«.

Achtzig Familien wohnen hier, sagt Papa einmal. Viele Kinder gibt es in allen Altersgruppen. Immer ist jemand zum Spielen da. Er findet sie auf dem Hof, auf den Rasenflächen oder hinter dem Haus in den Wäldchen. Um das Haus herum, in einigem Abstand, findet er diese Wäldchen. Die Bäume stehen so dicht, dass er nach wenigen Schritten das große dunkle Haus nicht mehr sehen kann. Wenn er mit den anderen Jungen dort spielt, klettert er gern auf Bäume, so hoch wie möglich. Von hier aus kann er weit sehen. Von einer besonders hohen Silberpappel aus kann er sogar in einiger Entfernung, wenn das Wetter gut ist, die großen Schiffe auf der Elbe fahren sehen. Direkt unterhalb des Kinderzimmerfensters befindet sich der Eingang des Hauses. Alle Bewohner, die tagsüber arbeiten oder einkaufen waren, kommen mit dem Bus aus der Stadt zurück und betreten hier wieder das Haus. Spät am Abend, wenn er schon im Bett ist, schon schlafen sollte, aber noch aus dem offenen Fenster sieht, die Luft ist sommerlich warm, hat er den Kopf auf die Hände gestützt und beobachtet, was geschieht. Ein paar späte Heimkehrer aus der Stadt kommen von der Bushaltestelle quer über den Rasen und über die schwarzen Schottersteine. Jeder Schritt knirscht, sagt etwas, was er nicht versteht. Schade, wenn es dann so schnell vorüber ist. Oder ein paar von den großen Kindern, Jugendliche, stehen unten im Eingang. Hier brennt immer Licht. Es ist für sie ein Treffpunkt. Er kann ihnen zuhören. Sieht die großen Mädchen und die großen Jungen einander näher rücken und hört ihr Tuscheln, das er gern verstehen möchte.

»*Hast du eine Schwester?*«

»Hast du eine Schwester?« Fragt der Soldat. Er steht hinter dem hohen Zaun und sieht merkwürdig aus. Er trägt eine schlecht sitzende grün-graue Uniform. Hat eine Schirmmütze auf dem Kopf, wie der Junge sie von den Bauern aus dem Alten Land kennt. Der Soldat ist noch jung, nicht viel älter als der große Bruder von Helmut. »Na, sag mal, hast du eine Schwester?« Der Junge antwortet nicht, wundert sich nur, warum der Soldat das wissen will. Natürlich hat er eine Schwester, aber was geht den das an? »Hat keiner von euch eine große Schwester?« Aha. Es geht um große Schwestern. »Wieso? Was willst du denn von der?« Fragt Bernhard, der gar keine Schwester hat. »Will mich nur mit ihr unterhalten.« Sagt der Soldat hinter dem Zaun. »Vielleicht geht sie mit mir am Wochenende tanzen.« Ja. Der sucht eine Freundin. Der ist nicht von hier. »Woher kommst du?« Fragt Helmut. »Aus Hannover.« »Das ist ja weit.« »So weit nicht. Aber ich komme am Wochenende nicht nach Hause.« – »Ach so.«

Vor ein paar Wochen sind Bundeswehrsoldaten in die Kasernen hier eingerückt. Sie stehen hinter dem Zaun, dort, wo die Jungen bisher oft gespielt haben. Das geht jetzt nicht mehr. Die Soldaten dürfen das Kasernengelände nicht verlassen. Sie stehen am Zaun. Reden mit den Kindern. Sie bitten die Kinder, ihnen Zigaretten oder Süßigkeiten in dem kleinen Laden von Bastein zu kaufen, der im Keller des U-Blocks seine Räume hat. Dabei können sich die Kinder einen Groschen verdienen oder mehr. Das ist klasse. Nach ein paar Wochen hat er fünf Mark zusammen. Das ist viel Geld. Davon kauft er sich ein neues Fahrtenmesser.

Seine Schwester ist aber viel zu klein, um sich mit den Soldaten hinter dem Zaun zu unterhalten. Sie spielt noch mit Puppen. Geht aber schon in die dritte Klasse. Er sieht seine Schwester eigentlich nur zu Hause oder wenn die ganze Familie einen Ausflug macht. Sie haben ganz verschiedene Freunde, gehen in verschiedene Klassen, und sie spielen ganz unterschiedliche Spiele. Wenn sie aber zusammen sind, dann vertragen sie sich meist ganz gut, streiten selten. Aber das kommt auch vor.

Von den Eltern hat er den Auftrag bekommen, sich etwas um seine kleine Schwester zu kümmern. Wenn sie auf dem Hof Ärger mit anderen Kindern bekommen sollte, soll er sie beschützen. Das ist eigentlich nie nötig. Nur ganz selten. In so einem Fall ist er sofort da. Diese Aufgabe gefällt ihm. Beschützer sein. Großer Bruder sein. Manchmal soll er auch auf sie aufpassen, wenn die Eltern nicht zu Hause sind. Auch das kommt nur selten vor. Er hört, wie seine Eltern sagen, dass sie ihn nicht zu sehr belasten wollen, damit er nicht ärgerlich auf seine Schwester wird und sie vielleicht schlägt.

Sie haben ein gemeinsames Kinderzimmer, in dem sie beide schlafen. Jeder hat sein Bett, seine eigene Kommode für die Wäsche und das Spielzeug. Er geht oft etwas später ins Bett und hört sie dann meist schon still und leise atmen. Nicht allein im Zimmer zu sein, gefällt ihm. Manchmal guckt er von seinem Bett aus abends auf den Hof, sieht die älteren Kinder, die noch nicht zu Hause sein müssen. Sieht später, wenn auch diese Kinder schon weg sind, Bewohner aus dem U-Block, die quer über den Platz gehen. Sie kommen vom Bus. Der letzte kommt um neun. Sie gehen langsam, wirken müde, sind schweigsam, auch wenn sie zu zweit oder zu dritt kommen. Seine Schwester schläft im Hintergrund, und er achtet darauf, dass er sie nicht weckt.

Einmal erzählt die Schwester beim Mittagessen, dass der Lehrer die ganze Klasse gefragt hat, welche Berufe sie kennen. Seine Schwester hat geantwortet: »Geräuschemacher.« »Was ist das denn? Und was macht denn ein Geräuschemacher?« Hat der Lehrer gefragt. »Na, mein Bruder, der macht immer Geräusche.« Hat seine Schwester geantwortet. Maman hat gelacht, weil sie das witzig fand. Eigentlich ist es eine Art Schimpfwort für ihn, mit dem er ermahnt wird, weil er tatsächlich oft Quatsch macht und dabei auch gern verrückte Geräusche von sich gibt. Ihm macht das Spaß. Seine Eltern fühlen sich davon gestört, vor allem, wenn es beim Essen passiert.

Manchmal, wenn Maman den Bodenbelag, den sie Stragula nennt, gebohnert hat, dürfen die Kinder auf alten Putzlappen kniend durch die Wohnung rutschen und damit den Boden blank polieren. Er und seine Schwester fahren dann wie mit Autos durch die Wohnung. Vom Wohnzimmer durch den kleinen dunklen Flur bis in die Küche und wieder zurück. Sie hupen, knallen gegeneinander, spielen Autounfall und lachen dann fürchterlich. Bei diesen Unfällen kracht es manchmal zu sehr, und seine Schwester fliegt vom Putzlappen und tut sich weh. Das ist natürlich seine Schuld, ganz klar, weil er der Größere ist. Aber sie hat ihn ja herausgefordert und mitgemacht. Dann ist er wütend auf seine kleine Schwester.

An Sonntagen, besonders, wenn die Eltern mit den Kindern irgendwohin gehen wollen, werden beide fein angezogen. Wie »Brüderchen und Schwesterchen« aus dem Märchen, so sehen sie dann aus. Ja, das sieht schön aus, ist aber unpraktisch, denn damit dürfen sie sich auf keinen

Fall schmutzig machen. Und das passiert doch, ob man will oder nicht. Deshalb fühlt er sich in diesen Sachen unwohl, mag sich nicht richtig bewegen. Zum Glück sind diese Anlässe nicht sehr häufig.

Verknallt

Sein Spielfreund Paul von nebenan ist etwas älter als er und feiert seinen Geburtstag diesmal mit ihm und zusammen mit der Schwester. Und Pauls Schwester hat eine Schulfreundin eingeladen, die in seinem Alter ist. Pauls Mutter hat einen Kuchen gebacken, und sie trinken den Kakao zu viert. Anschließend spielen sie auf dem Hof. Diese Freundin gefällt ihm. Ihr Lachen. Ihr Laufen beim Kriegenspielen. Das Kleid hebt sich, wenn sie den Ball wirft. Ein Stich in die Magengrube. Begeisterung.

Danach haben sie noch Zeit. Sie sind zurück im Wohnzimmer, trinken wieder eine Tasse Schokolade, und es gibt ein zweites Stück Kuchen. Sein Gesicht leuchtet, ist heißer geworden. Seine Worte kommen schneller, manchmal etwas blöder als sonst, wenn er Witze machen will. Alles kein Problem. Dieses Mädchen scheint das alles auch witzig zu finden. Dann ist plötzlich Schluss. Zeit zu gehen. Fröhlicher Aufbruch. Der Bus des Mädchens fährt pünktlich ab.

Schon am Tag darauf hat er die Idee, diesem Mädchen einen Brief zu schreiben und ihn ihr zu schicken. Mit der Post. Er tut es, erhält aber keine Antwort. Also muss ein zweiter Brief helfen. Jetzt gibt es eine Antwort. Aber die ist völlig anders als erhofft und erwartet. Die Schwester des

Freundes, die mit dem Mädchen in dieselbe Klasse geht, berichtet. Der Vater des Mädchens hat einen seiner Briefe in die Hand bekommen. Hat ihn einfach geöffnet. Dann gibt es gewaltigen Ärger. Der Vater lässt eine Tirade von wüsten Beschimpfungen los, nennt seine Tochter eine Schlampe, eine Hure, und verprügelt sie. Prügel für das Mädchen. Für einen Liebesbrief, den sie von ihm, einem vierzehnjährigen Jungen, bekommen hat. Er ist verknallt. Das hat er ihr geschrieben. Das ist alles. Er hat geschrieben, dass er sie toll fand, dass er sie gern wiedersehen möchte. Das ist alles.
Das Mädchen bittet ihn durch die Schulfreundin, ihr keinen Brief mehr zu schicken. Nie mehr. Er ist völlig geschockt. Irritiert. Traurig. Wütend. Ohnmächtig. Versteht die Welt nicht mehr. Oder versteht er die Welt plötzlich doch? Darf man keine Liebesbriefe schreiben? Von den eigenen Gefühlen schreiben. Seine Hände und Füße werden kalt. Er ist wie gelähmt. Ungläubig, fassungslos.

Maibowle

Zum Glück währt dieser Zustand nicht lange. Nach ein, zwei Monaten geht er nach dem Abendessen noch einmal raus auf den Hof. Die Abendsonne scheint warm. Die Gruppe der Freunde steht zusammen. Drei Mädchen sind da und zwei Jungen. Sie haben sich hinter das Häuschen zurückgezogen, das früher einmal als Fahrradunterstand benutzt wurde. Hier kann sie vom Hof aus niemand sehen. Hier sind sie ganz unter sich. Was er jetzt sieht, kann er zuerst gar nicht verstehen.

Die Mädchen räkeln sich an der Hausmauer, scheinen sich die Rücken an den Steinen zu wärmen oder zu reiben. Die Hände über dem Kopf. Auch der Po rutscht hin und her. Dabei wird geredet. Er versucht zu verstehen, worüber. Er versteht nichts. Es gibt wohl auch nichts zu verstehen, denn es geht um das Räkeln. Kommt er zu spät? Hat er etwas verpasst? Ob die anderen Jungen verstehen, was sie selbst sagen, ist ihm nicht klar. Also bleibt er still und entschließt sich, erstmal nur zuzusehen. Sie kennen sich gut, sind Freunde seit Jahren. Sie sind oft unter sich und ohne elterliche Aufsicht.

An diesem Sommerabend ist etwas anders als sonst. Etwas ist neu. Die Mädchen sind so aufregend! Irgendwann findet er einen Einstieg in das Gespräch und redet einfach mit. Es ist wunderbar.

Am nächsten Abend geht es weiter und auch am Abend darauf. Anfassen. Darf man die Mädchen anfassen? Sie geben Zeichen, die nicht so leicht zu deuten sind. Eins ist klar, er darf anfassen, aber nur so wie sich die Mädchen das vorstellen, so wie es ihnen gefällt. Mit den Fingerspitzen wandert er wie mit leichten Trippelschritten über die Bluse. Seine Hand wandert zuerst vom Gürtel nach oben bis zum Kragen, dann von links nach rechts quer über die Brust. Die Mädchen kichern. Ihnen gefällt das. Sie stehen total im Mittelpunkt. Er findet es auch wunderbar. In seiner Gruppe gibt es jetzt ein neues Thema, ein neues Spiel. Die alten Spiele sind nicht ganz abgemeldet, aber lange nicht mehr so aufregend wie vor diesem einen Abend.

Es ist derselbe Sommer an einem sonnigen, warmen Tag, da besucht er die Insel des Lachens. Er ist eingeladen zu der Geburtstagsfeier eines Mädchens, das er nicht kennt. Sie ist die Schwester eines Freundes aus seiner Klasse. Woher kennt sie ihn eigentlich? Egal. Jetzt ist er da. Auf der Gartenparty. Ein paar Gesichter von Schülern seiner Schule sind ihm bekannt. Der Rest ist ihm fremd. Es gibt Kaffee und Kuchen und anschließend Maibowle mit Waldmeister. Mit etwas Alkohol. Er trinkt und spürt recht schnell die Wirkung. Vorsicht! Oh! Er will nicht betrunken werden. Will die Übersicht behalten. Nicht. Schwanken. Die Mutter der Gastgeberin spricht ihn an. »Ich kenne dich ja gar nicht. Bist du ein Freund von Lilo? Gehst du in ihre Klasse? Nein? Wie gefällt dir die Schule? Ganz gut? Wie schön. Lilo geht auch gern in die Schule. Hast du Hobbys?« Sie ist nicht zu bremsen. Durchhalten. Standhaft bleiben. Er gibt Antworten.

Im Hintergrund des Gartens hört er Plappern und Lachen. Dorthin wünscht er sich. Jetzt lässt ihn die Mutter gehen. Mehr Maibowle. Die Gastgeberin schenkt ein. Sie lächelt ihn an. Nennt man das flirten? Fragt er sich. Er lacht laut auf bei diesem Gedanken. Das Mädchen. Etwas erschrocken lacht auch sie. Sie trinken Maibowle. Grasgrün. Mit etwas Alkohol. Sie brauchen nichts mehr zu sagen. Musik vom Plattenspieler. Das Mädchen zieht ihn auf die Tanzfläche.

Sie tanzen auf der Terrasse. Irgendwie. Er kann gar nicht tanzen. Sie auch nicht. Oder doch? Er hat gerade in der Tanzschule ausgeholfen, weil ein paar Jungen fehlten. Etwas gelingt ihm. Anfassen. Sie sind beide ganz ernst, ganz konzentriert bei der Sache. Im Takt. Dann sind sie raus. Sie halten sich in den Armen. Sie lachen. Noch ein Glas Maibowle. Dann lachen sie wieder. Strahlen sich an. Ist das Rhododendron, in den sie gerade gefallen sind? Lachend rappeln sie sich wieder auf.

Die Party läuft gerade etwas aus dem Ruder. Es ist später Nachmittag. Die Mutter guckt ein bisschen vorwurfsvoll. Aber. Sie lachen.

Blütenknospen

Er betrachtet die Blütenknospen des Kirschbaums im Hof des U-Blocks lange, berührt sie vorsichtig mit den Fingerspitzen, mit den Lippen. Ihre Schönheit gefällt ihm und sie breitet sich in ihm aus. Sein Blick folgt den feinen Mustern, gleitet auf beiden Seiten der weichen Blütenblätter entlang; innen und außen. Schmeichelnd, zärtlich streichelnd. Er lässt seiner Schwärmerei freien Lauf. Bis er ganz voll und übervoll davon ist. Die sanften Farben kommen dazu. Der Duft. Der zurückhaltende und zugleich eindringliche Duft der Kirschblüte. Einmal im Jahr wehte er durch die Bäume über den Obsthof. Im Alten Land. Glückliches Erinnern.

Ganz anders die Knospen der rotbraunen Blätter des Ahorns im Frühling. Wenn sie sich entfalten, springen sie ihn an. Scharf gefaltet, unzugänglich zuerst, öffnen sie sich. Zeigen sich feucht und glänzend. Plötzlich, wie mit einem Knall. Unüberhörbar. Für ihn, der es hört, ist es eine Explosion mit endlos vielen Wiederholungen in den Wäldchen rund um den U-Block. Er blickt hinein in die unmerklich sich öffnenden Falten ungleicher Blätter. Eins noch geschlossen, verschlossen, das andere schon halb geöffnet und gewachsen. Er spürt sich wachsen, sieht sich im Blatt wie in einem Spiegel. Wachsen, weiter wachsen, das alles geht ihm nicht schnell genug! Blätter, handtellergroß und größer, immer größer, dem Wind, dem Regen, der Sonne entgegengestreckt. Kleine Insekten lassen sich auf ihm nieder. Raupen kitzeln seine Hände im Vorüber-, im Darübergehen.

Jetzt. Immer stärker aufgewühlt und mit einem Jauchzer, einem kindlichen Schrei, nimmt er den schlanken Stock, den er bei seinen Abenteuern immer bei sich trägt, und mit einem weiteren Schrei schlägt er auf das Ahornblatt. Trifft es in der Mitte, zertrennt und zerschneidet es einmal und gleich noch einmal. Er spürt die Kraft des sprießenden, explodierenden Blattes in seiner Hand. Es ist eine Lust. Eine schnelle Bewegung. Wie ein scharfes Schwert benutzt er die elastische, durch die Luft pfeifende Gerte, die eine unheimliche Kraft in sich hat. Sie ist ein Teil von ihm, ist saftig und grün unter der dunklen, kräftigen Oberhaut. Verletzt und verletzt sich nicht in derselben Bewegung, im selben Atemzug. Beim Schlagen und Treffen platzt die Haut, platzt die Rinde vom Stock der Haselnuss. Sichtbar werden die weißen, glänzenden Knochen des harten Holzes, das nicht bricht.

Sein Schwert lässt die Blüten des Löwenzahns fliegen wie gelb gefiederte kleine Sonnen. Sie landen im hohen Bogen im Gras auf saftigem Grün. Er ist der Ritter. Senst pfeifend über das Gras hinweg. Er ist der Held. Unwiderstehlich. Fröhlich. Lachend. Blätter fallen von seiner Hand. Blüten springen von ihren Stängeln. Zweige im Unterholz geben nach und splittern. Er kommt und schlägt und bahnt sich seinen Weg. Platz da! Und sie machen ihm Platz.

Manchmal tun ihm die Blumen leid, die er köpft, die er spaltet. Wird für einen Moment ruhig. Spürt in sich hinein. Doch dann spürt er wieder den Drang, sich auszutoben, seine Kraft zu fühlen, das aus sich herauszuschlagen, was er zurückgehalten hat. Ärger. Wut. Schmerz. Verzweiflung. Freude. Begeisterung. Lust. Wer will, kann jetzt sehen und fühlen, was er fühlt, was er sieht. Schon ist er wieder mittendrin in einem rauschhaften Galopp durch die Wiese. Durch den halbhoch stehenden Roggen auf dem Feld. Durch das Gestrüpp und das Unterholz des kleinen Wäldchens weit hinter dem U-Block.

Dann ist er auf Fischfang im schmalen, flachen Bach, barfuß jagend. Stichlinge, Molche, Gelbrandkäfer, Wasserspinnen, Schnecken, Wasserläufer. Hier in dieser Welt verbringt er an manchen Tagen viele Stunden. Mit seinen Freunden und Spielgefährten.

Schwerer Duft von Flieder, Spiraea, Weigelie, Jasmin, Kirschlorbeer und Holunder hängt als Wolke über einer Ecke des schotterschwarzen Spielplatzes. Er streicht wie zufällig daran vorbei. Seine Spielfreunde sollen nicht merken, dass er mit Absicht an den Büschen entlangstreift und nach dem Ball sucht, mit dem sie spielen. Sie sollen nicht merken, wie gern er sich duckt und eindringt, sich zwischen Blättern und Blüten hindurch schiebt und zwängt. Mit dem Kopf eintaucht in Duftballen, die hier im Gestrüpp hängen. Durch die Nase saugt er so viel ein, wie er kann. Die Lunge ist prall und voller Duftstäubchen. Ein Taumel. Ein Lachen. Auf der anderen Seite der Büsche bricht er heraus mit dem Ball. Rennt zurück aufs Spielfeld zu den anderen Jungen.

»Endlich!«-Schreie. »Hierher! Schieß doch endlich!« Er schießt. Verrückt. Taumelnd. Irgendwohin. Immer noch berauscht.

Jetzt sieht er die Mädchen. Sie spielen still in der Sonne. Die blühende Hecke ist eine Wand, die sie vom Spielplatz der Jungen trennt. Sie sitzen im Wohnzimmer ihrer Puppenstube. Mittendrin. Geschäftig. Versunken. Er versteht nichts von ihrem Spiel. Es interessiert ihn auch nicht. Aber. Er findet es schön, seine kleine Schwester dort sitzen und spielen zu sehen, wie sie mit den anderen Mädchen emsig hantiert, unablässig redet, Puppen anzieht und auszieht. Streitet. Lacht. Dabei in seiner Nähe ist.

Dunkle Flure

Und die dunkle Seite? Sie ist auch immer da. Oft in der Ferne. Wie eine leise, etwas unheimliche Hintergrundmusik. Bässe. Gongs. Verhaltene Bläser. Auf ihren Einsatz wartend. Im Vordergrund ist immer etwas los, gibt es immer etwas zu tun. Zur Schule gehen. Hausaufgaben erledigen. Fußball spielen. Einkaufen für Maman. Spielen in den Wäldchen. Verstecken in den Wiesen. An den Karpfenteichen. Nasse Füße. Nasse Schuhe. Klitschnass. Wie blöd! Die Horde der kleinen Abenteurer, zu der er gehört, ist immer unterwegs auf der Suche nach neuen Sensationen. Dann wieder gibt es lange Nachmittage, da ist er im Haus. Zu Hause in der Wohnung. Regenwetter. Stubenarrest.

Beim Nachhausekommen ist es schon von Weitem zu spüren. Wie eine unsichtbare Dunstglocke. Eine ganz besondere Luft. Was wird Maman sagen? In der Hose ist ein Riss. Die Schuhe sind dreckig. Und überhaupt. In welcher Stimmung wird sie sein?

Das Haus. Der U-Block. Eine große Burg aus dunkelroten Ziegelsteinen. Eine Festung. In ihr gibt es für jeden eine Höhle, ein Bett. Eine kuschelige Decke. Etwas zu essen. Als er noch klein war, wurde er am Freitagabend in warmem Wasser in einer Zinkwanne in der Küche gebadet. Mit einem Handtuch trocken gerubbelt. Warm und weich und heimelig.

Um aber dorthin zu kommen, wenn er zurückkehrt von seinen Abenteuern draußen, muss er durch die schweren Eingangstüren. Eiche. Massiv. Die Tore zur Burg. Für Kinder schwer zu bewegen. Grauschwarze abgetretene harte Steintreppen. Stolpern. Fallen. Das kann passieren, wenn er eilig nach oben rennt. Die Flure im Halbdunkel. Es ist kaum zu erkennen, wer da am anderen Ende steht. Auf den steinernen Fliesen hallen die Schritte. Wenn er stehen bleibt, glaubt er manchmal Stimmen zu hören. Gelächter. Rufe. Kurze Schreie von Kindern. Von den Eltern. Hundert Türen können es sein. Immer geschlossen. Nur wenn er klopft, um Freunde abzuholen, öffnen sie sich. Das ist selten. Er trifft sich lieber gleich draußen. Auf dem Hof. Drinnen ist – Beklemmung. Fotos und alte Geschichten an den Wänden. Altes Brot mit Marmelade. Die Zimmer hinter den Türen, die er manchmal bei unfreiwilligen Besuchen kennenlernt, atmen Verlegenheit. »Wir sind hier nicht gern. Wir sind nicht hier, weil wir es so wollen.« Hört er sie sagen, die in diesen Räumen leben. Sie müssen es gar nicht aussprechen. »Nein. Wir wären gern woanders. Bitte sieh nicht so genau hin. Es ist uns peinlich.«

Einmal lädt ihn ein Mädchen, das ungefähr in seinem Alter ist, in die Wohnung ihrer Eltern ein. Vor Kurzem erst ist sie mit ihren Eltern in den U-Block gezogen. Sie sind allein. Das Mädchen ist nett. Sie zeigt ihm dies und das. Ein paar Fotos. Eine bunt bedruckte Teedose. Sie bietet ihm etwas zu essen an. Brot mit Marmelade. Er ist neugierig. Er ist erregt. Will das Brot nicht. Schokolade hätte er genommen. Hat sie aber nicht. Sie zieht ihn direkt an sich. Er riecht ihre Kleider, ihren Körper, riecht ihre Eltern darin oder nur das Waschmittel. Ihm wird unbehaglich. Überlegt, wie er rauskommt aus dieser Situation, aus der Wohnung, aus dem Sog, den das Mädchen geschaffen hat. Sie scheint ihn zu mögen. Aus irgendeinem Grund. Sie will etwas von ihm. Jetzt scheint er zu verstehen. Sie ist allein. Sie will einen Freund. Sie will ihn. Er will flüchten. Sofort. Sie merkt das. Will sich gleich wieder mit ihm verabreden. Für den nächsten Tag. Er sucht und findet Ausflüchte. Flüchtet. Lässt sie zurück. Sie tut ihm leid. Hätte sie eine Freundin sein können?

Er ist etwa dreizehn Jahre alt. Weiß schon ein wenig davon, was Jungen und Mädchen so machen können miteinander. Nein. Daran will er nicht einmal denken. Die Erregung, die er spürt, kitzelt ihn. Aber. Er will ihr nicht folgen. Viel zu gefährlich. Viel zu peinlich. Maman. Was würde sie dazu sagen? Sie erlaubt so etwas bestimmt nicht. Sie ist so mächtig. Vor ihr könnte er so etwas nicht verheimlichen. Er schimpft still auf das Mädchen, das ihn in diese Situation gebracht hat. Schimpft auf Maman. Schimpft auf sich.

Dieser U-Block, denkt er bei sich, ist so blöd, so verrückt. So dunkel und geheimnisvoll.

Achtzig Familien sollen es sein, die hier wohnen. Er sieht sie. Sie tun so, als sei alles in Ordnung. Grüßen freundlich. Unterhalten sich freundlich miteinander. Aber. Er sieht auch, dass keiner hier sein will. Manche wirken wie Geister, die gar nicht hier sind. Sie sind wohl mit ihren Gedanken und Gefühlen ganz woanders. Manchmal, in Gesprächsfetzen hört er es, wenn sie von ihrer Heimat sprechen. Irgendwo im Osten. Die Gesichter verändern sich.

In sich gekehrt. Der Blick ist in die Vergangenheit gerichtet. »Es war so schön!«, hört er sie sagen. Oder sie sagen: »Es war so schrecklich!« Dann drehen sie sich meist langsam um und gehen weg. Aus den Wohnungen hört man sie manchmal bis auf den Flur schreien. Wie im Traum. Die Nachbarn murmeln dann: »Die haben es wirklich schwer gehabt.« Der Junge versteht von alledem nichts. Auf Fragen bekommt er von Maman und Papa ausweichende Antworten, und er versteht: Er soll nicht fragen.

Das Mädchen, das ihn eingeladen hat, lebt mit Eltern, die in einer Onkelehe leben. Sehen kann er nichts. Er kann nur fühlen, dass das Mädchen sich alleingelassen fühlt, obwohl sie Vater und Mutter hat. Wie er. Fühlt er sich allein? Er findet, dass bei ihm und in seiner Familie alles in Ordnung ist. Aber. Das Mädchen geht ihm nicht aus dem Kopf. Er sieht sie manchmal auf dem Flur oder auf dem Hof. Doch sie lädt ihn nie wieder zu sich ein. Hat sie Freunde gefunden? Hätte er nicht weglaufen sollen? Er hatte nicht bleiben können. Alles bei ihr war so schrecklich, so dunkel, so einsam, so öde und kalt gewesen. Sie hatte sich bei ihm festkrallen wollen. Das kannte er. Deshalb flüchtete er.

Rüdiger

Rüdiger wohnt mit seiner Mutter und seiner Oma zusammen. Einen Vater hat er nicht. Die Mutter arbeitet als Sekretärin am Gericht. Eines Tages kauft sich seine Mutter einen Fernseher. Das ist eine Sensation. Kein anderer im U-Block hat ein solches Gerät. Nein, das stimmt nicht ganz.

Im Gebäude nebenan hat der Elektriker eins in seiner Werkstatt. Eines Tages, ganz zufällig, bemerkt der Junge, dass einige der Männer, die hier wohnen, über den Hof zum Elektriker gehen. Sie gehen aber nicht zur Arbeit, denn es ist Sonntag. Auch ein paar der größeren Kinder gehen dorthin. Wohin gehen sie?

Weil jetzt sowieso kaum noch jemand zum Spielen da ist, folgt er ihnen neugierig. Folgt ihnen bis in die Werkstatt. Sie ist knallvoll. Großes Hallo. Die Männer rauchen. Einige trinken Bier aus der Flasche. Er kann überhaupt nichts erkennen. Vorn steht der Fernseher. Es gibt offenbar eine besonders wichtige Übertragung. Er drängelt sich langsam nach vorn. Das ist schwierig, denn alle stehen dicht gedrängt. Endlich kann er für kurze Momente den Bildschirm sehen. Was ist so wichtig? Oh! Es ist das Endspiel der Fußballweltmeisterschaft. Davon hat er nichts gewusst, und es ist ihm auch egal. Eigentlich. Aber die Stimmung im Raum ist irre. Die Männer johlen, sind ganz aus dem Häuschen. Der Zigarettenqualm wird dichter. Das Gejohle wird lauter. Und am Ende ist Deutschland Fußballweltmeister. Alle schreien und johlen wie verrückt. Anscheinend hat niemand hier im Raum damit gerechnet. Er spielt hinterher mit den anderen Jungen auf dem Hof auch Fußball, und sie fühlen sich an diesem Tag alle ganz besonders großartig.

Zu Rüdiger und seiner Mutter geht er manchmal am Wochenende. Am Abend, wenn es eine Fernsehshow gibt. Mit Peter Frankenfeld oder Vico Torriani. Er darf dabei sein, weil er der beste Freund von Rüdiger ist. Die anderen Kinder beneiden ihn. Manchmal darf er seine kleine Schwester mitbringen. Fantastisch. Alles in Schwarz-Weiß. Manchmal etwas verschwommen, wenn die Antenne nicht richtig steht. Dann wird sie auf dem Schrank hin- und hergedreht, bis alle wieder etwas sehen können. Diese Sendungen ziehen ihn magisch an. Will dabei sein, wenn die Bühnenshow losgeht. Vorweg die Tagesschau. Nachrichten, von denen er meist nichts versteht, die ihn auch nicht interessieren. Meist hört er weg. Doch dann ertönt ein merkwürdiger Gong, und das Programm beginnt. Die Leute auf der Bühne können manchmal etwas gewinnen. Dann fiebert er mit. Einmal hat er sich mit Rüdiger zerstritten. Dann fällt das Fernsehen aus. Das tut weh. Er verträgt sich so schnell wie möglich wieder mit ihm.

DAS VERSPRECHEN

Die Prüfung

»Ja, weißt du,« beginnt Papa, »wenn du mal etwas werden willst,« und er macht eine Pause, »wenn du einen guten Beruf haben und genügend Geld verdienen willst, dann brauchst du eine gute Schulbildung. Guck mal, wir haben nichts. Wir haben alles verloren. Durch den Krieg. Durch die Flucht. Was du einmal gelernt hast, hast du im Kopf. Das kann dir keiner mehr wegnehmen.« Das versteht der Junge. Irgendwie. Das mit dem Wegnehmen, das versteht er besonders gut. Wenn er sich umsieht. Seine Eltern, seine Familie, die Nachbarn, alle Familien hier haben wenig Geld. Sie müssen sparsam sein, müssen immer rechnen, ob das Geld auch reicht. Den Kindern wird erklärt, warum sie auf vieles verzichten müssen. Fast alles wird improvisiert oder »organisiert«, wie die Erwachsenen oft sagen. Dann sagt Papa noch: »Wissen ist Macht.« Das ist Papa auch wichtig. Aber das versteht der neunjährige Junge nicht. Das ist aber auch nicht schlimm, denn alles andere hat er verstanden.

Ein Junge aus der Nachbarschaft wird erwähnt, Bernhard. Der ist schon ein Jahr älter, soll jetzt erst die Aufnahmeprüfung machen. Er ist der Sohn eines Vorgesetzten von Papa. Dann gibt es noch einen Arbeitskollegen von Papa aus dem Finanzamt, und auch der will seinen Sohn aufs Gymnasium schicken. Die drei Väter schicken ihre Jungen ins Rennen, gibt Papa zu verstehen. Sie sind gespannt, wer die Prüfung schafft und wie weit die Kinder dann wohl kommen.

Rüdiger wird von seiner Mutter nicht zur Aufnahmeprüfung angemeldet. Er hat keinen Vater mehr und soll deshalb bald sein eigenes Geld verdienen. Sie kann ihn nicht so lange unterstützen. Er muss sich mit dem Volksschulabschluss zufriedengeben. Das ist Schicksal, denkt der Junge. Da kann man nichts machen.

Im Januar 1955 ist es so weit. Die Prüfung besteht in einer Woche Unterricht im Gymnasium. An jedem Tag werden Klassenarbeiten geschrieben. In allen wichtigen Fächern. Die Ergebnisse der Arbeiten und die Beteiligung am Unterricht entscheiden darüber, ob die Jungen aufgenommen werden. Auf dem Knabengymnasium in Stade, dem Athenaeum.

Dem Jungen gefällt diese Schule. Sie ist groß und alt und imposant. Der Unterricht ist interessant. Ganz anders als auf der Volksschule, da war es manchmal etwas langweilig. Hier muss er aufpassen, dass er mitkommt. Es ist anstrengend und aufregend, und die Schüler wetteifern untereinander. Jeder will den andern übertrumpfen. Der Junge denkt daran, dass Papa gesagt hat: »Die Mühe wird sich lohnen.« Außerdem weiß der Junge, dass diese Schule der Start in ein besseres Leben sein soll. Also gibt er sein Bestes. Die schriftlichen Arbeiten kann er meistern. Das macht ihm Mut. Die Vorfreude wächst langsam zur Überschwänglichkeit.

Schularbeiten werden nicht aufgegeben, also sind die Nachmittage frei. Mitten in der Woche ist das Wetter frostig und kalt, aber auch sonnig. Der Junge entschließt sich zu einem kleinen Ausflug in die Elbwiesen. Im Sommer ist dies ein magischer Ort, wenn er mit seinen Freunden hier heruntergeht. Sie laufen dann barfuß über die Wiesen und springen über die Gräben. Mit Anlauf und Juchhe. Meist gelingen die Sprünge, aber selbst wenn sie nicht gelingen und einer im Wasser landet, ist das im Sommer kein Problem. Die Sonne trocknet alles, was nass geworden ist.

Wenn einer zu tief in einem Graben steckt, ziehen ihn die anderen raus.

Jetzt im Januar ist er allein. Die Weite der Wiesen ist wunderbar. Raureif und leichter Schnee überziehen das Gras. Er ist in gehobener Stimmung. Schlendert mit den lässigen Schritten eines Zehnjährigen, der gerade seine Aufnahmeprüfung fürs Gymnasium macht, über die Landrücken. Nimmt Anlauf und springt wie gewohnt sicher über die Gräben. Alles gelingt, und wenn er springt, scheint er durch die Luft zu fliegen.

Dann kommt er an eine »Wetter«, einen besonders breiten Abflussgraben. Der ist zu breit, um darüber hinwegzuspringen. Das Wasser ist gefroren. An den Rändern hat sich etwas dünnes Lufteis gebildet, leuchtet weiß in der Sonne. Die Tragfähigkeit des Eises ist schlecht einzuschätzen. Auf beiden Seiten des Wassers ist der Boden nicht ganz hart, sondern immer noch leicht aufgeweicht. An anderen Stellen ist er gefroren und glatt. Wie kommt er jetzt auf die andere Seite? Ob das Eis ihn wohl trägt? Bestimmt, was sollte schiefgehen an einem Tag wie diesem. Er wagt einen Schritt aufs Eis über die sichtbar brüchige Zone am Rand hinweg. Es hält. Dann noch ein Schritt. Er sieht sich um. Steht in der Sonne und lacht. Als er sich mit vorsichtigen Bewegungen bis zur Mitte vorgearbeitet hat und schon glaubt, er hätte es geschafft, bricht er ein. Steht plötzlich bis zur Hüfte im Wasser. Eingekeilt im Eis. Sieht sich wieder um.

Weit und breit nur Wiesen. Sonst sieht er nichts und niemanden. Wenn er jetzt nicht schnell macht, sinkt er immer weiter ein in den schlammigen Untergrund. Also wirft er sich nach vorn, bricht sich einen Weg durch das Eis. Strampelt mit den Beinen. Kommt der anderen Seite näher.

Greift nach dem Ufergras. Zieht sich raus. Steht da mit tropfnasser und verdreckter Hose und Jacke. Spürt nach wenigen Momenten die beißende Kälte. Hat nur einen Gedanken: »Lauf los! Bleib nicht stehen! Das Laufen hält dich warm! Lauf bis nach Hause! Das ist deine einzige Chance! Sonst erkältest du dich! Sonst kannst du morgen nicht zur Prüfung ins Gymnasium!« Er läuft, hält nicht an, läuft und läuft. Nach einer halben Stunde etwa ist er zu Hause. Maman ist entsetzt, als sie ihn so vor sich stehen sieht, macht aber nicht viele Worte. Zieht ihn aus. Trocknet ihn ab. Zieht ihn warm an. Steckt ihn ins Bett. »Jetzt schon ins Bett?«, mault er noch, ehe er erschöpft einschläft. Am nächsten Tag geht es ihm wieder gut. Ohne jede Erkältung fährt er in die Stadt und ins Gymnasium zu seiner Prüfung. Nach einer Woche kommt das Ergebnis. Er hat die Aufnahmeprüfung bestanden. Er ist froh und erleichtert.

Und dann erlebt er eine riesige Überraschung. Papa steht mit einem nagelneuen Fahrrad für ihn vor der Tür auf dem Hof. Es ist ein Sportrad. In seiner Größe. In einem schicken dunklen Grün. Mit einer Gangschaltung. Irre. Die Freunde und überhaupt alle Kinder auf dem Hof stehen um ihn herum und staunen. Sie beneiden ihn um sein neues Fahrrad und bewundern ihn ein bisschen, als sie erfahren, wofür er es bekommen hat. Jetzt hat er sein eigenes Rad. Kann fahren, wann er will. Muss nicht mehr heimlich Mamans Rad aus dem Keller holen, wenn er etwas unternehmen will.

Er braucht das Rad, um damit jeden Tag in die Stadt und in die Schule zu fahren. Bei Wind und Wetter. Er spart das Busgeld und spart Zeit. Ist unabhängig vom Fahrplan. Er ist stolz wie nie zuvor. Und er ist leichtsinnig. Bei einem Ausflug an einem Nachmittag lässt er das Fahrrad einfach irgendwo in der Nähe stehen, als er auf einen Baum klettern will. Ein anderes Mal lehnt er es lässig an eine Mauer, als er in eine Ruine einsteigt und dann noch schnell Mirabellen vom Baum holt. Er kommt zurück – und das Fahrrad ist weg! Er ist fürchterlich erschrocken. Er kann es nicht glauben. Es ist weg! Er rennt nach Hause. Heulend. Nach wie vor ungläubig und in der stillen Hoffnung, dass alles gut wird. Irgendjemand ist zu Hause und schickt ihn wieder nach draußen, um das Fahrrad zu suchen.

Die Kinder der Nachbarschaft werden zusammengetrommelt. Eine Suchmannschaft bildet sich. Sie gehen zurück zum Ort des Verschwindens. Suchen hinter, unter und auf allen Büschen und Hecken. Es dauert lange – und tatsächlich, schließlich finden sie das Fahrrad. Das Vorderrad fehlt. Das wird aber nach wenigen Minuten auch gefunden. Es liegt oben auf einem großen Busch. Jemand hat es dort hingeworfen. Zu Hause abends werden die Eltern laut. Er muss sich ein Donnerwetter anhören. »So viel Leichtsinn! So eine Unvernunft. Du musst besser aufpassen! Das Fahrrad war sehr teuer!«

Das stimmt. Es kostete ein Drittel von Papas Monatseinkommen. Noch ein Fahrrad können sich die Eltern in keinem Fall leisten. Die Aufregung ist riesengroß. Aber, es ist noch einmal gut gegangen. Wie konnte das nur passieren? Die Eltern sind ratlos. Er selbst auch. Daran hatte er überhaupt nicht gedacht, dass ihm jemand sein Fahrrad wegnehmen könnte. Das hatte auch niemand getan. Kinder oder Jugendliche aus einem anderen Kasernenblock hatten ihm einen Streich gespielt. Er beruhigt sich wieder.

Ein paar Monate vergehen. Dann ist Sommer, und er fährt mit dem Rad ins städtische Freibad, verbringt dort mit Freunden einen tollen Tag mit Schwimmen und Ballspielen. Als er am Abend nach Hause fahren will, die Sonne steht schon tief am Himmel, ist das Fahrrad weg. Er hatte es nicht angeschlossen an einen der Fahrradständer. Das Gefühl kennt er schon. Aber diesmal ist es ganz anders. Er ahnt, dass er sein Fahrrad diesmal nicht wiederfinden wird. Jetzt fällt ein schweres Gewicht auf ihn. Ein schrecklicher Druck. Ohnmacht. Scham. Angst vor unabsehbaren Folgen, vor Strafe. Vor allem aber quält ihn die Scham, sich so dumm angestellt zu haben. Er hätte es wissen müssen. Er hatte schon eine Vorwarnung bekommen. Wie hatte ihm das nur passieren können?

Völlig verzweifelt macht er sich zu Fuß auf den Heimweg. Die Eltern sind tatsächlich entsetzt, aber auch überraschend ruhig. Nein, ein neues Fahrrad werden sie ihm nicht kaufen. Er muss jetzt selbst sehen, wie er in die Schule kommt. Das Busgeld werden sie ihm schon geben. Durchatmen. Natürlich spricht sich sein Unglück auf dem Hof unter den Kindern und in der Nachbarschaft herum.

Drei Tage später kommt ein ehemaliger Klassenkamerad aus der Volksschule zu ihm. Sie haben sich gut verstanden, aber schon lange nicht mehr gesehen. Er hat seinem Onkel von dieser Geschichte erzählt. Und sein Onkel hat ein altes rostiges Herrenfahrrad im Keller, das er nicht mehr braucht. Er wird es ihm für fünf Mark verkaufen. Wieder ist der Junge fassungslos. Völlig unverhofft hat sich die ganze Geschichte dann doch noch zum Guten gewendet. Völlig unvorhersehbar. Er spürt eine tiefe Dankbarkeit. Für immer. Auch wenn er diesen Onkel nur ein einziges Mal sieht und auch den alten Freund sehr schnell wieder aus den Augen verliert.

Vom nächsten Taschengeld kauft er schwarzen Lack, schmirgelt den völlig verrosteten Rahmen und die Schutzbleche ab und streicht das ganze Rad schwarz. Dieses Rad bleibt ihm treu, oder umgekehrt. Er verbessert es später. Mit dem Geld, das er in den nächsten Ferien verdient, kauft er sich wieder eine Gangschaltung. Im Jahr darauf einen Rennlenker. Dann neue glänzende schwarze Schutzbleche. Dieses Fahrrad ist von jetzt an sein treuer Begleiter.

Hélas

Bevor er allerdings das neue Fahrrad verliert und durch glückliche Umstände einen Ersatz findet, ist er mit seinem grünen Fahrrad eine Zeitlang gut unterwegs. Tief gebückt über den Sportlenker, windschnittig, schnell. Auf dem Gepäckträger die Schultasche. Das Rad jeden Tag aus dem Keller zu holen ist in den ersten Tagen etwas umständlich, aber er gewöhnt sich daran. Voller Vorfreude überquert er dann den Hof mit den knirschenden schwarzen Schottersteinen. Erreicht den sandigen Feldweg. Fährt am Zaun zum Englischen Gebiet entlang bis zum Haupttor des Kasernengeländes. Bis hierher ist ihm der Weg gut bekannt. Er ist ihn an jedem Schultag mit seinen Freunden auf dem Weg zur Volksschule gegangen. Jetzt biegt er rechts ab. Auf einer Betonstraße geht es schnurgerade stadteinwärts und leicht bergab. Eine gute Gelegenheit, Fahrt aufzunehmen, ein paar Gänge hochzuschalten und sich den Wind an den Ohren vorbeisausen zu lassen. Die neuen Profile auf den prall gefüllten Reifen erzeugen ein surrendes Geräusch auf dem Beton. Hier fährt er ohne Angst freihändig. Helle Freude. Selbst Kurven kann er freihändig steuern.

Da kommt ihm die Idee, wie es wäre, wenn er mit der rechten Hand den linken Lenker und mit der linken Hand den rechten Lenker fassen und auf diese Weise steuern würde. Autoverkehr gibt es gerade nicht. Er hat die Fahrbahn ganz für sich allein. Also. Links und rechts vertauschen und dann vorsichtig lenken. Es geht. Fühlt sich aber merkwürdig an. Ganz verquer. Und dann will er einem kleinen Stein ausweichen. Zieht links, nein rechts, hätte links ziehen müssen – aber da ist es schon zu spät! Das Vorderrad steht quer, knallt gegen den Bordstein. Das Fahrrad mit ihm obendrauf macht einen Satz und überschlägt sich. Beide landen auf der Straße. Die Schultasche im Straßengraben. Er spürt Schmerzen, ein Brennen auf der Haut. So etwas kennt er. Am rechten nackten Oberschenkel leuchtet eine große rosafarbene Fläche. Die Haut ist abgeschürft. Kleine Blutstropfen, wachsende rote Perlen obendrauf. Schreck. Schmerz. Entsetzen. Er muss doch jetzt in die Schule. Das Schlimmste aber ist der verbogene Lenker. Ihn geradezubiegen ist unheimlich schwer. Mit aller Kraft schafft er es so weit, dass er wieder fahren kann. Tränen hat er in den Augen, als er weiterfährt. Aber weinen? Nein. In der Schule hat er etwas zu erzählen, und seine Freunde helfen ihm, den Lenker weitgehend wieder geradezubiegen.

In der Schule ist es nicht so abenteuerlich wie bei seinen Fahrradfahrten. Er sitzt an uralten, verkratzten und mit Buchstaben und Strichmännchen bemalten Schulbänken mit Löchern für Tintenfässer. Metallröhren stehen da als Tischbeine. Es gibt wenig Platz unter dem Tisch für die Schultasche. Die Klasse ist überfüllt. Sechsunddreißig Jungs sind sie. Ein reines Knabengymnasium. Die Lehrer sind merkwürdig unpersönlich, ganz anders als auf der Schule, von der er kommt. Aber er sieht und hört jeden Tag viel

Neues, und das gefällt ihm. Sie kommen im Stoff recht schnell voran. Das gefällt ihm auch.
Englisch macht ihm besonders viel Spaß. *»Fred the frog is ill. To get him well, drop him a pill.«* In Mathe gibt es jede Menge Kopfrechnen. Das gefällt ihm nicht so sehr. Ansonsten ist alles neu, fremd, aufregend, verunsichernd. Aber auch interessant. Wie zum Beispiel der Musikunterricht. Manchmal gehen sie im Unterricht raus in einen nahe gelegenen kleinen Park und singen dort. Das gefällt ihm. Auch der Sportunterricht bringt Überraschungen. Aufschwung am schulterhohen Reck. Dann boxen sie mit uralten Boxhandschuhen aus Leder, die der Lehrer aus einem klapprigen Schrank hervorholt. Die Jungen sollen richtig aufeinander losgehen. Tun sie aber nicht, sie sind ja Freunde und überhaupt. Er will mit niemandem hier einen Streit anfangen. In dieser Turnhalle weht ihm eine merkwürdige Atmosphäre entgegen. Wie in einem Museum oder in einem alten Film. Jungen müssen hart sein und sportlich. Sagt der Sportlehrer. Das klingt wie im Krieg, murmelt jemand. Das Boxen im Sportunterricht hört bald wieder auf. Wahrscheinlich haben sich Eltern beschwert, denkt er. Sie sind erst in der fünften Klasse. Viel zu klein für einen solchen Sport, findet er. Aber spannend ist es schon gewesen.
In der sechsten Klasse kommt ein neuer Mathelehrer. Bei ihm macht Mathe mehr Spaß, und die Noten sind ganz ordentlich. Er übernimmt auch den Sportunterricht und wird Klassenlehrer. Zum Elternabend geht Papa. Danach grummelt Papa etwas und vermutet, dass dieser neue Lehrer vielleicht nicht das Beste für seinen Sohn ist. Er habe sich recht kritisch über den Jungen geäußert, ohne handfeste Hinweise zu geben. Papa hat eine Vermutung. Der Lehrer gehört zum Vorstand einer der evangelischen Kir-

chen in der Stadt – und der Junge ist freireligiös und gehört keiner Kirche an. Wahrscheinlich hat der Lehrer etwas gegen alle, die nicht Mitglied in der Kirche sind. Sagt Papa. Der Junge findet diese Verdächtigung übertrieben. Papa erzählt daraufhin von seinen schlechten Erfahrungen mit der Kirche in seiner eigenen Jugend. Aber selbst wenn Papa nicht recht hat, ist es doch angenehm, von ihm zu hören, dass er nicht nur seinem Sohn die Schuld gibt, wenn die Noten nicht so gut ausfallen wie in der Volksschule.

Insgesamt ist die neue Schule ein spannender Ort. Das große backsteinrote Gebäude mit drei Etagen ist alt, sehr alt. Die Flure sind lang und dunkel und erinnern ihn manchmal an die Kaserne, in der er wohnt. Rechts und links sind Kleiderhaken in die Wände eingelassen. Wenn der Junge nicht genau hinsieht, hat er den Eindruck, dass er eingemauerte Gewehrständer sieht, so wie in der Kaserne.

Das Schulbüro ist ein ganz besonderer Ort. Hier hat man zu erscheinen, wenn es Probleme gibt, wenn er ein Attest abgeben muss oder eine Entschuldigung, wenn er krank war. Die Frauen im Vorzimmer sind immer sehr beschäftigt, sodass es schwer ist, sie anzusprechen und sich bemerkbar zu machen. Er blickt dann auf den abgetretenen Parkettfußboden, auf die Regale voller Akten. Zwei Schreibtische stehen da mit abgescheuerten Tischplatten. Auf dem einen entdeckt er Schalen mit Schreibstiften aller Art, auf dem anderen eine riesige Schreibmaschine. Manchmal ist sie in Betrieb. Die Sekretärin hackt auf ihr herum: Tacktacktacktacktack. Wie ein Maschinengewehr. Hinter einer geschlossenen Tür sitzt der Direx. Immer korrekt gekleidet, meist in einem braungrau gestreiften Anzug mit passender Weste. Er trägt weiße Gamaschen und ein Monokel. Dass es so etwas tatsächlich gibt! Ihn bekommt man aber kaum zu Gesicht. Wenn man Pech hat und auch nur einen Moment zu spät kommt, hat der Hausmeister die große schwere hölzerne Eingangstür abgeschlossen, man muss draußen warten und kommt viel zu spät in den Unterricht. Dann gibt es Ärger, großen Ärger, einen Eintrag ins Klassenbuch und einen Rüffel vom Klassenlehrer.

Nach zwei Schuljahren kommt eine neue Sprache dazu. Vorher überlegt er mit den Eltern, ob er Latein oder Französisch wählen soll. Besser scheint es zu sein, eine Sprache zu lernen, die man heute in einem Land sprechen kann. Er entscheidet sich also für Französisch. Diese Sprache ist dem Jungen völlig fremd. Obwohl. Maman kennt da einige Worte, die er auch schon einmal gehört hat, weil seine Oma sie ab und zu benutzt. *Perron. Coupé. Billet. Vis-à-vis. Comme ci comme ça.* Mit den Mädchen *poussieren*. Doch im Unterricht kommt das alles nicht vor.

Stattdessen lesen sie im Unterricht eine kleine Geschichte, die noch lange in seinem Gedächtnis herumgeistert. Sie handelt von einem Fuchs und einer Ente und endet tragisch: »*Hélas! Le canard est mort!*« Der Fuchs hat sie sich geschnappt und die Ente ist tot.

Mit seinen Mitschülern kommt er gut aus. Es gibt keine Probleme, sondern eher ein paar neue Freunde. Die Berufe der Väter werden genannt, wenn zum Jahresbeginn das Klassenbuch neu ausgefüllt wird. Juwelier. Zahnarzt. Transportunternehmer. Lehrer. Medizinalrat. Da kann er nicht mithalten. Obwohl. Dass sein Vater Finanzbeamter ist, klingt auch nicht schlecht. Es weiß ja keiner, dass er in dieser Flüchtlingsunterkunft wohnt, weil sie sich keine richtige Wohnung leisten können.

Einmal will ihn sein Banknachbar Jobst mit dem Fahrrad draußen in Stade-Süd in der Kaserne besuchen. Jobst ist der Sohn eines bekannten Fuhrunternehmers aus der Stadt. Aber er kommt nicht und sagt am nächsten Tag nur, er hätte einfach keine Zeit gehabt. Das glaubt ihm der Junge nicht. Die Eltern haben es ihm wohl verboten, zu den Flüchtlingen rauszufahren. Das ist schmerzlich. Schade. »*Hélas!*«

Scheitern

Eigentlich ist alles in Ordnung, und der Unterricht ist meist interessant. Aber es gibt ein Problem. Kurz vor Weihnachten kommt ein Blauer Brief. Von der Schule. Darin steht, dass die Versetzung des Jungen im März gefährdet ist. Die Noten im Fach Englisch seien nicht ausreichend. Das ist ihm gar nicht aufgefallen. Aber es stimmt. In den beiden letzten Klassenarbeiten hatte er eine Fünf. Die Eltern sind in Sorge, fragen ihn, was los ist und wie das passieren konnte. Zu seiner Erleichterung schimpfen sie nicht. Er hat Angst vor einem großen Donnerwetter, aber das bleibt aus. Er soll einfach mehr lernen, dann wird es mit der Versetzung schon klappen. Das ist ihm peinlich und auch unverständlich, denn in der Volksschule ist er immer ein guter Schüler gewesen. Und er lernt immer noch gern. Tatsächlich klappt es auch. Drei Monate später ist die Fünf verschwunden.

Allerdings bleibt das Problem. Ein Jahr später kommt wieder ein Blauer Brief. Wieder kann er das Unheil abwenden. Aber im Jahr drauf hat er zwei Fünfen. Eine in Englisch und die andere in Französisch. Ja. Fremdsprachen zu lernen, das fällt ihm offensichtlich schwer. Und es ist verrückt: Vor der Klassenarbeit kann er den Stoff, und hinterher könnte er jeden seiner Fehler leicht selbst berichtigen. Er versteht sich selbst nicht. Zu Hause lässt ihn Maman Diktate schreiben und Vokabeln lernen. Sie achtet darauf, dass er seine Hausaufgaben macht. Wenn er verträumt über sein Heft hinweg auf den Hof und zu den spielenden Kindern hinübersieht, fragt sie ihn, ob er vielleicht erst spielen und dann seine Arbeit machen möchte. Das ist ein schönes Angebot. Er merkt, dass Maman sich auch Gedanken darüber macht, was ihm helfen könnte. Aber das nutzt nichts. Er hat einfach keine Lust und keine Energie für die Hausaufgaben. Seine Schwester ist da ganz anders. Sie setzt sich hin, klappt das Heft auf und fängt an zu arbeiten. Sie hört erst auf, wenn alles fertig ist. Das würde er auch gern können. Aber er kann das nicht. Ist abgelenkt und mit anderen Dingen beschäftigt. Er fühlt sich ohnmächtig und versteht nicht, warum das so ist.

Auf dem Gymnasium beschäftigt er sich mit Themen, von denen seine Eltern wenig wissen. Darauf können sie ihn nicht vorbereiten. Darüber kann er mit ihnen nicht sprechen. Da fühlt er sich allein mit seinen Aufgaben. Es geht nicht nur um Fremdsprachen, sondern auch um Literatur, Geschichtskenntnisse und Naturwissenschaften. Er bewegt sich manchmal wie in fremden Welten. Wagt sich hinaus aufs Meer wie Kolumbus, und sie bleiben zurück. Ihm macht das Spaß, und doch fühlt er sich etwas verloren.

Er büffelt Vokabeln, bis er nicht mehr kann. Papa verspricht, ihm das Schulgeld für ein ganzes Jahr als Belohnung auszuzahlen, wenn er es doch noch schafft. Das sind 80 Mark. Verglichen mit seinem Taschengeld von fünfzig

Pfennig pro Woche ist das eine riesige Summe. Die Geste von Papa rührt ihn. Aber er weiß schon in dem Moment, als Papa das Angebot macht, dass er das Geld niemals bekommen wird. Er versucht alles. Es reicht am Ende nicht, so sehr er sich auch müht. Er bleibt sitzen.
Die Eltern sind darauf vorbereitet. Sie nehmen die Nachricht gefasst auf. Außerdem haben sie ihm versprochen, dass er die Klasse wiederholen darf. Er hat widersprüchliche Gefühle. Einerseits freut er sich über die Unterstützung und das Vertrauen der Eltern in ihn. Andererseits fürchtet er, dass die Quälerei nun weitergeht. Solange er nicht weiß, welches die Ursachen für seine Probleme in der Schule sind, solange kann er auch nichts daran ändern. Selbst wenn er die nächste Klasse schaffen wird. Er steht voll unter Spannung.
Von seinen Problemen in der Schule wissen außer den Lehrern und ein paar Mitschülern nur seine Eltern. Als er am letzten Schultag nach Hause kommt und Maman das Zeugnis mit dem erwarteten Ergebnis gegeben hat, rennt er raus auf den Hof. Raus, raus, an die frische Luft und zu den Freunden aus der Volksschulzeit. Die fragen ganz unbefangen und neugierig, wie es denn so sei mit seinem Zeugnis. Zuerst will er mit der Sprache nicht rausrücken. Stottert. Dann spürt er, dass er den alten Freunden nichts vormachen kann und auch nicht vormachen will. Karin, Hanne und Rüdiger sitzen ihm da gegenüber auf der Treppe im Haupteingang des U-Blocks.
Er erzählt, was los ist, und unversehens schießen ihm die Tränen in die Augen. Er fängt an, hemmungslos zu heulen. Und dann hört er durch seine Tränen und sein Schluchzen hindurch die Stimmen seiner drei Freunde. Sie trösten ihn. Erzählen von ihren Problemen. Machen ihm Mut. Verspre-

chen, niemandem davon zu erzählen, sodass alles im kleinen Kreis bleibt. Das ist Balsam. Heilender Balsam. So wirksam wie nichts anderes. Die vier bleiben eine ganze Weile so sitzen.

Neuanfang

Was er im U-Block gelernt hat und womit er seine Herausforderungen hier meistert, das hilft ihm auf dem Gymnasium nicht weiter. Einen guten Platz in der Gruppe seiner Freunde aus der Volksschulzeit sichert er sich damit, dass er mutig und witzig und laut vorneweg geht, wenn sie ihre abenteuerlichen Spiele beginnen. Wenn er auf Bäume klettert, wenn er scharfen Brombeerranken ausweicht oder unfallfreie Kunststücke mit dem Fahrrad vorführt, muss er körperlich beweglich und geschickt sein. Damit ihn der Hausmeister nicht erwischt, wenn er verbotenes Gebiet betritt, gebraucht er seine Vorsicht und nutzt das Geschick, rechtzeitig zu verschwinden.

All das spielt im Gymnasium natürlich gar keine Rolle. Hier muss er sich den Lehrern stellen, muss dem Unterrichtsstoff und den Regeln des Unterrichts folgen, wenn er erfolgreich sein will. Kann nicht ausweichen, kann sich nicht verstecken. Körperliche Geschicklichkeit zählt nur im Sportunterricht. Ansonsten ist Klugheit und ein gutes Gedächtnis gefragt – und die Bereitschaft, sich prüfen zu lassen. Wieder und wieder und wieder. Ihm ist, als wäre er nicht dafür gemacht, Vokabeln in seinem Kopf festzuhalten, so oft er sie auch wiederholt. Sie sind so neu, sie sind so fremd, sie haften nicht.

Der neue Unterrichtsstoff und das Lernen an sich machen ihm Spaß, aber die Lehrer auf dem Gymnasium sind anders als die auf der Volksschule. Sie wirken auf ihn unpersönlich. Er fühlt sich nicht richtig angesprochen. Sie wirken unnahbar und nicht selten auch autoritär. Manche sind auch arrogant. Eine Nachbarin beschwert sich bei Maman, dass er selbst arrogant geworden sei, seit er das Gymnasium besucht. Das Verhalten der Lehrer hat offenbar auf ihn abgefärbt. Er kann sich nicht heimisch fühlen in den langen dunklen Fluren, in den Klassenräumen, in der Turnhalle, in der Aula. Es sieht aus und riecht wie in einem alten Museum. Altehrwürdig. Respekt einflößend. Heilige Hallen. Nicht laut sein! Keine Albernheiten! Langsam gehen! Das ist die Atmosphäre. Sie geht ihm gegen den Strich.

Mit seinen Mitschülern auf diesem Knabengymnasium hat er kaum Probleme, aber die Mädchen fehlen ihm. Sie gehören doch dazu. Ohne sie stimmt etwas nicht. Er kommt mit seinen Mitschülern gut aus, aber die anderen Jungen, so scheint es, kommen aus einer anderen Welt. Der Vater seines Banknachbarn ist ein wohlhabender Fuhrunternehmer. Vor ihm in der Bank sitzt ein Arztsohn. Für sie scheint es eine Selbstverständlichkeit, hier zu sein. Für ihn ist es etwas Besonderes. Sitzenzubleiben ist also auch eine Erleichterung für ihn. Trotz aller Peinlichkeit.

Als Wiederholer findet er sich zu seinem Glück in einer Klasse wieder, in der eine andere Atmosphäre herrscht als in der vorigen. Hier sind die Mitschüler offener und lustiger. Viele der Jungen kommen als Fahrschüler aus kleineren Städten oder aus den Dörfern der Umgebung, aus Horneburg, Harsefeld, Grünendeich oder aus Bremervörde. Sie kommen aus einfachen Familien, so wie er. Auch die neuen

Lehrer sind anders. Sie scheinen sich für die Schüler persönlich zu interessieren. Sie sind freundlich. Wenn ein Schüler einen Fehler macht, wird er verbessert und nicht verspottet. Seine Noten erholen sich merklich. Ab und zu hat er sogar eine Zwei. Das gibt ihm mächtig Auftrieb. Seine bessere Stimmung führt zu besseren Leistungen. Bei Herrn Popp in Deutsch. Bei Herrn Palmer in Mathe und Biologie. Keine Blauen Briefe mehr vor Weihnachten. Die Zeiten sind hoffentlich vorbei!

Opa Jansen

Opa Jansen ist wohl kriegsversehrt. Aus der Sicht der Kinder im U-Block ist er ein alter Mann, der sehr schnell sehr ärgerlich wird, wenn die Kinder auf den langen Fluren der Kaserne spielen, wenn sie laut sind, wenn sie rennen, mit dem Roller fahren, wenn sie sich mal streiten. Dann kommt er aus der Tür, sieht sich um und schimpft. Er versucht, die Kinder zu verscheuchen oder ihnen eine Ohrfeige zu verpassen.

Einmal kommt er wütend im langen Nachthemd aus der Tür. Sieht eins der Kinder in seiner Nähe und will ihm einen Fußtritt geben. Er ist zu langsam, verfehlt das Kind. Dabei fliegt sein Nachthemd in die Höhe. Zwei Frauen, die zur selben Zeit auf dem Flur miteinander reden, kreischen vor Vergnügen. Später erzählen sie, sie hätten beinahe unter das Nachthemd sehen können.

Der Junge gerät mit Opa Jansen aneinander. Das hat schlimme Folgen. Der alte Mann fühlt sich immer wieder gestört und von niemandem ernst genommen. In diesem

Fall hat er die Idee, sich an eine Autorität zu wenden, die dem Jungen so richtig die Ohren langziehen soll. Er wendet sich an die Leitung des Gymnasiums, das der Junge besucht, und beschwert sich dort ganz offiziell über ihn. Er hofft wohl auf einen Schulverweis oder eine andere Art von drastischer Bestrafung für den Jungen. Die Schulleitung nimmt ihn ernst und bestellt den Vater des Jungen zum Gespräch. Der Fall wird erörtert. Ein Schulverweis wird tatsächlich angedroht, falls sich so etwas wiederholen sollte. Der Vater erläutert die Situation, dass der alte Mann die Kinder oft zu einer Reaktion reizt. Räumt die Wildheit seines Sohnes ein. Weist auf die besondere Empfindlichkeit des alten Mannes hin.

Zu Hause werden dem Jungen die Leviten gelesen. So etwas darf nicht noch einmal passieren. Die Schule hat wenig Verständnis, zumal der Junge dort nicht die besten Leistungen zeigt. Mit Flüchtlingskindern hat man wohl auch nicht viel Nachsicht.

Der Junge fühlt sich ungerecht behandelt. Er hätte nicht gedacht, dass von diesem alten Mann so viel Gefahr ausgeht. Er hält ihn abwechselnd für böse, rachsüchtig und gemein oder für geistesgestört. Egal, was es ist. Den lässt er in Zukunft besser in Ruhe.

Zu Fuß nach Hause

Am Morgen hatte es geregnet. Also ist er nicht mit dem Fahrrad, sondern mit dem Bus zur Schule gefahren. Er hatte es mit den Eltern besprochen, und sie haben es gemeinsam so entschieden. Er ist jetzt dreizehn, darf und soll vieles mitentscheiden. Darauf ist er stolz, und manchmal ist er auch verunsichert.

Jetzt ist der Unterricht zu Ende. Es hat aufgehört zu regnen. Die Straßen sind wieder trocken, und er will nach Hause. Hat aber keine Lust. Will nicht stadteinwärts zur Bushaltestelle gehen. Das fällt ihm aber erst auf halbem Weg dorthin auf, als er vor den Tennisplätzen steht, noch ganz in der Nähe des Gymnasiums. Sie liegen am Rand der großen freien Fläche, die Exerzierplatz genannt wird und auf der manchmal ein Zirkus seine Zelte aufschlägt. Bei den Tennisplätzen bleibt er also einen Moment lang stehen. Betrachtet durch den hohen Zaun hindurch die roten Spielflächen, das Vereinshaus und die Umkleidekabinen und fragt sich wieder einmal, wer die Menschen sind, die hier spielen, die Mitglied im Tennisclub sind. Man muss es sich leisten können. Doktoren, Rechtsanwälte, Unternehmer, vielleicht auch Lehrer? Es können die Eltern seiner Mitschüler vom Gymnasium sein. Ob er wohl einmal dazugehören wird, wenn er sein Abitur gemacht hat?

Er verlässt diesen Ort und geht weiter. Geht langsam und etwas nachdenklich über den Exerzierplatz, vorbei am Stadion und am Vereinshaus des »TuS Güldenstern Stade«. Das ist der Arbeiterverein der Stadt, hat er gehört. Der »VfL Stade« ist der andere Verein und der renommiertere. Er hat, ohne es zu merken, den Weg nach Hause eingeschlagen, den er zu Fuß gehen will, weil er Zeit braucht, um Gedanken und Gefühlen Raum zu geben, sie zu sortieren und vielleicht sogar zu verstehen.

Jetzt geht er an dem hohen schwarzen Bretterzaun entlang, der die Stader Saline umgibt. Sie soll vor hundert oder mehr Jahren von großer Bedeutung für die Stadt und das Umland gewesen sein, als Stade eine wichtige Hansestadt und Salz ein kostbarer Rohstoff war. Er merkt, dass er keine Lust hat, schnell nach Hause zu kommen, nimmt Umwege, macht sich alle möglichen Gedanken über die Dinge, die er gerade sieht.

Mittlerweile hat er die Harburger Straße erreicht. Hier könnte er an der nächsten Haltestelle in den Bus steigen, der ihn zum U-Block bringt und damit nach Hause. Seine Mutter wartet wahrscheinlich schon auf ihn. Sie ist vielleicht schon mit den Vorbereitungen für das Mittagessen fertig. Er hat keine Lust. Steigt nicht in den Bus, sondern überquert zu Fuß die Brücke, die über eine selten befahrene Eisenbahnstrecke führt, kommt an der Siedlung am Schwabensee vorbei, bleibt immer neben der schwarzen Teerstraße. Bewegt sich stadtauswärts. Es herrscht mäßiger Verkehr. Er schießt kleine Kieselsteine vom Weg auf die Straße.

Es ist kalt, und es hat wieder angefangen zu nieseln. Das Wetter ist ungemütlich, er friert und das entspricht seiner Stimmung. Warum ist er nicht schon lange in einen Bus eingestiegen? Warum ist er nicht schon lange zu Hause? Er fühlt sich trotzig und unwohl, und das geht ihm nicht nur heute so.

Nach zwei Kilometern ist er an der Stadtgrenze. Die letzten Häuser hat er schon im Rücken. Jetzt nimmt er die Abkürzung quer über die Felder. Links sieht er die eingezäunte Villa des bekannten Busunternehmers der Stadt, dessen Namen er schon lange kennt: Peill. Ihm gehört die PVG, die Peill-Verkehrsgesellschaft. Das steht auf den Bussen, die im ganzen Stadtbereich verkehren.

Er geht quer über die Felder. Da, wo es keine Wege gibt. Die schwarze Erde ist vor Kurzem gepflügt worden. Sie ist weich, feucht, schmierig. Seine Schuhe sind in kurzer Zeit schwarz und schwer. Das ist ihm egal. Er stapft langsam vor sich hin. Auf diesen Feldern wachsen im Herbst Rosenkohl, Grünkohl oder Runkelrüben. Dann reißt er sich oft ein Blatt ab, steckt es sich in den Mund und kaut darauf herum. Der Geschmack ist herb, fast bitter. Ihm schmeckt das. Es entspricht seiner Stimmung.

Je näher er dem U-Block kommt, den er jetzt schon an einigen Stellen zwischen den Silberpappeln hindurch sehen kann, desto mehr hat er Sorge, dass er zu Hause ein Theater erleben wird, weil er zu spät kommt. Zu spät zum Essen und überhaupt. Die Schule ist doch schon lange aus, und er lässt auf sich warten. Ihm fällt auf, dass er das Theater selbst inszeniert. Was soll das? Das Essen ist kalt. Maman hat sich Sorgen um ihn gemacht. Er hört schon ihre Worte, spürt schon die gereizte Stimmung. Hätte er sich das nicht alles sparen können? Wäre er doch einfach mit dem Bus gefahren! Aber nein! Warum der ganze Mist? Warum das ganze Theater? Will er Maman ärgern? Erst einmal hat er jedoch selbst unter seinen kalten Füßen zu leiden, die in den nassen Schuhen stecken.

Er kommt sich auf dem schwarzen Acker jetzt vor wie einer von diesen verrückten Südpolarforschern, die sich verlaufen haben. Er befindet sich auf einem endlosen Weg durch eine schwarze Eiswüste. Er denkt sich in eine existenziell bedrohliche Expedition hinein, die er meistern will, die er meistern muss. Ist unterwegs zu einem Punkt im schwarzen Eis, der nur in seiner Vorstellung existiert. Ihn will er erreichen, und das soll ihm Erlösung bringen. Aber welche? Und wovon? Er fühlt sich getrieben, gezogen, ohne zu wissen, auf welchen Punkt er hinsteuert.

Dann fällt ihm etwas Merkwürdiges ein. Maman hat in letzter Zeit eigentlich nie geschimpft, wenn er zu spät aus der Schule kam. Meist schläft sie nach dem Mittagessen. Und wenn er ankommt, begrüßt sie ihn verschlafen. Sie fragt nicht einmal, wo er war oder warum er so spät kommt. Dann ist er jedes Mal erleichtert. Und enttäuscht. Er hat sich unnötige Gedanken gemacht. Maman scheint es ziemlich egal zu sein, wann er kommt. Das irritiert ihn. So ist es auch diesmal.

Kalte Bescherung

Dies ist ein trüber, grauer, kalter Nachmittag. Er sieht keine anderen Kinder auf dem Hof. Alles wirkt tot. Langeweile. In drei Stunden ist Bescherung. Ja, heute ist Heiligabend. Er fühlt sich unwohl an diesem vernebelten nasskalten Dezembernachmittag. Kein Freund weit und breit. Was tun?

Vor drei Tagen ist er vierzehn geworden. Sein Taschengeld wurde auf fünfundsiebzig Pfennig pro Woche erhöht. Das ist genau die Summe, die er braucht, wenn er ins Camper Kino geht. Dort wurden gerade die Preise erhöht. Er verscheucht diese Gedanken, denn jetzt ist nicht die Zeit, ins Kino zu gehen, obwohl ... Nein. Ihm ist todlangweilig zumute. Was tun?

Er macht eine Runde um den verlassenen Hof herum. Der große dunkle Backsteinbau des U-Blocks steht unerschütterlich, wie eine Burg, wie eine Festung. Wie ein dunkel verwunschenes Schloss. Schließt den Hof ein. Hinter vielen Fenstern leuchtet warmes gelbes Licht. Er stellt sich vor, dass dort Vorbereitungen getroffen werden für die Bescherung. Bestimmt werden dort jetzt Weihnachtsbäume aufgestellt und geschmückt. Wahrscheinlich sind einige Familien beim Kaffeetrinken. Geschenke werden eingepackt. Die Glöckchen, die später die Kinder zur Bescherung rufen, klingeln probehalber. Er meint Kinderstimmen hinter den Fenstern zu hören. Aber das ist alles nur Einbildung. Das ist ihm klar. Was tun?

Er kehrt dem Hof den Rücken. Geht auf dem bekannten Weg am T-Block vorbei. Verlässt das bewohnte Gebiet. Hier befindet er sich auf dem vertrauten Feldweg, der früher einmal sein Schulweg war, als er noch zur Volksschule ging. Links neben dem Weg erkennt er den halb zugewachsenen Graben. Er weiß, dass er vorsichtig sein muss, denn unter Gras und Brennnesseln steht Wasser, in das er schon manchmal hineingerutscht ist, als er nicht aufgepasst hat. Dahinter reckt sich ein drei Meter hoher rostiger Zaun in die Höhe, der die Kinder aussperrt und die Kasernengebäude schützen soll. Vor wem eigentlich? Durch den Zaun und das wild wuchernde Gebüsch hindurch kann er hineinsehen in das verbotene Gebiet. Der Zaun ist leicht zu übersteigen, aber dort gibt es heute nichts, was ihn interessieren könnte.

Rechts vom Weg sieht er winterlich verwahrloste Felder, auf denen im Frühjahr Rüben wachsen oder Klee, manchmal auch Getreide. Jetzt sind sie nackt und leer. Der Feldweg ist aufgeweicht. In den Fahrspuren, die offenbar große Landmaschinen hinterlassen haben, hat sich Wasser gesammelt. In ihnen spiegelt sich der graue Himmel mit ein paar tief hängenden Nachmittagswolken. Der Boden ist aufgeweicht. Er kann dem Dreck, dem Matsch, dem Lehm kaum ausweichen. Tritt hinein, holt sich dreckige Schuhe, um sie anschließend ärgerlich im nassen Gras am Wegrand abzuwischen, lustlos. Er geht weiter. Weiß noch nicht wohin.

Die erste Möglichkeit, nach rechts abzubiegen, lässt er aus, die zweite nimmt er dann. Steht ohne Übergang plötzlich in dem sumpfigen Erlenwäldchen, das er im Sommer mit Freunden erkundet hat. Am Rande eines kleinen versteckten Teiches steigt er auf den Wurzelballen einer Erle. Springt von da aus auf den nächsten. Hält sich an den Zweigen fest. Die Wurzeln sind vermoost, feucht und glitschig. Er muss balancieren, will keine nassen Füße. Das macht plötzlich Spaß. Er kennt das aus sonnigen Tagen. Jetzt aber ist alles dunkel und wird immer düsterer. Der Nachmittag verdunkelt sich. Er spürt, dass ein nasser, kalter Hauch von Abenteuer ihn berührt, an dem er sich freuen kann.

An diesem Nachmittag hat er starke Gefühle. Aber sie sind vage. Sind nicht zu fassen. Nicht zu verstehen. Ohne zu wissen warum, folgt er ihren Impulsen. Das schwächer werdende Tageslicht, die Feuchtigkeit in der Luft, die Berührung der nassen Zweige ohne wärmende, schützende Handschuhe, sein unsicherer Stand auf den Wurzeln der Bäume, seine kleinen riskanten Sprünge, die weichen Landungen auf den Moosballen. Das alles passt dazu, wie es ihm gerade geht. Ihm ist, als wenn er hier zu Hause wäre. Hier draußen, und nicht drin in der klotzigen Kaserne, in der er mit seiner Familie wohnt.

Heute hat er keine Lust auf Weihnachten, auf das Getue um den Heiligen Abend, auf die glitzernde Dekoration und die süßlichen Lieder: »Stille Nacht, heilige Nacht, alles schläft, einsam wacht nur das traute hochheilige Paar, holder Knabe im lockigen Haar«. Das klingt alles so falsch und verlogen. Er mochte Weihnachten bisher als besinnliches

Familienfest. Ein paar ruhige Tage. Geschenke, mit denen man sich gegenseitig überraschte und Freude machte. Aber jetzt sind ihm dieser Glanz und vor allem die christlichen Lieder zu viel. Und die strahlenden, strahlenden Gesichter. Irgendwie stimmt das für ihn nicht mehr. In diese Gedanken versunken tastet er sich weiter voran.
Da entdeckt er am Rande des Teiches einen hölzernen Anleger mit einem kleinen Ruderboot. Natürlich ist es verboten, einzusteigen. Aber weit und breit ist niemand da, der ihn daran hindern könnte. Nicht an diesem Tag, nicht zu dieser Stunde. Er steigt ein, löst das Seil, rudert ein paar Schläge raus auf den Teich. In der Mitte hört er auf, lässt sich treiben. Er ist angekommen. Hier ist für heute Endstation. Hier draußen an diesem nebligen, nassen, immer dunkler werdenden Nachmittag, allein auf dem Feldweg, allein im sumpfigen Erlengehölz, auf dem kleinen Teich, in diesem Ruderboot. Hier fühlt er sich richtig. Hier zelebriert er seinen stillen Protest. Das tut gut. Er fühlt sich angekommen. Hier bleibt er für eine lange Weile. In sich versunken. In Ruhe.

Es wird dunkler. Es wird kälter. Er fängt an zu frieren. Es wird Zeit, nach Hause zu gehen. Ins Warme. Sein Kontrastprogramm ist für heute beendet. Er ist zufrieden mit sich und der Welt. Und er hat eine spannende, etwas rätselhafte Erfahrung gemacht, die ihn noch einige Zeit beschäftigen wird.
Das Tageslicht ist verschwunden. Zu Hause wird er freundlich empfangen, ohne Nachfrage, wo er so lange gewesen ist. Das wundert ihn. Was er erlebt hat, hätte er aber ohnehin nicht erzählen wollen, hätte es auch nicht erzählen können. Mischt sich möglichst unauffällig ins Familien-

geschehen. Die Vorbereitungen für die Bescherung nehmen alle so sehr in Anspruch, dass er ungestört seine Erlebnisse vom Nachmittag nachwirken lassen kann.

Camper Kino

Da er zu Hause mit seinen Eltern in dieser Zeit manchmal schwierige Situationen zu meistern hat, flieht er jetzt umso lieber ins Kino. Tausendmal im Camper Kino, dem Vorstadtkino. Es ist das Tor zur großen weiten Welt. Zufluchtsort, wenn er raus will aus dem engen, allzu vertrauten Raum der Familie. Die Filme, die er sieht, sind manchmal wie eine Fortsetzung der Märchenwelt. Er taucht ein und wieder auf wie bei einem Traum. Manchmal begegnet er aber auch schon der Wirklichkeit, kommt ihr nah. Zwar ist es nur gespielt, ist nur Kino, aber auch das berührt ihn manchmal ziemlich tief.

Das Camper Kino kann er vom U-Block aus in zehn Minuten mit dem Fahrrad erreichen. Nein. Seinen Eltern sagt er nichts davon. Sie wollen das nicht. Wieso? Er weiß es nicht. Eine Vorstellung kostet genauso viel, wie er als Taschengeld für eine Woche bekommt. Süßigkeiten? Braucht er nicht. Auf die kann er verzichten. Einen Film zu sehen, ist ihm viel mehr wert. Welcher Film am Sonntag nach dem Mittagessen gerade läuft? Das weiß er meist gar nicht. Das ist auch nicht wichtig. Er lässt sich überraschen. Das Nachmittagsprogramm um drei ist sowieso für Kinder und Jugendliche gedacht. Er nimmt das, was kommt.

So lernt er als Lederstrumpf den Letzten Mohikaner kennen, den Häuptling Chingachgook und seinen Sohn Uncas. Er kämpft mit dem üblen Gegenspieler Magua vom Stamme der Huronen. Er ist Lederstrumpf und lebt in den Wäldern zwischen Boston und den Großen Seen. Ist Pfadfinder, Beschützer und Freund. Er geleitet die hübschen jungen Frauen Alice und Cora zu ihrem Vater, dem Oberst George Munro, in ein sicheres Fort. Er beginnt eine abenteuerliche Reise mit Kanus auf den Flüssen und Seen. Sie müssen lange, anstrengende Märsche durch die Wälder bewältigen. Verstecken sich vor französischen Soldaten, die ihre Feinde sind. Der Weg führt in die felsigen Berge der Appalachen. Dort, ganz am Ende der Reise, sterben Uncas und Cora durch die Hand von Magua, dessen Name für viele Wochen bei ihm der Name des Bösen schlechthin bleibt.

Er wird viele Male in Luftkämpfe verwickelt, fliegt mit amerikanischen Jagdflugzeugen über Korea, wo sich der Norden und der Süden bekämpfen. Er wird abgeschossen, überlebt, schlägt sich durch, schwer verwundet. Er überlebt all das und wird zum Helden. Sein bester Freund stürzt mit der brennenden, qualmenden Maschine und einem schrecklichen Heulton vom Himmel und stirbt. Immer wieder beggnet er schönen Frauen als Krankenschwestern im Lazarett. Manchmal nehmen sie ihn auch in den Arm und küssen ihn, wenn er ganz am Ende und überraschend zu Hause ankommt.

In weiten Prärien ist er zu Hause, durchquert sie auf seinem Pferd. Begleitet Siedler auf dem Weg von der Ostküste Nordamerikas nach Westen über schier endlose mit Gras bewachsene Ebenen. Er merkt sich ihren magischen Namen: *The Great Plains*. Findet Furten über breite, reißende Flüsse. Findet den richtigen Weg für die Karawanen mit den Planwagen und den vielen hoffnungsvollen Familien, die reiten oder zu Fuß unterwegs sind. Er kämpft zwischendurch mit Bären. Säuft. Fällt vom Pferd. Wird verprügelt. Steht immer wieder auf. Setzt sich durch, wenn zwielichtige Fremde die friedlichen Landsucher betrügen wollen.

»Der Tiger von Eschnapur« ist noch nichts für ihn, finden die Eltern. Warum, versteht er nicht. Er sei noch zu jung, sagen sie. Dabei ist er schon vierzehn. Er geht trotzdem hin und wird erwischt. Zur Strafe oder weil ihnen nichts Besseres einfällt, bekommt er die Auflage, eine Inhaltsangabe über den Film zu schreiben. Er findet das unsinnig und ungerecht, aber er akzeptiert es als Übung für den Schulunterricht. Außerdem wissen die Eltern nicht, dass es zu jedem Film ein kleines Begleitheftchen mit den Namen der Schauspieler, des Regisseurs und einer kurzen Inhaltsangabe zu kaufen gibt. Für zwanzig Pfennig. Also eine leichte Aufgabe. So wandert er in Gedanken noch einmal zurück nach Indien. Begleitet Paul Hubschmid und Claus Holm in den indischen Dschungel. Er rettet die schöne Tempeltänzerin Seetha vor einem gefährlichen Tiger, lernt den Fürsten Chandra kennen, der in Eschnapur regiert. Er ist ein begeisterter Zuschauer bei den herrlichen Tänzen, die dem Fürsten in seinem Palast und ihm als Zaungast präsentiert werden. Er verliebt sich in eine Tänzerin, gerät dadurch in lebensgefährliche Intrigen bei Hofe. Nimmt, auf einem Elefanten sitzend, an einer Tigerjagd im Urwald teil und ist hoch zufrieden mit sich und der Geschichte. Eine Frage bleibt allerdings unbeantwortet: Was daran soll für ihn ungeeignet sein?

Die Bilder vom tragischen Untergang der Bismarck trägt

er noch lange mit sich herum. Groß angekündigt ist der Film. Für ihn ist es erstmal nur ein weiterer Kriegsfilm, von denen er schon viele gesehen hat.

»Panzerschiff Graf Spee« hat er schließlich auch schon gesehen, vor zwei Jahren, da war er zwölf. Die Namen der beiden leichten englischen Kreuzer, Ajax und Achilles, hat er sich gut gemerkt. Sie tauchen im Unterricht wieder auf, als sie die Odyssee besprechen. Es sind Namen griechischer Helden, die er kennt und liebt.

Aber: »Der Untergang der Bismarck« ist anders. Hart. Brutal. Ein kurzes Aufflackern von Hoffnung zu Beginn des Films, als die Bismarck ihren Gegnern entkommt. Dann beginnt Krieg, so wie er ihn noch nicht gesehen hat. Matrosen, die nicht direkt getroffen sind, werden mit der explodierenden Munition in Stücke gerissen oder ertrinken in den riesigen, kalten Wellen des Atlantiks. Sie werden in Großaufnahme gezeigt. Das sind für ihn die ersten Bilder, die er mit dem Zweiten Weltkrieg in Verbindung bringt. Grausig. Gruselig. Trotzdem kann er nicht wegsehen. Jetzt weiß er wenigstens, wie es war. Was da los war. Jetzt hat er eine erste Vorstellung von dem, was er sich nie hat vorstellen können. Und worüber die Erwachsenen so hartnäckig schweigen.

AUSZUG UND ÜBERGANG

Auszug

Die Kasernen müssen geräumt werden. Die Bundeswehr braucht mehr Platz. Hinter dem Zaun, der den U-Block vom Englischen Gebiet trennt, wie es die Erwachsenen und die Kinder immer noch nennen, sind vor drei Jahren deutsche Soldaten in die dort leerstehenden Kasernengebäude eingerückt.

Der Auszug aus dem U-Block findet im Sommer 1959 statt. Er ist lange vorher angekündigt und vorbereitet. Die Erwachsenen haben sich im Kinosaal auf der anderen Seite des Fliegerhorstes getroffen. Vertreter der Stadt Stade haben von den Plänen einer Neubausiedlung direkt am Rande der Stadt berichtet. Die Familien können wählen. Es gibt Mietwohnungen und kleine Reihenhäuser. Wer sich keins von beiden leisten kann, bleibt erstmal in einem Kasernengebäude, das noch nicht gebraucht wird. Die Aufregung der Eltern ist spürbar. Vorfreude. Endlich bekommen sie eine richtige Wohnung und können das Provisorium der Kaserne verlassen. Ängste gibt es auch. Verglichen mit der jetzigen Miete kosten die neuen Wohnungen mehr Geld. Werden sie das bezahlen können? Wenn sie ein Reihenhaus kaufen, müssen die Eltern den Kredit von der Bank jahrzehntelang abbezahlen. So viel bekommt der Junge schon mit. Seine Eltern reden offen darüber. Maman ist ängstlich und zögert. Papa ist hoffnungsvoll. Er möchte ein kleines Reihenhaus. Irgendwie werden sie es schon schaffen!

Seit einiger Zeit schon sind Familien ausgezogen. Wohin? Umzugswagen halten fast täglich auf dem Hof des U-Blocks. Karin, seine Schulfreundin, Spielfreundin und Vertraute zieht mit ihrer Familie nach Hannover. Die Kinder unterhalten sich darüber, wohin sie mit ihren Eltern gehen. Für sie sind das schicksalhafte Entscheidungen, auf die sie keinen Einfluss haben, die sie hinnehmen müssen. Eins ist sicher. Die Freundschaften in der Gruppe werden sich auflösen. Das tut weh. Gerade erst haben sie angefangen, miteinander über ganz neue Dinge zu sprechen. Über Gefühle. Über Freundschaft. Manchmal über Liebe. Sie sind in der neunten Klasse. Fühlen sich schon ziemlich groß gegenüber den kleinen Kindern im Hof. Sie haben neue Spiele erfunden. Berührungsspiele. Mit ihren Fingerspitzen dürfen die Jungen wie mit kleinen Autos über die Blusen der Mädchen fahren. Das kitzelt. Die Mädchen lachen. Erste Küsse. Jetzt, wo alles so neu und aufregend wird, sollen sie sich trennen, ausziehen, wegziehen?

Auch weiß er nicht, was »da draußen«, in der neuen Siedlung, auf ihn zukommt. Er muss Abschied nehmen vom Vertrauten. Plötzlich erscheinen ihm der U-Block und der Hof als sein Zuhause. Ihm kommen die kleinen Wäldchen in der Umgebung, die nahen Wiesen hinter der Bahnlinie, die nach Hamburg führt, die Karpfenteiche mit ihren wilden Schilfrändern, all die vertrauten Spielplätze so wichtig, so sicher und so schön vor. Das ist, das war seine Welt, von der er jetzt Abschied nehmen muss.

Seine Eltern haben sich für ein kleines Reihenhaus entschieden. Die ganze Familie besucht den Rohbau. Er ist völlig überrascht. Begeistert. Irritiert. Er hatte sich ganz und gar auf das Leben in der Kaserne eingestellt. Seit seiner Einschulung lebt er dort. Er kann sich gar nichts anderes vorstellen. Und jetzt das. Das Häuschen ist zwar klein, aber es hat einen richtigen Garten hinter dem Haus, eine Terrasse und einen winzigen Vorgarten. Jetzt im Frühjahr ist alles lehmig und matschig. Im Sommer soll Rasen angelegt und Gemüse gesät werden. Auch ein paar Obstbäume sind bestellt: Kirschen, Äpfel und gelbe Pflaumen. Er arbeitet zusammen mit Papa daran, einen Weg aus roten Ziegeln durch den Matsch zu verlegen. Der führt von der Kellertreppe geradewegs zum Komposthaufen ganz am Ende des Gartens und dann zur Gartenpforte. Auf diesem Ziegelweg kommt er morgens mit dem Fahrrad aus dem Keller auf die Straße und zur Schule.

Ein Zimmer wird er sich weiter mit seiner Schwester teilen. So war das auch im U-Block. Noch vor dem Umzug erfährt er, dass ein kleines Zimmer für Oma Inge reserviert ist. Sie wird zu ihnen ziehen. Er kennt die Oma wenig. Hat sie einmal mit Maman und seiner Schwester besucht, als er noch nicht in die Schule ging. Sie wohnte damals in einem kleinen Dorf in der Nähe des Bodensees. Später hat sie die Familie einmal im U-Block besucht. Er freut sich. Hört den Eltern zu und versteht, dass sie Sorgen haben, es könnte eng werden im Haus. Bevor es aber zum Einzug der Oma kommt, stirbt sie. Viel Trauer bei Maman. Sie hatte sehr an ihrer Mutter gehangen. Hatte sich sehr darauf gefreut, sie regelmäßig bei sich zu haben. Andererseits ist jetzt ein Zimmer frei in ihrem neuen Haus. Es wird seins! Völlig unerwartet. Er hat jetzt sein eigenes kleines Reich. Das Kinderzimmer wird Elternschlafzimmer, und die Schwester zieht ins andere kleine Zimmer.

Rüdigers Mutter zieht nicht mit ins neue Wohnviertel, das extra für die Flüchtlinge gebaut wird. Sie kann es sich nicht leisten. Das ist traurig. Rüdiger und seine Mutter bleiben zurück. Bleiben auf der Strecke. Der Junge vermisst seinen Freund.

Kaum sind sie eingezogen, wird Papa krank. Sehr krank! Er soll in der Universitätsklinik in Hamburg operiert werden. Papas linkes Ohr hatte sich entzündet. Es war ihm bei einer Bergwanderung als junger Mann zum Teil erfroren, sagt Papa. In der letzten Zeit hatte sich ein Karzinom entwickelt. Papas Ärzte in Stade sind überfordert. Sie schicken ihn nach Hamburg. Erst Jahre später erfährt der Junge, wie ernst die Lage war. Der Krebs hatte sich bis in den Schädelknochen gefressen. Die Operation dauert sechs Stunden. Es geht um Leben und Tod. Die Operation gelingt, aber Papa muss fast ein halbes Jahr im Krankenhaus bleiben. Maman besucht ihn einmal in der Woche. Dann müssen sich die Kinder selbst versorgen. Aber. Der Junge hat keine Angst. Alles scheint so selbstverständlich. Er lebt in der stillen Gewissheit, dass Papa wiederkommt.

Als Papa dann tatsächlich wieder da ist, verändert sich ihre Beziehung. Sie arbeiten weiter zusammen im Garten. Aber Papa hat nicht mehr so viel Kraft. Das fällt ihm vor allem bei körperlich schweren Arbeiten auf. Steine schleppen, dass muss er jetzt allein. Der Junge ist stolz, jetzt zu den Großen zu gehören. Aber er muss auch Papas Schwäche mit ansehen. Papa ist nicht mehr der Große, der Starke, der Held seiner Kindertage. Er bedauert ihn, spürt eine stille Trauer. Er sieht oft zu Papa hinüber und fragt sich, wie er sich fühlt, was er denkt. Ob er noch Schmerzen hat?

Papas erfrorenes Ohr reizte den Jungen früher manchmal, es anzufassen und zu streicheln, zu spüren, wie es sich anfühlt. Diese alte Verletzung hätte er gern zärtlich berührt. Vielleicht wäre sie dann geheilt. Er hätte auch gern mehr über diese alte Geschichte gewusst, wann und wie es passierte, als das Ohr erfror. Jetzt, nach der Operation, ist die Ohrmuschel weg. Sie fehlt. Hören kann er aber noch auf diesem Ohr, erklärt Papa allen, die danach fragen.

An die neue Umgebung muss der Junge sich erst einmal

gewöhnen. Er fühlt sich ziemlich verloren. Alle alten Freunde sind weg. Er weiß nicht recht etwas mit sich anzufangen. Dafür tobt er dann umso mehr mit seinem neuen Spielfreund aus der Schule herum. Sie rasen mit ihren Fahrrädern um die Wette, benutzen sie als Kampfmaschinen, lassen sie aneinander rasseln, dass es kracht. Sie stürzen sich über Bretter, die als Rampen für Schubkarren dienen, in die noch vorhandenen Baugruben der Siedlung in die Tiefe und schießen auf der anderen Seite wieder heraus. Sie toben mit der ganzen Kraft ihrer vierzehn Jahre.

Passanten zucken erschreckt zusammen, wenn die beiden laut schreiend an ihnen vorüberrasen. Das ist ein riesiger Spaß. Nur Maman hat ernste Sorgen. Sie glaubt, Hartmut sei kein geeigneter Freund für ihn. Er würde ihn vom Lernen für die Schule abhalten. »Andauernd dieser Unsinn«, sagt sie, »das wird nicht gut gehen.« Schweren Herzens und mit schlechtem Gewissen fängt er an, die Freundschaft von jetzt an geheimzuhalten. Dann muss Hartmut, der wilde Freund, tatsächlich wegen schlechter Noten das Gymnasium verlassen. Die beiden Jungen verlieren sich aus den Augen. Schade! Ganz schade!

Aber. Wieso hatte sich Maman plötzlich so ereifert? Sie war mit ihren Bemerkungen über seinen Spielfreund hergefallen. Wütend. Abwertend. So kannte er sie gar nicht. So etwas macht man auch nicht! Das hatte Maman selbst oft gesagt. Wenn jemand krank, schwach, arm oder sonstwie benachteiligt oder behindert ist, soll man nicht schlecht über diesen Menschen reden. Schon gar nicht schlecht urteilen. Jetzt tut sie es selbst.

Der Junge ist empört, versucht seinen Freund zu verteidigen. Seinen Freund! Mit dem er so fantastisch spielen kann. Maman lenkt nicht ein, es ist nicht mir ihr darüber zu reden. Der Junge spürt, dass Maman Angst hat, Angst um ihn, und dass sie deshalb so streng ist. Trotzdem. Sie wirkt jetzt manchmal auf ihn wie eine alte keifende Hexe.

Ein paar Tage später sitzt er zusammen mit einem kleinen Jungen in der Sandkiste und spielt mit Autos. Er wundert sich über sich selbst. Es ist ihm auch ein bisschen peinlich. Aber keiner der vorbeigehenden Erwachsenen scheint ihn zu bemerken. Er fühlt sich falsch hier im Sand. Aber. Er fühlt sich klein. Will wieder klein sein. Möchte versorgt werden. Möchte, dass Maman aus der Tür kommt, wie die Mutter des Jungen, mit dem er spielt, und ihn nach Hause und zum Essen ruft.

Tischsitten

Sie sitzen zusammen beim Abendessen in der Essecke der Küche. Gemütlich ist es hier in ihrer neuen Wohnung, in ihrem Eigenheim. Die Eltern sind ganz stolz auf dieses neue Zuhause, und er auch. In der Essecke gibt es eine schicke eingebaute Eckbank. Sitzpolster mit farbenfrohen Bezügen. Der Junge fühlt sich hier sehr wohl. Rechts neben ihm sitzt Papa, ihm gegenüber Maman und links die Schwester. Jeden Abend, wenn Papa nach der Arbeit wieder zu Hause ist, und auch an den Wochenenden essen sie hier zusammen.

Dann passiert es. Papa scheint nicht zu verstehen, was Maman meint. Verteidigt lachend, dass er seinen geräucherten Bückling aus dem Papier isst, in das ihn der Fischverkäufer eingewickelt hat. Er legt die Gräten auf dem Zeitungspapier ab. Und. Er schneidet seine Kartoffeln mit dem

Messer. Beides findet Maman unmöglich. Papa soll den Fisch richtig auspacken und auf einen Teller legen – und die Kartoffeln mit der Gabel zerteilen! Er soll den Kindern ein gutes Vorbild sein! Papa versucht zu argumentieren und zu erklären. Das sei doch nicht so wichtig. Der Tisch bleibe doch sauber. Überhaupt sei es so doch viel einfacher. Maman bleibt bei ihrer Meinung. Sie versucht nicht, Papa zu überzeugen. Sie bringt einen Herrn Knigge ins Spiel, der als Autorität für Essmanieren gilt. Damit ist für sie die Diskussion beendet.

Der Junge ist wie vom Donner gerührt. Es sind, soweit er sich erinnern kann, die ersten offenen Meinungsverschiedenheiten der Eltern, die er mitbekommt. Der mittlerweile pubertierende Junge verfolgt sie mit Staunen und Interesse. Und er ist fassungslos. Was ist da los? Worum geht es eigentlich? Papa wird von Maman massiv angegriffen und kritisiert. Er, der Unternehmungslustige, dem die ganze Familie viele Ausflüge an die Elbe und in die Wälder der Umgebung verdankt, der den Baum zu Weihnachten immer so liebevoll schmückt und oft für eine gute Stimmung in der Familie sorgt, er bekommt jetzt zu hören, dass seine Essmanieren unappetitlich sind. Unausgesprochen klingt auch an, dass er sich dafür schämen soll.

Er ist sofort auf der Seite seines Vaters. Hofft, dass der sich durchsetzen wird. Beide Eltern bleiben bei ihrer Meinung. Hören dann aber auf zu streiten. Na ja. Auf jeden Fall ist Ruhe am Tisch beim Essen. Diese Diskussion flammt wieder auf, als Papa ein paar Tage später wieder seinen Bückling aus dem Papier isst.

Der Junge ist irritiert. So etwas hat er noch nicht erlebt. Und. Er bekommt Angst. Geht das jetzt so weiter? Wird das vielleicht sogar schlimmer? Irgendwann fragt er Maman, als er allein mit ihr ist, warum sie das so schlimm findet. Sie wirkt unglücklich, aber auch überzeugt von dem, was sie gesagt hat. »Weißt du,« fängt sie an, »ich möchte, dass du und deine Schwester, dass ihr gute Tischmanieren lernt. Dass ihr euch nicht blamiert, wenn ihr irgendwo in einem Restaurant esst oder bei anderen Leuten eingeladen seid.« Sie wirkt aufgewühlt. »Weißt du, deine Oma war ein einfaches Mädchen vom Lande. Sie hat immer davon geträumt, einmal einen wohlhabenden Mann aus der Stadt zu heiraten. Sie wollte so gern an einem weiß gedeckten Tisch essen mit gutem Geschirr und schönem Besteck.«

»Warum denn?« fragt der Junge. »Waren sie denn arm und mussten hungern?« Er denkt an die Zeit im Alten Land, als alles so knapp war und die Eltern sich freuten, wenn Papa mal ein Stück Fleisch mit nach Hause brachte. »Nein«, sagt Maman, »arm waren sie nicht. Aber der Bauernhof war nicht sehr groß, und wenn man über den Hof ging, musste man Gummistiefel anziehen. Es war überall ziemlich dreckig. Oma wollte es sauber haben. Sie wollte sich nicht immer die Hände schmutzig machen. Tja. Dann lernte sie ihren Rudolf Baumgartner kennen. Der war wohlhabend. Als sie heirateten, war Oma sehr glücklich. Sie konnten sich eine Köchin und ein Hausmädchen leisten und später ein Kindermädchen.«

Der Junge staunt. »In der Familie ging es kultiviert zu, und Oma fand das ganz großartig. Leider starb Opa ziemlich früh. Er war erst knapp über vierzig. Oma hatte fünf Kinder. Sie konnte die Geschäfte ihres Mannes selbst nicht weiterführen und stellte einen Verwalter ein. Aber der wirtschaftete nicht gut. Dann schwand der Wohlstand langsam. Zuerst mussten das Hausmädchen und die Köchin entlassen werden und am Ende auch das Kindermädchen. Das waren schwere Zeiten. Die haben wir als Familie auch durchgemacht im Krieg und danach. Jetzt haben wir wieder ein richtiges Zuhause, und da möchte ich wenigstens, dass wir uns an gute Tischsitten halten.« Der Junge ist beeindruckt von dieser Geschichte. Sie geht ihm lange nicht mehr aus dem Sinn.

Er fühlt sich unwohl. Soll er, kann er Stellung beziehen? Erwartet Maman das von ihm? Erwartet Papa das von ihm? Er fühlt sich emotional hin- und hergerissen. Was ist, wenn Maman Recht hat? Was ist, wenn man diese Tischsitten braucht? Wenn man nicht auffallen will. Wenn man anerkannt werden will? In der besseren Gesellschaft? Dann muss er ihr zustimmen.

Andererseits gefällt ihm Papas Lässigkeit. Er lässt Gott einen guten Mann sein, wie er sagt. Setzt sich einfach über solche Benimmregeln hinweg.

So ist er selbst auch gern. Frech und rotzig. Steigt über Zäune. Provoziert Lehrer. Widerspricht. Stellt Umgangsregeln infrage. Hinterfragt liebend gern alles Mögliche. Papa hat Spaß, er lässt es sich schmecken, er bricht Konventionen, hält sich nicht an Mamans Regeln. Auch das macht Spaß. Bei Maman kommt der Spaß oft zu kurz. Wer seine Sympathie hat, ist klar. Aber. Er kann Maman doch nicht im Regen stehen lassen. Sie meint es doch gut.

Nein, er kann sich nicht entscheiden. Nein, er hält das auch nicht aus. Er will weg. Da er aber nicht vom Tisch aufstehen und weggehen kann, fängt er an, wegzuhören. Sollen sie doch selbst damit fertigwerden. Das ist ihre Sache. Aber er selbst? Welche Tischmanieren will er annehmen? So ein Mist! Er weiß es nicht! Auch darüber will er nicht mehr nachdenken. Das ganze Thema verschwindet zum Glück nach einiger Zeit. Wird es vergessen? Die Szene bei Tisch taucht manchmal in seiner Erinnerung auf. Er steckt in einem bedrückenden Dilemma, in einem schmerzhaften inneren Konflikt, den er nicht lösen kann.

Irgendwann fragt er auch Papa, warum er so daran hängt, den Fisch aus dem Papier zu essen und nicht vom Teller, so wie Maman es will. Sie stehen im Garten, haben gerade den Komposthaufen mit Kalk bestreut. »Weißt du«, sagt Papa, »ich fühlte mich immer wohl, wenn ich draußen in der Natur war. Bin gern in den Bergen gewandert, aber das weißt du ja. Da war alles einfach. Ich hatte meinen Rucksack dabei, das Essen war in einer Brotdose. In einer Feldflasche hatte ich Tee oder Wasser aus einem Gebirgsbach. Als Tisch benutzte ich einen größeren Stein, wenn einer da war, sonst breitete ich das mitgenommene Geschirrtuch im Gras aus. Fertig.« Der Junge kann sich das alles gut vorstellen. So haben sie auch gegessen, wenn sie als Familie einen Ausflug an die Elbe oder in den Wald machten. Er hat das auch klasse gefunden. »Außerdem war ich aktiv bei den Wandervögeln. Wir wollten raus aus der Stadt. Wir liebten das einfache Leben in der Natur. Ich hatte mich schon als junger Mann mit der Kirche angelegt, weil ich die strenge katholische Moral verlogen fand. Alles was Spaß machte, war verboten. Der nackte Körper war tabu. Dabei gibt es doch nichts Schöneres, als in einem Waldsee nackt zu baden.« Der Junge ist sprachlos und beeindruckt. So offen hat Papa mit ihm noch nie geredet. Zum Streit mit Maman sagt Papa aber nichts.

Jetzt hat er viel zum Nachdenken. Wenn er die Umgehungsstraße überquert, die als lange Betonpiste die Stadtgrenze nach Süden hin markiert und dann durch die Felder geht, gibt es da einen kleinen See, in dem man angeln kann. Hierhin geht er jetzt manchmal, wenn er Zeit für sich und Ruhe haben will. Der See ersetzt ihm die Karpfenteiche von damals.

Er hat sich eine Angel gebaut aus einer drei Meter langen Bambusrute und wartet auf Fische, die anbeißen. Manchmal beißt ein Aal an, der im Schilf gelauert hat. Einmal fängt er aus der Mitte des Sees einen Hecht, so groß, dass er zu Hause kaum in die Pfanne passt. Maman brät den Fisch für ihn, wie sie sagt. Aber der Fisch ist so groß, dass alle davon satt werden.

Operetten und Lumpazius Vagabundus

Da draußen am See geht ihm vieles durch den Kopf. Auch das, was er von seinen Eltern gehört hat. Dabei kommt ihm noch etwas anderes in den Sinn, was mit dem Streit der Eltern vielleicht auch zu tun hat. Er denkt an ihre Vorlieben, an ihre Gefühle, von denen selten die Rede ist, an ihre Vorstellungen von einem guten Leben. All das kommt selten zur Sprache. Aber er hat eine Entdeckung gemacht, die ihm kleine Einblicke gewährt in das Gefühlsleben seiner Eltern.

Wenn Lieder aus Operetten im Radio gespielt werden, hören Maman und Papa gern zu und summen mit. Die Titel der Operetten tauchen in seinem Gedächtnis wie zufällig auf, und er hört beschwingte Musik. »Die Fledermaus.« – »Der Zigeunerbaron.« – »Im weißen Rössl am Wolfgangsee.« – »Der Graf von Luxemburg.« – »Maske in Blau.«

Auch ein paar Titel von Liedern aus Operetten hat er behalten: »Die Juliska, die Juliska aus Buda-, Budapest, das ist ein Mädel, die halt ich mir fest und trink mit ihr so lang Tokajer, bis sie sich endlich küssen lässt« und »Schau einer schönen Frau nicht zu tief in die Augen, denn was ihr Mund verspricht, das hält sie nicht!« Das sind Lieder, die ihn begleiten, die er irgendwie witzig findet. Sie wirken wie eine Art Aufklärungsunterricht, der in der Schule noch nicht stattgefunden hat. Sie erzählen von der Liebe und von Künstlern, von Malern und Musikern. Viel Freude steckt darin. Es sind Geschichten von Männern und Frauen, die um ihre Liebe kämpfen, die Missverständnisse und Konflikte erleben, an denen sie scheitern oder die sie überwinden. Wie so etwas im wirklichen Leben aussieht, das kann er bei Maman und Papa nicht erleben. Sie vermeiden solche Themen und vor allem offene Auseinandersetzungen, wenn es irgendwie möglich ist.

Die Oper »La Bohème« spielt offenbar eine besondere Rolle bei den Eltern. Warum das so ist, könnte er nicht sagen. Weil es da kein glückliches Ende gibt? Die Künstler, von denen dort erzählt wird, frieren und hungern. Sie feiern trotzdem, wenn sie mal Geld haben. Genießen das Leben, auch wenn sie hinterher wieder arm sind. Ein Lied, das bei ihm besonders im Kopf bleibt, heißt »Wie eiskalt ist dies Händchen«. Rodolfo, der bettelarme Dichter, singt für seine angebetete Mimi, die an Tuberkulose erkrankt ist und wahrscheinlich nicht mehr lange zu leben hat. Beide erleben eine Gratwanderung zwischen herzerwärmender Liebe und der Kälte, die eine Vorahnung des Todes ist. Aber. Was hat das mit seinen Eltern zu tun?

Papa war Musiker, fällt ihm dazu ein. Und sein Opa auch. Maman warnt oft vor der »brotlosen Kunst«, wie sie sagt. Einen Künstler hätte sie nicht heiraten wollen. Überhaupt sind ihr die versponnenen Gedanken von Papa nicht immer recht, seine Liebe zur Musik und seine Idee, dass man auch arm glücklich sein kann.

Einmal entdeckt der Junge eine Postkarte mit einem eigentümlichen Bildmotiv. Sie steht eingerahmt auf dem Schreibtisch von Papa. Unter einem blühenden Baum am Straßenrand sitzt ein lachender alter Mann mit kaputten Schuhen, aus denen einige Zehen herausragen. Er trägt eine zerrissene Hose und eine ebenfalls zerrissene Jacke. Auf dem Kopf ein zerbeulter Hut. Unrasiert. Ein kleiner Rucksack liegt neben ihm. Es ist ein Landstreicher. Er ist arm und glücklich. Der Titel unter dem Bild ist: Lumpazius Vagabundus. Das ist, wie sich erst viel später herausstellt, eines der Ideale bei den Wandervögeln gewesen.

Papa und die Freigeister

Die Wandervögel waren in der Regel auch Freigeister, hielten Abstand zur Kirche und waren eher an der Schöpfung orientiert, wie sie in der freien Natur zu erleben war. In seiner Jugend hatte Papa sich mit der Kirche auseinandergesetzt und war am Ende ausgetreten. Diese Auseinandersetzung begleitet ihn sein Leben lang. Seine Kinder werden selbstverständlich nicht getauft. In der Schule stellt sich die Frage, ob sie am Religionsunterricht teilnehmen sollen. Das ist für ihn keine Frage, denn wie sonst sollen die Kinder selbst beurteilen können, was das Christentum ausmacht, was die Kirche lehrt? Der Junge liebt und schätzt die Geschichten aus dem Alten und dem Neuen Testament. Sie ergänzen ganz gut sein Wissen von der Welt der germanischen Götter und denen der Griechen, die er bei der Beschäftigung mit der Odyssee im Unterricht gut kennenlernt.

Papa hält sich mit Polemik gegen die Kirche weitgehend zurück und bleibt damit sehr sachlich in Fragen des Glaubens. Er hat in seinem Personalausweis die Kategorie »gottgläubig« angegeben. Mit diesem Selbstverständnis wächst auch der Junge auf, ohne dass darüber gesprochen wird.

Aber auch ohne dass Papa davon erzählt, erfährt der Junge von Wundern, die Jesus bewirkt haben soll. Dieser Wunderglaube ist für ihn eng verknüpft mit dem Aberglauben, mit dem Hexenglauben und der Hexenverfolgung. Er lernt im Geschichtsunterricht, dass Christianisierung vor allem mit Feuer und Schwert gelang: »Und willst du nicht mein Bruder sein, dann schlag ich dir den Schädel ein!« Die Auseinandersetzung mit den Ungläubigen, den Heiden, war in der Regel von Gewalt geprägt. Er selbst ist ja ein Heide. Ist nicht getauft. Deshalb hört er bei all diesen Erzählungen immer mit gemischten Gefühlen zu. Die Christen hatten immer recht. Und wenn sie die Macht dazu hatten, setzten sie diese auch ein, bis ihnen keiner mehr widersprechen konnte. Darauf waren sie stolz. Er gehört nicht dazu. Andererseits lebt er unter ihnen. Zum Glück kommt es nie zu bösen Auseinandersetzungen. Es bleibt bei Diskussionen unter Freunden.

Dann gibt es die Geschichte mit dem Teufel. In der Grundschule stellt der Klassenlehrer seiner Schwester fest, dass sie nicht getauft ist. Da baut er sich vor der Klasse auf und sagt ganz theatralisch und drohend: »Lasst uns alle beten! Da hinten in der Ecke steht schon der Teufel und freut sich, dass er sich diese ungetaufte Seele holen kann.« Die

Schwester erzählt davon zu Hause, und Maman geht in die Schule und stellt den Lehrer zur Rede. Zu einer Entschuldigung kommt es nicht.

Nach dem Umzug in das neue Zuhause greift Papa sein freigeistiges Anliegen wieder auf und gründet in Stade die Freireligiöse Gemeinschaft. Eine erste praktische Konsequenz davon ist, dass der Junge zur Jugendweihe geht und nicht zur Konfirmation, wie alle seine Mitschüler. Das spielt unter den Kindern aber keine große Rolle, weil beides in erster Linie als ein Familienfest gefeiert wird, bei dem die Kinder Geschenke bekommen. Darin unterscheidet sich die Jugendweihe nicht von der Konfirmation. Gottgläubig sind sie alle, wenn auch auf unterschiedliche Weise.

Allerdings stößt diese Unterscheidung bei ihm einige Überlegungen an und vertieft das grundsätzliche Interesse an Fragen der Religion, der Philosophie und nach den Ursachen für die unterschiedlichen Rollen, die Götter in den verschiedenen Kulturen spielen.

Papa hätte gern zu den Weihnachtsliedern andere Texte gesungen als die rein christlichen. Das macht Maman aber nicht mit. Das ist merkwürdig, denn sie ist doch auch aus der Kirche ausgetreten, schon vor der Heirat. Aber ihr ist das offenbar nicht mehr so wichtig, und sie hängt ihrem alten katholischen Glauben offenbar noch sehr an. Papa versucht, sie von seinen Vorschlägen zu überzeugen, drängt sie aber nicht sehr und wahrt so den Familienfrieden. Er steckt zurück. Er war in seiner Jugend ein Kämpfer gewesen, sie eine Mitläuferin. Jetzt setzt sie sich durch. Was bleibt, ist eine weitere Meinungsverschiedenheit, die nicht ausgetragen und damit auch nicht geklärt wird. Wie tief dieser Unterschied geht, ob sich die Eltern in diesem Punkt fremd geworden sind, kann der Junge nicht erkennen.

Für ihn bleiben religiöse Fragen wichtig, und er beschäftigt sich immer wieder damit. Freundet sich mit den Grundgedanken der »Humanistischen Union« an, von der die Stader »Freireligiöse Gemeinschaft« ein Teil wird. Hält sich aber auf Abstand zu jeder Art von religiösen Vereinigungen. Er hält sich an den Humanismus im Sinne der französischen Revolution und an ihre Devise: »Freiheit, Gleichheit, Brüderlichkeit!« Das entspricht mehr seiner Überzeugung. Die damit verbundenen Ideen der Aufklärung, kritisches Denken und Wissenschaftlichkeit werden und bleiben seine Leitlinien.

Papa zieht sich in den kommenden Jahren wieder »in die Berge« zurück, das heißt in den Garten und an seinen kleinen Schreibtisch und beschäftigt sich mit seiner Briefmarkensammlung. Er hat wohl genug in seinem Leben gekämpft und will jetzt vor allem seine Ruhe.

Brennender Herbst

Das Fach Kunst mag er gerne. Er denkt daran, wie sie von der Lehrerin in der vierten Klasse einmal eine Aufgabe bekommen hatten: »Malt bitte alle ein Bild zum Thema: Brennender Herbst. Jeder kann malen, was ihm dazu einfällt.«

Da fielen ihm die Kartoffelfeuer ein, bei denen das alte, trockene Kartoffelkraut nach der Ernte im Herbst auf dem Feld verbrannt wurde. In der Glut wurden dann Kartoffeln geröstet. Sie wurden ganz schwarz und hart und verkohlten etwas. Wenn man sie dann aber aufbrach und teilte, waren sie innendrin gar und schmeckten gut. Ihm fielen die Blätter der Bäume ein, die sich im Herbst verfärbten. Und der Wein, der an vielen Hauswänden der Kasernengebäude wuchs. Dessen Blätter fingen im Herbst an zu leuchten, gelb und rot in allen Abstufungen. Die Farben brannten wie Kartoffelfeuer. Sein Papier füllte sich mit Rot und Gelb, mit Schwarz und Grün. Es leuchtete nach kurzer Zeit wie ein Feuer, ohne dass man Blätter sah oder Kartoffeln.

Sechs Jahre später, auf dem Gymnasium, beschäftigt er sich mit einem ähnlichen Thema. Es geht um Moderne Kunst in der Malerei. Im Unterricht werden Bilder von Impressionisten und von Expressionisten vorgestellt. Dann sieht er Kubisten und Beispiele für abstrakte Malerei, die ihre Motive sehr verfremdet und auf eine ganz ungewöhnliche Art darstellen. Davon berichtet der Junge zu Hause und zeigt Bilder, die er mitgebracht hat, von Picasso zum Beispiel. »Das ist doch keine Kunst!« Sagt Maman, und Papa teilt ihre Meinung. »Warum nicht?« – »Darauf kann man doch nichts erkennen. So sehen doch keine Menschen aus!« Diese Diskussion wird sehr erregt geführt und sie dauert sehr lange, weil er nicht glauben kann und nicht glauben will, dass seine Eltern so gar kein Verständnis für die Moderne Kunst haben. In den kommenden Wochen fängt er deshalb immer wieder davon an.

Der Junge kann nicht verstehen, warum seine Eltern das Spannende der Bilder nicht erkennen und so heftig sind in ihrer Ablehnung. Papa, der etwas mehr mit der Musik vertraut ist, fängt an, über Strawinsky und Hindemith zu schimpfen. Deren Musik, deren Kompositionen seien doch nicht auszuhalten! – »Das ist doch keine Musik!« – Dabei bleibt es. Fremdheit macht sich breit zwischen den Eltern und ihm. Um den häuslichen Frieden zu wahren, werden diese Themen dann gemieden.

Maman bekennt sich in einigen der langen Gespräche

über Moderne Kunst dazu, dass sie die Schönheit liebt und alles das, was angenehm anzusehen und anzuhören ist. Alles andere, alles Problematische, mag sie nicht. Damit kann sie nicht umgehen, und sie will es auch nicht. »Davon habe ich genug in meinem Leben gehabt.« Sagt sie. Das kann der Junge verstehen und nachempfinden. Er mag das Schöne und Eingängige auch. Aber ihn interessieren auch die dunklen, spröden, ungereimten, problematischen, dramatischen und rätselhaften, surrealistischen Bilder, Musikstücke, Filme und Erzählungen.

Alles, was ihr nicht gefällt, weil es nicht leicht genießbar ist, weil es nicht »mit Zuckerguss überzogen« ist, wie sie es einmal formuliert, wird von jetzt an ausgeklammert. Was der Junge seiner Mutter aber hoch anrechnet ist, dass sie sich mit ihm über seine Vorstellungen unterhält, wieder und immer wieder, bis beide den Eindruck haben, es gäbe nichts mehr zu sagen. Zu seinem nächsten Geburtstag schenkt sie ihm einen großen Bildband zum Thema Bildende Kunst. Er ist überrascht, erfreut und spürt den Wunsch von Maman, mit ihm in Kontakt zu bleiben und das Trennende zwischen ihnen nicht zu groß werden zu lassen. Sie beklagt sich einmal bei ihm, dass er so schweigsam geworden sei in der letzten Zeit.

Trotzdem. Alles, was zu abstrakt, zu modern, zu kompliziert, zu tiefgründig, zu dramatisch im emotionalen Ausdruck und damit zu anstrengend ist, gehört nicht mehr zu dem, was gemeinsam in der Familie besprochen wird. Es gehört für ihn aufs Gymnasium, in den Unterricht, in die Gespräche mit Freunden. Und. Der Junge muss ganz neue Wege gehen, um für seine Interessen Nahrung zu finden. Vielleicht ist das auch ein Grund dafür, dass er von jetzt an oft und gern auf Reisen unterwegs ist.

NEUE WELTEN

Reisen

Er ist mit seiner Familie gerade erst in das neue eigene kleine Haus gezogen, da kommt die Einladung zu seiner ersten Ferienreise, ganz unvermutet und ohne die geringste Ankündigung. Drei Wochen kann er am Schönberger Strand an der Ostsee verbringen. Die Mutter seines Freundes will mit ihren beiden kleinen Kindern die ersten Wochen der Sommerferien bei einer Freundin in Schönberg verbringen. Der schon etwas ältere Volker, sein Klassenkamerad und Freund, soll sie begleiten, damit sie alle ihre Kinder im Blick hat. Ja, und dann kann er doch auch mitkommen. Die beiden haben in der Schule gerade ihren DLRG-Rettungsschein gemacht. Sie können am Strand in Absprache mit den dortigen Rettern aufpassen, dass kein Schwimmer zu weit nach draußen schwimmt oder bei starkem ablandigen Wind überhaupt ins Wasser geht. Das hat die Mutter organisiert. Die beiden noch sehr kindlichen Jugendlichen haben damit ohne Frage eine verantwortungsvolle Aufgabe. Sie schmeichelt den beiden Jungen.

Das Abenteuerliche ist, dass sie in einem kleinen Zelt am Strand schlafen. Niemand beaufsichtigt sie am Abend! Niemand weckt sie morgens! Die Mutter kommt immer um die Mittagszeit, um den Jungen das Essen zu bringen. Manchmal bleibt sie dann für ein bis zwei Stunden und spielt mit den jüngeren Kindern am Strand. Dann fährt sie mit dem Fahrrad zu ihrer Freundin in den Ort zurück. Die Jungen sind völlig losgelöst von allen Reglementierungen. Er selbst ist jetzt vierzehn, der Freund dreizehn. Alles dreht sich um die Spiele im Sand und ums Baden und ihre kraftmeiernden Faxen zu Lande und zu Wasser – so lange sie wollen. Ab und zu setzen sie sich auf den Aussichtsturm der DLRG und sehen mit wichtigen Gesichtern über den Strand und auf die Schwimmer im Wasser. Davon gibt es aber nur wenige an dieser Stelle des Strandes, die weit abseits des großen Badebetriebs liegt. Ihnen wird bei ihrer Aufgabe deshalb schnell langweilig, und sie steigen wieder auf den Strand hinunter. Sonniges Sommerwetter. So verbringen sie die Tage. Einen um den anderen. Und es ist wunderbar! Probleme zwischen ihnen gibt es keine, oder sie werden schnell gelöst. Volkers Mutter ist beeindruckt, wenn sie kommt, und sie nennt die Jungen »sehr vernünftig«. Das klingt gut, denn es heißt: »Ich lasse euch eure Freiheit!«

Die An- und Abreise bewältigen sie mit dem Fahrrad in jeweils zwei Tagen mit einem nächtlichen Zwischenstopp in Mölln, wo sie bei Bekannten übernachten.

Im darauffolgenden Jahr sieht er am Infobrett der Schule einen Aushang, der ihn sehr neugierig macht. Für zwei Wochen reist eine Gruppe nach Frankreich in die Nähe von Reims. Die Deutsche Kriegsgräberfürsorge lädt Jugendliche ein, dort an der Wiederherstellung eines deutschen Soldatenfriedhofs mitzuarbeiten. Die Gruppe wird von Hamburg aus die Unternehmung beginnen. Nur zweihundert Mark soll das Ganze kosten. Die Hälfte davon kann er von seinem ersparten Geld bezahlen.

Die Jugendlichen werden einen verwilderten deutschen Soldatenfriedhof aus dem Zweiten Weltkrieg von Unkraut und wild wachsenden Büschen befreien und umgefallene Grabsteine wieder aufrichten. Diesen Teil der Ankündigung liest er aber kaum. Was er sieht, ist das Angebot, zwei Wochen in ein Jugendcamp nach Frankreich reisen zu können, für wenig Geld. Das ist der Magnet! Ins Ausland. Nach Frankreich. Er kann zu diesem Zeitpunkt ja auch schon etwas Französisch. Zum Abschluss wird die Gruppe dann sogar für zwei Tage nach Paris fahren! Er ist begeistert, spricht mit seinen Eltern, die ihm die Erlaubnis geben und die restlichen hundert Mark für die Reise übernehmen. Er meldet sich sofort an.

Ein paar Monate später ist es dann so weit. Das Zeltlager der Gruppe wird am Rande des Dorfes Veslud aufgeschlagen. Es ist seine erste persönliche Begegnung mit einem fremden, unbekannten Land, mit Menschen, die in einer anderen Sprache sprechen.

Es ist auch eine Begegnung mit Männern aus der französischen Résistance. Diese Männer tragen schwarze Anzüge und eine rote Nelke im Knopfloch. Sie beeindrucken ihn vom ersten Moment an. Alt. Grau. Schweigsam. Er sieht in ihre vorwurfsvollen Gesichter, als nach einer Woche, in der sie auf dem Friedhof gearbeitet haben, ein Fest im Dorf veranstaltet wird, zu dem die Jugendlichen aus Deutschland eingeladen sind.

Der französische Bürgermeister erklärt bei dieser Gelegenheit, dass eine Reihe der älteren Bewohner des Ortes absolut dagegen waren, die Jugendlichen einzuladen und zu treffen. Doch dann haben sie die Kinder der verhassten Deutschen, der Besatzer und Unterdrücker, in ihren kurzen Hosen herumlaufen und arbeiten sehen und merkten, dass nicht sie diejenigen waren, gegen die sie im Krieg gekämpft hatten.

Als er den Bürgermeister sprechen hört, ist der Fünfzehnjährige schlagartig von Gefühlen überwältigt, die er bisher nicht kannte, die er noch nie erlebt hat. Er denkt an die Generation seiner Eltern, um die es in der Rede des

Bürgermeisters geht. Er fühlt sich plötzlich schuldig für den Krieg und das Unheil, das seine Landsleute über dieses Land gebracht haben. Dann spürt er überraschend eine Erleichterung oder Entschuldigung, weil er seine Arbeit auch als eine Art Buße versteht. Er staunt und starrt lange auf die alten Männer in ihren schwarzen Anzügen mit den roten Nelken in den Knopflöchern und den kleinen goldenen Ehrenabzeichen an den Revers, die sie als Mitglieder der Résistance auszeichnen. Er ist noch lange gerührt und betroffen, wenn er an diese alten französischen Kämpfer denkt.

Im nächsten Sommer sind die beiden Freunde in ihren Ferien wieder zusammen an der Ostsee, am selben Strand wie zwei Jahre zuvor. Diesmal sind sie in der kleinen Dachkammer über einer Garage mit einem Geräteschuppen untergebracht. Das Häuschen gehört zu einem Restaurant, in dem sie ihr Mittagessen bekommen. Können vom täglichen Mittagstisch auswählen. Das hat wieder Volkers Mutter organisiert. Auch hier haben sie alle Freiheiten der Welt, da niemand sie beaufsichtigt. Er ist sechzehn, Volker fünfzehn. Diesmal dreht sich nicht mehr alles um den Strand und das Meer. Ja, sie stehen wieder im Dienst der DLRG. Aber diesmal nutzen sie die erhöhte Position im Aussichtsturm und ihr Fernglas, um nach Mädchen Ausschau zu halten. Und siehe da. Es gibt sie. Fortan bestehen ihre Faxen vor allem darin, die Mädchen zu beeindrucken, die an ihrem Posten vorbeiflanieren.

Einmal bekommen sie eine Einladung von einem Mädchen, das sie am Strand kennengelernt haben. Sie wohnt allein im Wohnwagen ihrer Eltern, der am Strand steht. Die Eltern sind in der Woche nicht am Strand, sondern zu

Hause. Man trifft sich am frühen Abend. Das Mädchen bietet süßen Likör an, den die Jungen trinken, obwohl er nicht ganz ihren Geschmack trifft. Der Alkohol wirkt. Das Mädchen ist achtzehn, wie sie erzählt, und sie findet es großartig, die offensichtlich unerfahrenen Jungen zu beeindrucken. Sie erzählt launige Geschichten und flirtet ungeniert. Gegen Mitternacht gehen sie raus an den Strand und baden im Meer. Dabei geraten sie in ein bis dahin noch nie gesehenes Meeresleuchten! Unzählige kleine Meerestiere leuchten, wenn sie das Wasser bewegen, wenn sie es aufwühlen und sich hineinfallen lassen, dass es nur so spritzt. Das Mädchen verteilt Küsse, die so süß schmecken wie der Likör. Die Jungen sind mächtig erregt. Sind verlegen. Versuchen das vor dem Mädchen zu verbergen, was ihnen kaum gelingt. Dann wollen sie gehen. Das Mädchen ruft ihn noch einmal kurz zurück. Er könne gern am kommenden Abend noch einmal allein zu ihr kommen. Eine Flasche mit Likör habe sie noch.

Die Jungen ziehen selig ab, am Strand entlang durch die flach auslaufenden Wellen. Sie schießen mit ihren Füßen das leuchtende Wasser in den Himmel, haben den Geschmack von Likör und von Küssen auf den Lippen. Am Ende sind sie wieder in ihrer kleinen Kammer unter dem Dach. Am kommenden Tag findet er das Mädchen nicht mehr. Was ihnen bleibt, sind kurze Bemerkungen. »Weißt du noch?« – »Ob wir sie wohl noch einmal treffen werden?«

Es vergeht ein Jahr. Für die Sommerferien planen die beiden Jungen eine Fahrradtour nach Paris und anschließend an die französische Kanalküste. Sie studieren die Landkarte. Von Stade bis nach Paris sind es 876 Kilometer. Das ist ihnen zu viel. Also fährt Volker mit der Bahn bis Aachen und nimmt die beiden Fahrräder mit. Volker nimmt die Bahn, weil er eine Familienermäßigung auf sein Ticket bekommt. Für den Jungen ist die Bahnfahrt zu teuer. Also trampt er bis Aachen. Dort treffen sie sich in der Jugendherberge.

Jetzt haben sie 423 Straßenkilometer vor sich, die sie in drei Tagen bewältigen wollen. Direkt hinter der Grenze bei Aachen müssen sie durch ein Mittelgebirge fahren. Dort breiten sich die Ardennen aus. Die wollen sie umgehen und halten sich nördlich davon. Sie fahren durch Belgien, an Lüttich vorbei, immer auf der Landstraße. Lüttich heißt hier Liège. Sie fahren an der Maas entlang, einem dreckigen Fluss, der wohl von den Abwässern der Schwerindustrie schwarz und stinkend geworden ist, deren Fabrikhallen und Schornsteine das Landschaftsbild hier bestimmen. Sie strampeln sich an Namur, Charleroi und Mons vorbei. Die Namen dieser Städte sind für ihn magisch, wirken wie emotionaler Treibstoff, den er dringend braucht, weil alles andere reine Strapaze ist. Hier rollt auch der Fernverkehr mit riesigen Lastern, stinkend, lärmend, Angst einflößend, vor allem in den Kurven. Sie stemmen sich in die Pedalen, fluchen, schwitzen, fantasieren sich Paris herbei.

Zwischendurch trinken sie einen Kaffee, knabbern an der mitgebrachten Schokolade, gönnen sich ein Baguette. Als der Abend kommt, fahren sie von der Straße ab, an einem Feldweg entlang. Das Zelt haben sie schon nach Paris vorgeschickt zu Volkers Austauschfamilie aus dem letzten Jahr. Irgendwo wollen sie ihre Schlafsäcke ausrollen. Sie finden tatsächlich eine kleine offenstehende leere Scheune am Rande eines Feldes. Oder ist es ein Schweinestall? Danach riecht es jedenfalls. Die Fahrräder haben darin Platz und ihre Schlafsäcke auch. Ein Dach über dem Kopf. Das ist angenehm. Für den Fall, dass es regnet, liegen sie hier im Trockenen. Kaum haben sie die Schlafsäcke ausgerollt und sind hineingeschlüpft, ist Volker auch schon eingeschlafen. Der Junge kann das nicht. Hat noch die anstrengende, aufregende und abenteuerliche Fahrt des Tages vor Augen. Blickt durch die offene Stalltür nach draußen, wo es langsam dunkel wird. Was, wenn jetzt der Bauer kommt und sie vertreibt, vielleicht sogar verprügelt? Mit der aufkommenden Angst kann er gar nicht mehr einschlafen. Erst am frühen Morgen, als es schon wieder hell wird, fallen ihm die Augen zu. Es ist für ihn eine sehr kurze Nacht.

Am nächsten Tag überqueren sie die Grenze nach Frankreich. Die Straßenverhältnisse sind dieselben. Er schwört sich, dass dies die letzte Fahrradfahrt dieser Art in seinem Leben ist. Vor ihnen liegen Jeumont, Maubeuge, Laon, Soissons. Dann haben sie immer noch 110 Kilometer bis Paris vor sich! Einhundertundzehn! Nie wieder will er sich auf solche Strapazen einlassen. In den Pausen trinken sie schwarzen Kaffee, essen die letzten Schokoladenkrümel. Sparen ihr Geld, mit dem sie knapp kalkuliert haben. Gönnen sich wieder ein Baguette und dazu ein paar Tomaten. An diesem Abend finden sie keine so bequeme Unterkunft wie in der letzten Nacht. Diesmal geraten sie bei der Abfahrt von der Landstraße in ein Sumpfgebiet. Wo gibt es hier einen trockenen Platz? Da sehen sie ein Transformatorenhäuschen, wie es sie auch in Deutschland gibt. Es hat seitlich eine Betontreppe, die etwa zwei Meter hoch zur Tür des Häuschens führt. Wahrscheinlich zur Sicherheit, damit bei Hochwasser in dem Sumpfgebiet kein Wasser eindringen und zu einem Kurzschluss führen kann. Diese Treppe dient ihnen als Dach. Allerdings ist sie so schmal, dass die beiden Jungen nur auf der Seite und dicht hintereinander liegen können, wenn sie Regenschutz haben wollen. Das ist eine verrückte Nacht. Diesmal sind aber beide so müde, dass sie trotz ihrer äußerst unbequemen Position sofort einschlafen.

Endlich in Frankreich zu sein, erleichtert die beiden und führt zu ersten euphorischen Kommentaren. Aber noch sind sie nicht da, wo sie hinwollen. Ihre Pausen in den Cafés werden länger. Sie nutzen ihre Französischkenntnisse zu ersten kleinen Gesprächen mit dem Wirt. *Combien de kilomètres y-a-il à Paris?* Während sie über die Lenker gebeugt strampeln, um möglichst schnell voranzukommen, glauben sie am Horizont schon den Eiffelturm zu sehen oder den Arc de Triomphe. Doch das ist reine Fantasie. Eine Fata Morgana. In der letzten Nacht vor ihrer Ankunft finden sie ein paar hundert Meter neben der Straße in einem Waldstück ein großes Loch in der Erde. Sie sehen darin einen Bombenkrater, den ein deutscher Bomber im Anflug auf Paris hier hinterlassen hat. Oder waren es die Alliierten bei der Verfolgung deutscher Truppen? Egal. Jetzt lassen sie sich hier nieder. Eine Nacht noch. Am nächsten Tag werden sie ihr Ziel erreichen! Sie wachen auf und sind in ihren Schlafsäcken durchnässt. Der Morgennebel hat sie eingeweicht. Oder hat es sogar geregnet? Davon jedenfalls haben sie nichts bemerkt. Haben wieder tief geschlafen. Kein Problem. Die Sonne wird alles trocknen.

Jetzt sind sie unterwegs wie im Rausch. Auf den obligatorischen Kaffee verzichten sie nicht. Eigentlich leben sie vor allem von ihm. Er ist ihnen das Kraftgetränk Frankreichs. Dann kommt der große Moment. Sie sehen noch einmal auf die Straßenkarte und auf den Stadtplan. Um zur Familie Auboin zu gelangen, wo sie als Gäste für drei Nächte unterkommen können, müssen sie die Champs-Elysées entlangfahren. Es geht nicht anders, und sie wollen es auch nicht anders. Eine triumphale Einreise nach Paris. Sie paradieren geradezu auf ihren Fahrrädern, mit ihrer Ausrüstung auf den Gepäckträgern. Sie umkreisen den Arc de Triomphe und finden die gesuchte Adresse. Madame Auboin ist herzensgut. Sie versorgt die halb verhungerten und verdreckten Jungen. Schickt sie erstmal unter die Dusche und serviert ihnen die erste warme Mahlzeit nach drei Tagen. Im Bad stellt er sich auf die Waage und stellt fest, dass er fünf Kilo abgenommen hat auf dem Weg von Aachen nach Paris.

Paris! Nous sommes là! An den folgenden Tagen erforschen sie die Stadt. Sie sind stolz darauf, schon etwas über Paris zu wissen, denn im Französischunterricht haben sie Geschichten über die Stadt und ihre Bewohner gelesen. *Parisiens chez eux* hieß die Lektüre. Madame Auboin berät sie bei ihren Überlegungen. Sie besuchen die Pariser Katakomben, in denen Knochen und Schädel von Opfern der französischen Revolution lagern. Volker kann es sich nicht verkneifen, einen dieser Schädel in seinem Parka versteckt aus den Katakomben herauszuschmuggeln. Der Junge hält das für verrückt. Aber. Warum nicht. Ihre Gastmutter ist entsetzt, als sie den Schädel sieht und hört, dass Volker ihn in einem ihrer großen Kochtöpfe abkochen will, für etwa zwei Stunden, damit er gründlich desinfiziert ist. Sie schreit entsetzt: *Microbes! Microbes!* Aber. Letztlich stimmt sie zu. Der gut präparierte Schädel ist noch Jahre später ein heiß geliebtes Souvenir von dieser Reise.

Natürlich müssen sie *Les Halles* besuchen, die berühmten Markthallen von Paris. Der Französischlehrer hatte oft und voller geheimnisvoller Begeisterung davon gesprochen. Ein Ort, an dem die elementaren Bedürfnisse befriedigt werden. Hatte den Roman von Emile Zola erwähnt: *Le Ventre de Paris* – Der Bauch von Paris. Das waren die Markthallen. Auch den Friedhof Père Lachaise besuchen sie, die letzte Ruhestätte von vielen berühmten Menschen. Sie nehmen Platz im Café *Au Chien Qui Fume.* »Beim Hund der raucht«. Was für ein verrückter Name. Ja, und dann wollen sie eine Nacht wie Clochards auf einer Parkbank verbringen. Madame Auboin rät ihnen dringend ab. »Ihr werdet frieren!« – »Die Polizei wird euch festnehmen!« – »Ihr seid so unvernünftig!« Aber die Jungen lassen sich nicht aufhalten und nicht abschrecken. Am nächsten Tag treiben sie sich wieder in der Stadt herum. Am Abend suchen sie sich auf der Ile de la Cité, der Insel in der Seine, in der Nähe von Notre Dame zwei Parkbänke. Es ist noch warm. Sie plaudern, lassen den Tag Revue passieren. Werden nicht müde. Suchen sich ein paar herumliegende Zeitungen, die sie als Unterlage auf den Bänken benutzen wollen. Wie Clochards eben. Es wird kälter. Sie tragen Sommerkleidung und haben nur dünne Windjacken, um sich ein wenig zu wärmen. Gegen Mitternacht legen sie sich zum Schlafen hin. Ihm fällt es schwer, überhaupt die Augen zu schließen. Ob die Gendarmerie kommen und sie verhaften wird? Er fröstelt. Der Gedanke, jetzt für eine Nacht als Clochard auf einer Parkbank mitten in Paris zu schlafen, wärmt ihn. Völlig verrückt! Großartig!

Am nächsten Morgen, zurück bei ihrer Gastfamilie, könnte er nicht sagen, ob er überhaupt geschlafen hat. Wahrscheinlich war er für wenige Stunden im Land der Träume. Müde. Durchgefroren. Glücklich. Madame Auboin, die unglaublich viel Verständnis für die Jungen hat, lächelt erleichtert, macht ihnen ein Frühstück und lässt sie in die Betten kriechen.

Einen Tag später machen sie sich auf den Weg in die Normandie, an die Kanalküste. Sie verstauen das Gepäck, zu dem jetzt auch ein kleines Zelt gehört, verabschieden sich, steigen wieder auf ihre Fahrräder, spüren wieder den harten Sattel unter dem Hintern und radeln los.

Sie brauchen zwei Tage und eine erste Übernachtung im Zelt, um an ihr Ziel zu gelangen. Suchen einen geeigneten Platz und lassen sich nieder in den Dünen am Strand von Sainte-Cécile bei Camiers. Zelten ist hier erlaubt und kostet nichts. In der Nähe gibt es ein paar kleine Geschäfte, in denen sie kaufen können, was sie brauchen. Hier beginnen ihre Ferien am Meer.

Vieles hier erinnert ihn an die Ferien am Schönberger Strand an der Ostsee. Das Meer, der Strand und die Weite. Sie haben die Freiheit, ohne Eingriffe irgendeiner Autorität ihre Tage und Nächte selbst zu gestalten. Weit weg sind sie von allem, was einengt. Hier sind sie von einer Fremdsprache umgeben, die sie aber recht gut verstehen und auch so weit beherrschen, dass sie sich verständlich machen können. Flirten mit zwei Mädchen, die sich mit dem eigenen Zelt nicht weit von ihnen niederlassen. Vor allem aber sind sie in Bewegung. Sind im Wasser, wandern am unendlich weiten Strand. Ein paar Tage lang diskutieren sie die Frage, ob sie sich jeden Tag ein frisches Baguette kaufen oder, wenn vorhanden, die trockenen Reste des Vortages zuerst aufessen. Volker will es jeden Tag frisch. Er selbst will »nichts umkommen lassen«, wie Maman immer sagt. Beharrt darauf, das alte, trockene Brot zu essen. Hat aber keine Lust auf die täglichen Debatten. Lässt sich dann auch auf Volkers Argumente ein. Sie gönnen sich den kleinen Luxus. Im Nachhinein fragt er sich manchmal, warum er so sparsam sein wollte. Warum er sich so lange dagegen sträubte, sich einfach zu entspannen. Es ging wahrscheinlich gar nicht ums Geld. Es ging ums Prinzip. Aber. Was war das für ein Prinzip?

Abends, beim Sonnenuntergang, sitzt er manchmal allein auf einer Düne und blickt auf das Meer. Kleine Fischerboote scheinen auf dem Wasser vor dem Horizont stillzustehen. Oder bewegen sie sich unmerklich? Wohin fahren sie? Raus aufs Meer oder zurück in den Hafen? Ihre schwarzen harten Silhouetten schneiden in die leuchtenden Spiegelungen der untergehenden Sonne, die ihn blendet, wenn er zu lange die Boote betrachtet. Dann schweifen nicht nur die Augen, sondern auch die Gedanken ab. Die Boote bewegen sich unendlich langsam und scheinbar ziellos. Wahrscheinlich haben sie Netze ausgeworfen, um Fische zu fangen. – Aber vielleicht sind sie auch da draußen, um wie er der Sonne zu folgen, um dann selbst zu verschwinden und unterzugehen. In der Faszination des untergehenden Lichts und der heraufziehenden Dunkelheit.

Ein Träumer ist er, wie ihm scheint, ein Fantast, und er genießt es. Die schmale Grenze zwischen Traum und Wirklichkeit hat es ihm angetan. Was ist wahrnehmbar und wahr? Was geschieht im Moment des Übergangs zum Traum, wenn er in seine Tagträume hineingleitet? Absichtlich unabsichtlich. Ist das verrückt? Und wie findet er immer wieder zurück zur Vernunft? Faszinierend ist das. Bestürzend. Irritierend. Ermüdend. Dann wieder inspirierend.

Davon berichtet er nach den Ferien in der Schülerzeitung. Sieht seine Gedanken darin festgehalten und gedruckt. Erinnert sich. Trotzdem ist es jetzt, vier Wochen später, wie in einem Foto erstarrt, weit weg, fremd. Wie er zu solchen

Gedanken kommt, ist ihm nicht klar. Berichtet von ihnen zu Hause nur seinen Freunden Harald und Hans, mit denen er gern solche existenziellen Fragen bespricht. Bei ihren abendlichen Treffen sind sie allerdings oft schon zu betrunken, um ernsthaft in diese Themen einzusteigen. Das macht ihnen nichts aus. Ihnen genügt es, beim Erzählen in die Stimmungen der Erinnerungen einzutauchen.

Ein ähnliches Motiv wie das von den auftauchenden und verschwindenden Fischerbooten kommt ihm ein paar Wochen nach den Sommerferien an der Kanalküste in den Sinn. Das geschieht so heftig und eindringlich, dass er versucht, diese Gedanken und Gefühle schreibend zu fassen zu bekommen.

Er sieht sich in dieser Geschichte als Pilot in einem kleinen einmotorigen Flugzeug sitzen und fliegen. Folgt seinen spontanen Impulsen. Hebt mit seinem Flugzeug ohne Probleme vom Boden ab. Freut sich über den gelungenen Start. Dabei hat er die staunenden und bewundernden Blicke seiner Freunde auf sich gezogen, die auf der Rollbahn stehen und zurückbleiben. Er steigt höher und immer höher auf, bis sie ihn kaum noch sehen können, und er sie auch nicht. Dann ist alles still, und er spürt eine innere Ruhe. Es ist so leicht, in die Wolken ein- und dann wieder aus ihnen aufzutauchen. Er sieht eine riesige Kumuluswolke auf sich zukommen. Sie ist weiß und wunderschön weich und voller fantastischer Formen. Er dringt in sie ein und verschwindet in ihr.

In diesem Moment fragt er sich, wer ihn vermissen würde, wenn er verschwunden bliebe. Unsichtbar für immer und alle Zeit. Für alle, die da unten stehengeblieben sind. Und was ist mit ihm selbst? Möchte er sie wiedersehen? Da unten fehlt ihm schon seit einiger Zeit ein Platz, an dem er landen kann und an dem er willkommen ist mit seinen verrückten Ideen, seinen erotischen Fantasien, seinen kritischen Fragen, seinen quälenden Zweifeln. Ein Platz, an dem er seine Geschichten präsentieren kann und auf Interesse stößt für seine erlebten Abenteuer, für seine Hoffnungen und Sehnsüchte.

Mit diesen Gedanken, mit diesen Zweifeln bleibt er erst einmal da, wo er ist. Vor zudringlichen Blicken geschützt. Irgendwann, so denkt er sich, wird er wieder auftauchen und sicher landen. Er wünscht sich, dann in einer Welt anzukommen, in der er mit ebensoviel Weite und Freiheit lebt wie in den drei Wochen in den Dünen, am Strand und im Wasser von Sainte-Cécile-Plage.

Ferienjobs

Als er zehn Jahre alt ist, arbeitet er das erste Mal in den Ferien. Das macht er in den nächsten Jahren oft, um sein Taschengeld aufzubessern und um sich ein paar Wünsche zu erfüllen.

Mit zehn reicht sein Taschengeld bestenfalls, um ab und zu ins Kino zu gehen. Was ist mit seinen anderen Wünschen? Er hätte so gern auch eine Spielzeugeisenbahn wie sein Freund Bernhard. Dann ist ihm sein neues Fahrrad geklaut worden, und das alte, verrostete, das er billig als Ersatz gekauft hat, will er nach und nach wieder vorzeigbar machen mit einer Gangschaltung, einem Rennlenker, neuen Schutzblechen.

Da kommt ihm der Vorschlag von Paul gerade recht. Paul ist drei Jahre älter als er und wohnt mit seinen Eltern und seiner Schwester in der Wohnung gleich nebenan. Sie kennen sich vom Fußballspielen. Haben sonst aber nicht viel miteinander zu tun. Er ist gerade zehn Jahre alt geworden, da kommt Paul auf die Idee, sie könnten in den Sommerferien im Alten Land »Spreen hüten«. Die Eltern sind einverstanden. Die beiden Jungen fahren mit ihren Fahrrädern nach Bassenfleth. Das ist der erste Ort am Obstmarschenweg, der von Stade durchs Alte Land nach Hamburg führt. Sie fragen bei drei Bauern. Dann haben sie einen Ferienjob gefunden. Sie verdienen eine Mark pro Tag, bekommen also am Ende des Monats dreißig Mark und einen Korb mit Kirschen. Unterbringung und Essen sind frei. Sie schlafen in zwei Betten unter dem Dach der großen Obstscheune. Das ist sehr angenehm. Sie haben den ganzen Boden für sich allein. Sind ohne Aufsicht. Sie können ins Bett gehen, wann sie wollen. Nur aufstehen müssen sie sehr früh. Bei Sonnenaufgang kommt die Bäuerin und weckt sie. Dann bekommen sie ein gutes Frühstück in der Küche. Zum Mittagessen gibt es oft Pfannkuchentorte mit Kirschfüllung. Das ist lecker. Nach dem zweiten Mal stellt er aber fest, dass die Pfannkuchen sehr fett sind, und er muss sich übergeben. Davon soll die Bäuerin nichts mitbekommen, also läuft er schnell raus auf die Toilette. An den nächsten Tagen isst er immer nur sehr wenig davon.

Die Arbeit ist leicht und eigentlich auch gar keine Arbeit. Die beiden Jungen haben verschiedene Bereiche des Obsthofes zugeteilt bekommen. Dort warten sie auf die Stare, die sich in großen Schwärmen in den Kirschbäumen niederlassen. Dann hört man Geräusche, wie wenn jemand laut mit den Zähnen knirscht. Das bedeutet, dass die Vögel die Kirschen fressen und auf den Steinen herumbeißen. Das ist das Startzeichen für die Jungen. Sie rennen zu den

Bäumen, in denen die Spreen sitzen, und machen Krach mit einer Holzklapper, die extra für diesen Zweck angefertigt ist. Außerdem schreien sie aus Leibeskräften, bis die Vögel erschreckt das Weite gesucht haben. Nach kurzer Zeit haben die Vögel sich einen anderen Baum ausgesucht. Dorthin rennen die Jungen dann, machen Krach und Geschrei, und so geht das Spiel weiter und weiter. Den ganzen Tag.

Die beiden Jungen haben ihren Spaß daran, draußen zu sein. Das Wetter ist gut. Manchmal ist es etwas langweilig. Aber alles in allem ist es eine schöne Zeit. Am Ende des Monats bekommen sie ihr Geld und einen Korb Kirschen. Sie sind stolz, als sie damit nach Hause zu ihren Eltern fahren.

Den nächsten Ferienjob findet er selbst. Eine Baumschule im Alten Land sucht Arbeitskräfte. Das steht auf einem handgeschriebenen Schild, das er vor einem Bauernhaus entdeckt. Er muss einjährige kleine Sprösslinge von Obstbäumen pflanzen. Sie sind zu kleinen Bündeln zusammengebunden und liegen auf dem Anhänger des Traktors bereit. Der Vorarbeiter hat mit einer Art Pflug eine Furche in den Acker gezogen. Dorthinein steckt er dann den Sprössling und drückt mit dem Fuß vorsichtig die Furche an dieser Stelle zu. Die Abstände sind auf einem dünnen Seil mit Knoten markiert und betragen etwa einen halben Meter.

Der Stundenlohn beträgt 75 Pfennig. So viel bekommt er sonst in der Woche als Taschengeld. Im nächsten Jahr gibt es eine Mark pro Stunde. Solange das Wetter mitspielt, ist die Arbeit nicht schwer. Allerdings spürt er die Anspannung im Rücken, wenn er abends auf dem Fahrrad nach

Hause fährt. Nach einer Woche hat er genug. Es sind immerhin etwa dreißig Mark.

Eine ähnliche Arbeit bietet der Großbauer in Agathenburg an. Er hat den passenden Namen »Zum Felde«. Es ist die Kartoffelernte. Kartoffeln roden. Die Frauen und Kinder gehen hinter der Kartoffelrodemaschine her. Sie sammeln die ausgebuddelten Kartoffeln zuerst in kleinen Metallkörben. Dann werden die Kartoffeln in Kisten umgefüllt. Der Boden ist aufgewühlt durch die Maschine und an vielen Stellen feucht, sodass das Gehen schwerfällt. Man muss sich tief bücken. Manche Frauen knien auf der Erde. Die Hosen sind in kürzester Zeit nass, dreckig und schwer. So anstrengend hat er sich das nicht vorgestellt. Die Frauen scheinen das zu kennen, beklagen sich nicht, arbeiten wortlos und fast ohne Unterbrechung. Einen Tag lang hält er durch. Für eine Mark zwanzig in der Stunde. Dann reicht es ihm. Er räumt das Feld.

Nach dem Umzug in die neue Wohnung will er wieder einen Ferienjob. Aber wie findet er etwas Passendes? Ganz einfach. Er geht zum Arbeitsamt. Mit vierzehn ist er noch etwas jung, deshalb behauptet er beim Vermittler, er sei schon fünfzehn. Der Vermittler ist freundlich und hilfsbereit. Er hat einen Job in einer Ziegelei am Rande der Stadt anzubieten. Dazu muss er aber sechzehn sein. »Kann ich das so in die Kartei eintragen?«, fragt der Mann. Der Junge nickt zustimmend. Schon hat er den Job.

Er muss die braungrauen noch feuchten Lehmziegel, die leicht vorgetrocknet auf langen Bretterregalen stehen, auf ein vorbeifahrendes Fließband heben. Das transportiert die Ziegel zum Brennofen. Dort wird aus ihnen dann der rote Ziegelstein, der auf den Baustellen in der Stadt verarbeitet wird. Der feuchte Lehm wird aus der Elbmarsch gefördert, gereinigt, gepresst und dann zu Ziegeln geformt. Ein paar Tage trocknet der Lehm, sonst würde er im Brennofen Blasen werfen und aufplatzen. Der Vorarbeiter weist ihn ein. Die Arbeit ist einfach.

Er muss immer drei Ziegel auf einmal zusammenschieben, anheben und dann rüberwuchten auf das Fließband. Kein Problem. Er steht ganz allein zwischen diesen niedrigen überdachten Regalen. Links und rechts hat er einen freien Blick auf grüne Wiesen. Es dauert nicht allzu lange, da merkt der Junge, dass diese feuchten Ziegel schwer sind. Und sie werden immer schwerer, je länger er dasteht und sie von einer Seite auf die andere hebt. Der Vorarbeiter kommt vorbei und fragt, ob alles in Ordnung ist. Natürlich. Dann ist der Junge wieder allein. Es gibt auch ein paar vorgesehene Arbeitspausen. Sie sind kurz. Zu kurz. Aber. Irgendwann ist Feierabend, und er kann mit dem Fahrrad nach Hause fahren.

Am nächsten Morgen hat er einen Muskelkater, wie er ihn noch nie erlebt hat. Kaum hat er in der Ziegelei »Guten Morgen« gesagt, da steht er auch schon wieder an seinem Arbeitsplatz. Heute scheint das Band noch schneller zu laufen als am Tag vorher, und die nassen grauen Ziegel sind noch schwerer geworden. Ihm wird schwindlig vor Anstrengung und er muss eine Pause machen, tritt aus dem Regalbau hinaus in die Sonne. Beobachtet die Insekten, die über dem Wassergraben spielen, der die Wiesen teilt. Geht zurück an die Arbeit. Am Nachmittag entdeckt ihn der Vorarbeiter wieder draußen an der Sonne, fragt ihn, was los ist. Der Mann versteht die Situation und entlässt den Jungen. Befreit ihn von der Quälerei. Schickt ihn nach vorn ins Büro, in die Lohnbuchhaltung. Er kann seinen Lohn für zwei Tage gleich mitnehmen. Es sind dreißig Mark. Erschöpft, erleichtert, ungläubig, aber auch von sich enttäuscht kommt er zu Hause an. Erst am nächsten Tag wird ihm klar, dass es so besser ist. Den Rest der Ferien hat er jetzt frei.

Von diesem Geld kauft er sich einen kleinen Bausatz der Märklin Spielzeugeisenbahn, den er sich schon lange gewünscht hat. Jetzt hat er einen Trafo, eine kleine Lok mit drei Waggons und genug Schienen für ein Oval, auf dem die Bahn im Kreis fahren kann. Der Junge ist glücklich.

Im nächsten Jahr vermittelt ihm sein Vater einen Job in der städtischen Gummifabrik. Bei dieser Firma prüft Papa die Einkommensteuer als der zuständige Finanzbeamte. Da hat er mal nachgefragt, ob sie nicht einen Job für seinen Sohn hätten. Als der sich im Büro meldet, weiß niemand etwas von einem Schüler, der hier arbeiten soll. Der Chef wird gefragt, und der nickt kurz. Seinen Arbeitsplatz findet der Junge an der Papierpresse im Hof. Das Rohmaterial, das in der Fabrik angeliefert wird, kommt in großen Papiersäcken, die an Zementsäcke erinnern. Die türmen sich in der Ecke einer Lagerhalle. Seine Aufgabe besteht darin, einen nach dem anderen in eine Papierpresse zu legen. Das ist eine alte große Holzkiste, die man oben öffnen kann. Nachdem der Deckel geschlossen ist, lässt sich der Inhalt mit einer Eisenwinde zusammenpressen. Anschließend werden die Säcke zusammengebunden. Die Papierballen wirft er auf einen Haufen. Das könnte auch ein älterer Arbeiter erledigen, der hier steht. Der ist aber informiert, zieht sich zurück und lässt den Jungen machen. Es ist staubig, ansonsten aber nicht anstrengend. Diesen Job bekommt er in den nächsten Sommerferien noch einmal.

Viel mehr frische Luft hat er beim Kirschenpflücken in den kommenden Sommerferien. Er hat bei Bauer Hoops angefragt, bei dem die Familie nach dem Krieg gewohnt hat und zu dem immer noch Kontakt besteht. Die Tochter von Werner Hoops hat bei ihnen im Garten des Reihenhauses ein paar Male die Obstbäume fachgerecht geschnitten. Er schläft in einem kleinen Zimmer im Bauernhaus, das für den Knecht oder für Gäste der Familie vorgesehen ist. Bei Sonnenaufgang beginnt für ihn der Tag mit einem kräftigen Frühstück in der Küche. Dann zeigt ihm der Bauer den Baum, an dem die Kirschen so reif sind, dass sie an diesem Tag gepflückt werden sollen, und stellt ihm eine Leiter zwischen die großen Zweige. Die Leiter ragt drei oder vier Meter hoch ins Geäst. Sie später umzustellen, erfordert viel Kraft und Geschick. Sie ist ziemlich schwer und er muss das lange Gerät balancieren, was schwierig ist, aber er lernt es mit der Zeit. Mit einer Kiepe, die aus Weidenzweigen geflochten ist, klettert er Sprosse um Sprosse nach oben und pflückt die Kirschen. Achtet darauf, dass sie immer ihren Stiel behalten, weil sie nur so später haltbar sind beim Transport. Außerdem muss der Baum geschont werden. Zweige darf er biegen, sie dürfen aber nicht brechen.

Oben auf der Leiter steht er in Sonne und Wind. Hat einen weiten Blick, wenn er erst einmal genug Höhe gewonnen hat, um über die Baumspitzen hinweg den ganzen Obsthof zu sehen. Und den Nachbarhof. Und den Deich. Und dahinter die großen Schiffe auf der Elbe. Grandios. Da vergisst er manchmal die Arbeit, knabbert an ein paar Kirschen, sieht den Staren nach, die sich auf einem anderen Baum niederlassen und auch an den Kirschen interessiert sind. Ein Pfund gepflückte Kirschen bringt ihm abends an der Waage, wenn seine Ernte des Tages gewogen wird, zehn Pfennig. Eine volle Kiepe enthält zehn Pfund, das ist dann eine Mark. Bei zehn vollen Kiepen, also einem Zentner, hat er zehn Mark verdient. Der Knecht, der gleichzeitig auf dem Hof beschäftigt ist, hat am Abend immer die Hälfte mehr geschafft. Wie hat der das bloß gemacht?

Frau Hoops bereitet ihm morgens das Frühstück, ermuntert ihn zur Arbeit und ermahnt ihn freundlich, nicht von der Leiter zu fallen. Das ist schon einmal einem Pflücker passiert. Sie fragt ihn an einem Morgen, warum er oft so ernst sei. Das ist ihm noch nicht aufgefallen, und er kann die Frage nicht beantworten. Die Frage ist ihm etwas unangenehm, und er versucht, schnell das Thema zu wechseln. Im Herbst kommt er wieder. Jetzt werden vor allem Zwetschgen und Pflaumen gepflückt. Die Äpfel sind noch nicht reif genug. Der große Unterschied ist das Wetter. Jetzt im Herbst ist es morgens nass und kalt. Der Morgentau tropft von den Blättern in die Ärmel. Die Hände sind nach ein paar Minuten weiß und schrumpelig wie bei einer Waschfrau. Der Bauer gibt ihm eine besonders dicke Joppe, die das Wasser auffängt, sodass es nicht weit in den Ärmel hineinlaufen kann.

An einem Wochenende im Herbst findet im nahe gelegenen Ort Steinkirchen ein kleiner Jahrmarkt statt. Den will er sich nicht entgehen lassen. Die Abwechslung ist angenehm. Ein kleines Karussell dreht sich mit lauter Musikbegleitung. Es duftet nach Süßigkeiten. An einer Schießbude prüft er seine Zielsicherheit, und auch bei der Lotterie versucht er sein Glück. Der Hauptgewinn ist eine lebende Ente. Nur zum Spaß und weil er eine solche Lotterie noch nie erlebt hat, kauft er sich ein Los. Gegen alle Wahrscheinlichkeit zieht er den Hauptgewinn. Plötzlich hat er sie in der Hand. Die Ente. Weiß nicht wohin mit ihr. Der Losverkäufer lacht, sieht seine Verlegenheit und spendiert ihm einen kleinen Korb, in dem er die Ente unterbringen kann.

Als er später dem Bauern davon erzählt, hält Werner Hoops das zuerst für einen Witz. Als er dann die Ente sieht, muss er auch fürchterlich lachen. »Was willst du jetzt damit machen?« – »Die nehme ich mit nach Hause.« – »Und dann?« – »Dann schlachte ich sie.« – »Wie willst du das denn machen?« – »Weiß ich noch nicht. Aber mir fällt schon etwas ein.«

Als er am kommenden Wochenende wieder zu Hause ist, hat er die Ente im Korb auf seinem Fahrrad dabei. Nur seine Schwester ist da. Die Eltern sind für zwei Tage bei Freunden zu Besuch. Die Schwester ist zuerst begeistert, dann verunsichert. »Was willst du jetzt machen?« – »Ich werde die Ente schlachten, und dann werde ich sie für uns zubereiten.« Wie man eine Gans ausnimmt und zubereitet, hat er bei seinem Vater oft genug gesehen. Neu war das Schlachten. Das hat er aber auch schon einmal gesehen. Auf einem Bauernhof. Aufregend ist das alles. Sehr aufregend. Aber es gelingt ihm. Das Rupfen der Federn ist etwas langwierig. Aber dann. Im Backofen wird die Ente knusprig und schmeckt am Ende fantastisch.

In den letzten Herbstferien, bevor er mit der Schule fertig ist, sucht ein Munitionsdepot, das ein paar Kilometer außerhalb der Stadt bei Bützfleth in der Elbmarsch gelegen ist, einen Helfer. Ausrangierte Munitionsteile und Munitionskisten sollen sortiert und verladen werden. Dazu muss er aber älter als achtzehn sein und über entsprechende Kräfte und Verständnis für die Sicherheitsregeln am Arbeitsplatz verfügen. Um zu diesem Depot zu kommen, ist er jeden Morgen eine Stunde mit dem Fahrrad unterwegs, bei Wind und Wetter.

In den ersten Tagen ist das ein merkwürdiges Gefühl. Er steht zwischen hoch aufgeschütteten Erdwällen, die verhindern sollen, dass bei einer zufälligen Explosion an einem Ort Arbeiter verletzt werden, die an einer anderen Stelle arbeiten. Er hat damit gerechnet, dass er Geschosshülsen verladen muss, und war schon neugierig, welches Kaliber das sein würde. Doch er wird enttäuscht und hat es nur mit den zu zerlegenden Holzkisten zu tun, in denen die Geschosse transportiert wurden. Nach ein paar Tagen schon ist ihm langweilig bei der Arbeit. Aber immerhin ist sie nicht sonderlich schwer, er ist an der frischen Luft, und der Lohn stimmt.

Das andere Geschlecht

Es gibt da eine Frage, die den Jungen immer wieder beschäftigt: Haben erwachsene Frauen eigentlich ein Geschlecht? Und wenn ja, welches? Es scheint eine Veränderung zu geben, wenn Mädchen älter werden. Die Kinder spielen miteinander. Sie kennen sich und sehen sich manchmal auch nackt. Er hat ja auch eine jüngere Schwester, mit der er das Kinderzimmer teilt, in dem beide schlafen. Nackt zu sein ist zwischen ihnen keine besondere Sache. Wenn er mit seinen Freunden baden geht, sind immer Mädchen und Jungen dabei. Sie sehen sich nackt, wenn sie den Badeanzug oder die Badehose anziehen oder ausziehen. Ja, sie sind etwas verschämt, aber sie sind auch neugierig aufeinander und sie sehen sich und zeigen sich. Dann ist wieder alles in Ordnung. Aber. Bei den Erwachsenen ist das anders.

Bei Maman kann er nicht erkennen, ob ihr Geschlecht für sie irgendeine Rolle spielt. Außer bei der Kleidung. Sie trägt Kleider. Röcke. Blusen. Wie andere Frauen. Sie ist es, die zu Hause die Hausarbeit macht. Sie kocht und näht, während Papa ins Büro zur Arbeit fährt. Als sie in den U-Block einziehen, ist er gerade eingeschult worden. Da fällt ihm das noch nicht auf.

Andere Jungen reden manchmal darüber, über die Sache, die ihn jetzt beschäftigt. Einer hat seine ältere Schwester beim Baden gesehen. Ihr wächst ein Urwald zwischen den Beinen. Erzählt er. Ein Urwald? Was soll das denn sein? Stimmt das denn? Ja, das habe er selbst gesehen. Fortan kreisen die Gedanken manchmal um diesen geheimnisvollen, nie gesehenen Urwald. Das Geschlecht der erwachsenen Frauen wird ihnen unheimlich. Geschichten werden erzählt. Fantasievoll und unsinnig. Sie steigern sich in diese Geschichten hinein und vergessen sie wieder.

Diese Geschichten sind von Verboten umgeben. Anständige Jungen erzählen sie nicht. Denken nicht mal daran. Androhungen von Strafe schweben im Raum, sollte einer mal etwas Unanständiges sagen. Witze über das Thema kursieren nur in sicherem Abstand zu Maman und den anderen Müttern. Heimlich. Im Verborgenen. Unter der Decke. Unter dem Siegel der Verschwiegenheit. Niemand weiß etwas Genaues. Die Gerüchte sind unglaubwürdig. Unanständig. Dreckig.

Irgendwann entdeckt er zufällig im Schränkchen neben dem Bett der Eltern Präservative. Er kennt die Marke von der Gummifabrik in der Stadt. »Swings«. Auf den Herrentoiletten gibt es oft Automaten mit diesen »Swings«. Das kann doch nicht wahr sein, dass er sie hier bei seinen Eltern findet. Er legt sie sofort wieder zurück und versucht zu vergessen, was er gerade gesehen hat. Sexualität. Zu Hause. Unvorstellbar. Unmöglich. Er erzählt niemandem davon. Er hätte sich nur furchtbar geschämt. Für seine Eltern.

Die Sache mit der Sexualität wächst manchmal ins Monströse. Geschichten werden erzählt, nein, getuschelt, dass Frauen im Krieg und auf der Flucht Gewalt angetan worden ist. Was ist da passiert? Er kann sich keine Vorstellung davon machen. Aber es geht um Sexualität. Ein schrecklicher Gedanke. Maman? Opfer von Gewalt? Verbirgt sie deshalb jedes Zeichen von Sexualität? Schweigt sie deshalb vollständig über alles, was damit zu tun hat? Und die Männer? »Die Männer sind alle Verbrecher!« Tönt es manchmal aus dem Radio. »Ihr Herz ist ein finsteres Loch!« Und er? Ist auf dem Weg, ein Mann zu werden. »Aber lieb, aber lieb, sind sie doch!« Wie kann das sein? Will er ein Mann sein? Kann er das verhindern? Natürlich nicht. Er sieht in solchen Momenten zu Maman. Sie sagt nichts. Er fragt nicht.

Er sieht zu Papa. Was sagt er dazu? Er hat einmal erzählt, dass er bei den Wandervögeln die Freikörperkultur kennen und lieben gelernt hat. Das heißt, dass er sich damals nackt sonnte und nackt badete. Einmal hat er Maman aufgefordert, mit ihm in einem Waldsee nackt zu baden. Sie hat strikt abgelehnt. Haben Männer ein anderes Verhältnis zur Nacktheit, zu ihrem Körper und zur Sexualität?

Und das Kinderkriegen? Darüber weiß er gar nichts. In der Schule wird nichts darüber erzählt und zu Hause natürlich auch nicht. Kinderkriegen vor der Ehe. Darüber wird manchmal getuschelt. Das ist verboten. Scham. Schande. Schmach. Als er dann hört, dass Mamans jüngere Schwester zwei Kinder bekommen hat, ohne verheiratet zu sein, kann er das erstmal gar nicht glauben. Seine Tante! Diese Schwester ist dann früh gestorben. Er hat sie einmal gesehen, als er noch nicht in die Schule ging. Gestorben an Krebs, hört er die Erwachsenen sagen. Hatte das etwas mit den unehelichen Kindern zu tun? Fragt er sich. Seine Kinderfragen bleiben ohne Echo. Ohne Antwort.

Dann beginnt die Tanzstunde. Eigentlich will er gar nicht. Als seine Freunde dort hingehen, lehnt er trotzig ab. Das will er nicht. Das braucht er nicht. Zwei Jahre später ist seine Schwester in dem entsprechenden Alter. Sie ist dort zusammen mit ihren Freundinnen, die er schon etwas kennt. In diesem Kurs fehlen ein paar Jungen. Wer will, kann kostenlos mitmachen. Das Angebot nimmt er jetzt gern an.

Also nimmt er teil am Tanzunterricht von Frau Schmalz-Nitschmann im Hotel Birnbaum. Sie ist eine Institution in Stade. Alle Jugendlichen kennen sie. Wer tanzen lernen will, lernt es in ihren Kursen. Hier werden die Tanzschritte gelernt, aber auch noch mehr. Wie fordert ein Junge ein Mädchen auf, mit ihm auf die Tanzfläche zu gehen? Wie darf er, wie soll er sie anfassen und in den Armen halten? Wie soll sie sich von ihm halten lassen? Wo liegen seine, wo liegen ihre Hände – und wie? Da kann man offenbar viel falsch machen. Hier lernen sie, wie man es richtig macht.

Dabei lernen sie sich dann kennen. Die Mädchen und die Jungen. Hier darf man sein Interesse am anderen Geschlecht zeigen. Die Mädchen sind dabei schön und züchtig und zurückhaltend. Die Jungen dürfen schon mal über die Tanzfläche rennen, wenn sie der Erste sein wollen bei der Dame ihrer Wahl. Gesittet geht es hier zu. Das ist ganz wichtig. Was draußen vor der Tür passiert, ist eine andere Geschichte. Da wird schon mal eine Zigarette geraucht und geknutscht. Da wird gestritten und gelacht und auch geweint, wenn der angehimmelte Junge kein Interesse für die Verehrerin zeigt.

Beim Abschlussball erlebt er noch eine kleine merkwürdige Geschichte. Sie überrascht, irritiert und beschäftigt ihn noch einige Zeit. Die Mädchen haben sich zur Feier des Tages schöne Kleider angezogen und die Jungen einen Anzug oder wenigstens ein Jackett über einem weißen Hemd. Alle sind aufgeregt. Auch die Eltern sind da, sehr viele jedenfalls. Maman sitzt an einem Tisch mit anderen Müttern. Sie strahlt. Kein Wunder, denn ihre beiden Kinder sind in dem Kurs und werden gleich zeigen, was sie gelernt haben. Frau Schmalz-Nitschmann sagt ein paar gesetzte Worte über die Bedeutung des Tanzens und des stilvollen Benehmens. Alle klatschen. Dann sollen die Jungen jeweils ein Mädchen auffordern und auf der Tanzfläche Aufstellung nehmen.

Er überlegt. Wen soll er auffordern? Hat er sich das nicht schon vorher überlegt? Hat er sich nicht sogar schon mit einem Mädchen für diesen Tanz verabredet? – Er stutzt. Er bremst sich. Ist ein bisschen wie erstarrt. Die Musik hat schon begonnen. Da geht er zum Tisch von Maman und fordert sie zum Tanz auf. Hat in diesem Moment nur einen Gedanken im Kopf: Wie könnte er sie sitzen lassen und mit einer anderen tanzen? Wie könnte er sie sitzen lassen? Wie könnte er ihr das antun? – Woher kommt dieser plötzliche Gedanke? Er weiß es nicht. Keiner hilft ihm.

Während er mit Maman tanzt, ist es ihm peinlich, mit ihr auf der Tanzfläche gesehen zu werden zwischen all den anderen Jugendlichen. Keiner der anderen Jungen tanzt hier mit seiner Mutter. Er hätte doch eigentlich … Maman lächelt. Auch sie scheint verlegen. Er hofft, dass der Tanz bald vorüber ist. Gleichzeitig spürt er immer noch den inneren Appell. Er hätte sie nicht sitzen lassen dürfen! Wieso nur? Hoffentlich ist er bald erlöst. Hoffentlich ist es niemandem aufgefallen. Er muss sich weiter und weiter und weiter drehen zum Takt der Musik.

Dann ist der Tanz zu Ende. Er bringt Maman zurück an ihren Platz. Beruhigt sich langsam. Verlässt den Saal. Geht nach draußen vor die Tür. Frische Luft. Verwirrung. Verwunderung. Wie ist er nur auf diese Idee gekommen? Er findet keine Antwort. Zum Glück ist es jetzt vorbei. Vorbei. – Er geht wieder in den Saal. Die Musik spielt. Er wartet bis zum nächsten Tanz. Fordert ein Mädchen aus dem Kurs auf. Bewegt sich mit ihr über die Tanzfläche. Ist halb bei ihr und halb bei den widerstreitenden Gefühlen, die ihn noch immer erfüllen, die ihn verwirren. Langsam verschwindet das gerade Erlebte aus seinem Kopf, aus seinem Gedächtnis. Er dreht sich schneller, bringt das Mädchen zum Lachen. Jetzt ist alles wieder gut.

Sein Freund wohnt mit seinen Eltern ganz bei ihm in der Nähe in einem Einfamilienhaus. Es hat im Keller einen Raum für eine Garage, aber ein Auto hat die Familie nicht. Der Raum steht also leer. Dort könnte man doch Partys feiern, oder? Der Freund fragt seine Eltern, und entgegen allen Befürchtungen erlauben sie es. Also gehen die beiden am Wochenende zum Tanzen in die Stadt. Dort versuchen sie, Mädchen kennenzulernen, die sie dann für das kommende Wochenende zu einer Party in den Keller einladen. Ein paar befreundete Mitschüler sind auch dabei: damit die Bude voll ist und richtig Stimmung aufkommt! Musik kommt von einem Plattenspieler, die Beleuchtung ist abgedunkelt und stammt hauptsächlich von Kerzen, die in leer getrunkenen italienischen Chiantiflaschen stecken, an denen das Wachs heruntertropft. Das hat Stil. Es wird nicht viel Alkohol getrunken. Die Stimmung ist von vornherein durch die aufgestauten Erwartungen und Fantasien so prickelnd und aufgeladen, und die Musik füllt den niedrigen Raum bis in den letzten Winkel, sodass ein wenig Bewegung und ein wenig Berührung der Körper zum Rhythmus der Schlager reicht, um alle zu elektrisieren. Geknutscht wird erst, wenn die Jungen ihre Mädchen spät in der Nacht nach Hause bringen. Erotik ist ein Teil der Nacht! Wenn er sich mit denselben Jungen und Mädchen am Tag in der Badeanstalt trifft, grinsen sie sich zu. Hier begegnen sie sich eher sportlich, wenn sie hintereinander herrennen, sich ins Wasser schubsen oder schwimmend verfolgen. Hier reden sie über die Schule und darüber, welche Arbeiten sie zu Hause zu erledigen haben. Hier gibt es einen spielerischen Umgang mit der Nacktheit beim Umziehen unter umgehängten Badehandtüchern oder den Liegedecken. Es wird ein wenig gekichert. Das ist alles.

Auf eine andere Seite der Erotik stößt er am Zeitungskiosk, dort, wo es hinten im Laden Heftchen gibt im Format der Liebes- oder Cowboyromane. Das Foto vorn auf dem Umschlag verspricht Nacktheit. Pin-up-Girls. Im Hochglanzdruck. In Schwarz-Weiß. Das wird an Kinder nicht verkauft, also kleidet er sich eines Tages, so gut er kann, wie ein Erwachsener und kauft sich ein Heft. Verstaut es schnell und diskret in seiner Jackentasche und verschwindet. Dann sucht er einen sicheren Ort, an dem er ungestört seine Beute betrachten kann. Er hat etwas Verbotenes getan und darf sich nicht erwischen lassen. Während er die weitgehend unbekleideten jungen Frauen betrachtet, ist er überrascht, wie wenig ihn die Bilder erregen, wie sehr die Angst sich einmischt in seine Gefühle und ihn ablenkt.

Natürlich kennt er halbnackte Frauen aus Filmen, wenn indische oder römische oder ägyptische Tempeltänzerinnen auftreten. Exotik und Erotik gehen Hand in Hand. Aber das ist alles nur Show! Filmschauspielerinnen spielen ihre Rollen. Im wirklichen Leben gibt es so etwas nicht zu sehen. Erotik ist kein Thema für den Alltag anständiger Leute. Wenn davon gesprochen wird, dann eher davon, dass es anrüchig ist. Sie findet statt in der sogenannten Halbwelt, in Nachtbars. In Striplokalen gibt es Tänzerinnen, halbnackt und nackt. Das ist dann aber das kriminelle Milieu. Vorsicht! Überfall! Betrug! Raub! Prostitution! Unmoralisches Leben! Das ist es, was er in seinem Umfeld darüber hört.

Und wie ist das eigentlich mit der Liebe und der Sexualität? Er hört im Unterricht von der hohen Kunst des Minnesangs. Liebeslieder. Vor allem die Männer werben, hoffen, sehnen sich. Und wenn die Frau sie erhört? Ist sie dann Geliebte, Engel, Heilige oder Hure? Mädchen und Frauen können sehr schnell sehr tief fallen. In den Dreck. Ins Milieu. In Ungnade. Das hatte er selbst erlebt, als er einem gleichaltrigen Mädchen einen Liebesbrief geschrieben hatte. Mit vierzehn. Als ihr Vater sie eine Hure genannt und sie verprügelt hatte.

Erotik und Sexualität scheinen Themen der Männer und der Jungs zu sein. Mädchen und Frauen sind sehr zurückhaltend und, wie es scheint, uninteressiert. Der Mann muss eine Frau erobern, muss sie verführen – und die Frau, wenn sie denn will, gibt sich hin. Das hört er in verschiedenen kleinen und großen Geschichten in der Nachbarschaft und von Freunden, sieht es auch in Filmen. Das alles ist sehr, sehr verwirrend, verunsichernd und unverständlich. Aber. Danach soll er sich richten.

Natürlich tut er das nicht. Er spürt diese starke Triebkraft in sich. Erlebt, wie sich Mädchen manchmal durchaus an Sexualität interessiert zeigen, was ihn überrascht, was er nicht versteht, weil es dem idealen Bild widerspricht, das ihm eingetrichtert worden ist. Diese Ungereimtheit lässt er links liegen, aber sie klebt an ihm. Nein, so ganz entspannt ist er nicht, wenn er einem Mädchen schöne Augen macht, flirtet, sich annähert, sie berührt und mit ihr in den aufregendsten Gefühlen versinkt. Das ist großartig. Und danach? Ja, danach fühlt er sich manchmal komisch. Sucht wieder den Abstand. Flüchtet in kleine einsame Ausflüge auf seinen Wegen, raus aus der Stadt. Versteckt und verbarrikadiert sich in seinen Gedanken. Schreibt ein Gedicht.

Ich will ›Liebe‹ nicht nennen

Wie werde ich es sagen?
Nichts werde ich sagen.

Was werde ich tun?
Nichts werde ich tun.

Was wird geschehen?
Gar nichts!

Und warum?
Weil das Ende zu bitter ist.

Damit ist das Thema natürlich nicht beendet, es meldet sich wieder und wieder und wieder.

ATHENAEUM

1

Nach dem Auszug aus dem U-Block im Sommer 1959 wird es für den Jungen immer wichtiger, was in der Schule passiert, auf dem Gymnasium. Seine bisherigen Freunde und Freundinnen aus der Volksschule und aus dem U-Block sind plötzlich nicht mehr da. Sie sind irgendwohin weggezogen. Sie wohnen jetzt in anderen Städten oder in anderen Stadtteilen von Stade. Die Trennung von seinen bisherigen Gefährten ist ein großer Verlust, und es ist ein schmerzlicher Prozess.

In der neuen Nachbarschaft gibt es niemanden, den er kennt. Er fühlt sich verloren und verlassen. Deshalb gewinnen die Mitschüler und die Schule immer mehr an Bedeutung. Ein Neuanfang steht an. Wie sich für ihn herausstellt, gibt es im Gymnasium wirklich einiges zu entdecken, von dem er im U-Block oder von seinen Eltern noch nie etwas gehört hat und was ihm gefällt, nein, mehr noch, was ihn fasziniert.

Da sind zum Beispiel die Plejaden, die er manchmal mit bloßem Auge am Nachthimmel erkennen kann. Dazu kommen der Andromedanebel und Antares, der hellste Stern im Skorpion. Vega, im Sternbild Leier, und das Sternbild Kassiopeia. Kleiner und großer Wagen. Orion. Sterne und Sternzeichen am nördlichen Sternenhimmel.

Der Junge geht zusammen mit einigen Mitschülern am frühen Abend auf der Harsefelder Straße stadtauswärts nach Barge auf den Barger Weg. Sie wollen raus aus dem Lichtkreis der Stadt. Auf einer kleinen Anhöhe machen sie Station und betrachten den Sternenhimmel durch ein transportables Teleskop.

Sie sind eine kleine Gruppe von Schülern aus der Mittelstufe, angeleitet von ihrem Mathelehrer. Lange vor Erscheinen des Films »Star Wars« wirft er begehrliche Blicke in ferne Galaxien. Träumt davon, zu fernen Sternen zu reisen, die exotische Abenteuer versprechen. Seine Blicke verlieren sich in der unendlichen Weite des schwarzen Himmels. Darin strahlen ihm, jetzt in der Nacht, leuchtende Körper entgegen, die ihn magisch anziehen und seine Fantasie anregen. Er erinnert sich an die Sagen der griechischen Antike, über die sie im Unterricht gesprochen, die er zu Hause nachgelesen hat.

Zur selben Zeit etwa lesen sie im Unterricht die Odyssee in der Übersetzung von Johann Heinrich Voß. Sie beginnt mit den einladenden und vielversprechenden Zeilen: »Sage mir, Muse, die Taten des viel gewanderten Mannes, welcher so weit geirrt, nach der heiligen Troja Zerstörung, vieler Menschen Städte gesehen und Sitte gelernt hat, und auf dem Meere so viel' unnennbare Leiden erduldet …« Ihm ist sofort klar, dass dies seine Geschichte ist. Er denkt an seine lange Irrfahrt auf der Flucht nach dem Krieg, mit seiner Mutter, mit seiner Familie. Sein Interesse entbrennt. Die Namen der Sterne und Sternbilder tauchen in der Odyssee auf als die Namen von Göttinnen und Nymphen, von Göttern, Halbgöttern und Helden und von mystischen Tieren.

Der Deutschlehrer, mit dem sie die Odyssee lesen, war schon pensioniert und ist reaktiviert worden. Er berichtet bei ganz unterschiedlichen Anlässen von Verdun und Saint-Quentin. Dort, bei Saint-Quentin, fand 1918 eine der letzten entscheidenden Schlachten im Ersten Weltkrieg statt, bei der er wohl dabei war. Wenn der alte Lehrer diesen französischen Namen ausspricht, mit deutschem Akzent, bekommt seine Stimme fast immer ein für die Schüler unverständliches Zittern, und manchmal zittert er auch leicht am ganzen Körper. Der Lehrer erklärt eigentlich nichts, aber der Junge kann sehen, dass der Lehrer noch immer irgendwie unter Schock steht.

2

In der Neunten kommt ein neuer Mathelehrer in die Klasse. Er scheint steinalt zu sein und wirkt auf die Schüler wie eine Witzfigur. Er meckert anstatt zu erklären. Hilflos ist er den pubertären Streichen der Schüler ausgeliefert. Die Situation eskaliert. Fast alle Schüler machen mit, wenn er den Raum betritt. Der Papierkorb hängt am Kartenständer und ist dort hochgezogen bis unter die Decke. Der nasse Schwamm fliegt während des Unterrichts durch den Klassenraum. Die Schüler machen ihre Späße, quatschen und lachen. Sie verschießen Papierkrampen mit Gummibändern. Der Lehrer sieht offenbar nicht gut durch seine dicke Hornbrille. Erkennt nicht, wer von ihnen gerade Unsinn macht, ermahnt und beschimpft meist den Falschen. Sie fühlen sich sicher vor ihm, genießen ihre Macht. Der Lehrer tut ihm leid, aber auch er kann sich nicht bremsen, lässt sich mitreißen von seinen Klassenkameraden und dem tollen Gefühl, Unsinn machen zu können, so viel wie sie wollen.

Das hat Konsequenzen. Eintragungen ins Klassenbuch. Klassenkonferenz. Drohung mit einem Verweis von der Schule. Sein Vater wird in die Schule bestellt. Er verhört seinen Sohn zu Hause hochnotpeinlich. »Was ist passiert?

Was hast du gemacht? Sei ehrlich, sonst kann ich dir nicht helfen.« Er ist so ehrlich wie er kann, gesteht seine Vergehen. Zumindest einige. Muss ja nun nicht von jeder Schandtat berichten. Dann steigt die Spannung. Was wird dabei herauskommen? Sein Vater hat ihn offenbar gut verteidigt, hat seine Vergehen für ihn gebeichtet und Besserung gelobt. Er ist mit einem blauen Auge davongekommen. Der Mathelehrer verlässt die Klasse, wird ausgetauscht. Die Schulleitung hat wohl eingesehen, dass der Lehrer mit dieser Klasse und dieser Altersstufe überfordert ist. Die Schüler sind gewarnt und werden ruhiger. Machen ihren Quatsch nur noch in der Pause und auf dem Schulhof. Sein Vater warnt ihn zusätzlich. Er hat im Gespräch mit der Schulleitung den Eindruck gewonnen, dass sie ihn als Flüchtlingskind besonders auf dem Kieker haben. Der Junge kann das zwar nicht ganz glauben, merkt es sich aber. Vorsicht ist besser!

3

In der Zehnten entdeckt er eines Tages ein Plakat am Schwarzen Brett in der Pausenhalle mit einem Angebot, das ihn fesselt. Der »American Field Service« macht bekannt, dass Schüler in der elften Klasse für ein Jahr in die USA gehen können. Kostenlos. Untergebracht werden sie dort in einer Gastfamilie. Der Schulbesuch findet in einer High School statt. Wenn er sich anstrengt, kann er danach vielleicht sogar in die Zwölfte in seinem Gymnasium wieder einsteigen. Sonst würde er ein Jahr verlieren. Das sollte möglichst nicht passieren, weil er die Siebte schon hat wiederholen müssen. Dieser Druck wiegt schwer. Aber die Chance, in die USA zu kommen und danach perfekt Englisch zu sprechen, ist zu verlockend. Er kann seine Eltern überzeugen. Dann schickt er eine schriftliche Bewerbung, die er mit Papa durchgesprochen hat, an das Amerika-Haus in Hamburg und bekommt eine Einladung zu einem mündlichen Vorstellungsgespräch. Der erste Schritt ist ihm damit gelungen.

Dem Prüfungskomitee erzählt er davon, dass ihn die Geschichte der USA, von der Besiedlung des Westens und den Auseinandersetzungen mit den Indianern, schon immer begeistert und gefesselt hat. Er erinnert sich an die vielen Filme und Wildwestromane, die er gelesen hat. Er erwähnt seine Liebe zur amerikanischen Musik, schwärmt von Elvis und allen amerikanischen Filmschauspielern, deren Namen ihm gerade einfallen. Erzählt von seinen Hobbys und seinem Wunsch, später einmal im Ausland zu arbeiten. Er zeigt sich auch informiert über aktuelle Ereignisse in der deutschen Politik und äußert eine vorsichtige kritische Haltung dazu. Er präsentiert sich offenbar ganz gut, denn er bekommt nach ein paar Tagen eine Einladung zu einem zweiten Gespräch. Die Aufregung steigt und Maman weint, als sie daran denkt, dass er für ein Jahr so weit weggehen wird. Das zweite Gespräch läuft nicht so gut, und er wird nicht angenommen. Noch Jahre später versucht er sich vorzustellen, wie es gewesen wäre, wenn er die Prüfung bestanden und irgendwo in den USA in einer Familie gelebt und dort zur Schule gegangen wäre. Enttäuschung und Erleichterung wechseln in der Rückschau.

4

Die Freundschaft mit Volker hat ihm in den letzten Jahren alles bedeutet. Sie waren in den Sommerferien zusammen mit dem Fahrrad verreist, haben gemeinsam Partys organisiert und gefeiert. Jetzt verändern sich seine Interessen, und andere Freunde werden für ihn wichtiger. Die Clique, wie er sie im Stillen nennt, hat andere Qualitäten, hat andere Reize. Harald ist schon in der zehnten Klasse erkennbar sehr belesen. Hans führt das laute Wort im Unterricht und ist dabei witzig und frech. Kurt, genannt Kurtchen, ist der Sohn eines wohlhabenden Unternehmers der Stadt. Er ist der Erste, der Jeans trägt, die man als amerikanische Importware in einem ganz speziellen Laden in der Stadt kaufen kann. Sie wirken schick und frech und kommen gerade in Mode.

Die drei hängen gern und viel zusammen und feiern auch Partys. Als zum Ende der zehnten Klasse die Vorbereitung für das Abschlussfest zur Mittleren Reife von der Clique übernommen wird, spürt er eine immer stärker werdende Unruhe in sich. Er fasst sich ein Herz und spricht die drei an. Er macht ihnen einen Vorschlag, der sie verblüfft und den sie offensichtlich interessant finden. Er will auf dem offiziellen Abschluss-Klassenfest, bei dem auch die Eltern und Lehrer dabei sind, ein Lied zur Gitarre vortragen. Die hat ihm sein Cousin vor einiger Zeit zum Geburtstag geschenkt. Der Titel des Liedes ist »Ich steh an der Bar und habe kein Geld«. Er hat es im Radio gehört und sich die Gitarrengriffe selbst beigebracht.

Das wollen sie sich gern anhören. Er ist elektrisiert. Vor allem als er hört, dass sie sich mit ihm im Partykeller von Kurtchen treffen wollen. Dort spielt und singt er ihnen das

Lied vor, und sie sind sehr angetan. Sie finden das Stück witzig und mutig, und überhaupt fühlen sich die vier jetzt miteinander verbunden.

Noch vor Ende des Schuljahres feiern sie zwei Partys in Kurts Partykeller. Er gehört jetzt zur Ingroup, zur Clique, jetzt gehört er wirklich dazu. Ein schmerzhaftes Erlebnis ist aber auch mit diesem Keller verbunden. Zur zweiten Party hat er ein Mädchen eingeladen, das er auf einer Tanzveranstaltung kennengelernt hat. Er holt sie an jenem Abend von zu Hause ab. Sie öffnet ihm die Tür. Strahlt in Vorfreude, hat ein schickes Kleid an und will ihn nur noch den Eltern vorstellen. Das läuft etwas förmlich ab, aber auch die Eltern finden ihn wohl ganz nett, also ist es unproblematisch. Bis ihn der Vater fragt, wo sie denn feiern würden. Er nennt den Familiennamen von Kurt. Da schweigt der Vater plötzlich, fragt nach, wird rot vor Wut im Gesicht und sagt barsch: »Dorthin geht meine Tochter nicht!« Der Vater von Kurt hat offenbar einen sehr schlechten Ruf als Frauenheld in der Stadt und wer weiß noch was.

Das Mädchen, schon im Mantel, bricht in Tränen aus. Der Junge ist fassungslos. Ratlos. Hilflos. Geschockt. Er wird zur Tür gebracht und wortkarg verabschiedet. Für immer. Sie sehen sich nie wieder. Davon erzählt er später auf der Party den anderen nichts – auch Kurt nicht. Er hätte nicht gewusst, wie er mit der peinlichen Situation hätte umgehen sollen. Kurt geht mit der Mittleren Reife ab. Ein, zwei Partys werden noch gefeiert, dann verliert man sich aus den Augen.

Mit Harald und Hans trifft er sich in der nächsten Zeit regelmäßig, und sie haben großartige Abende miteinander. Berauschen sich an ihren abgehobenen Diskussionen, wie sie wohl nur Gymnasiasten führen können, die sich liebend gern zu intellektuellen Höhenflügen aufmachen. Dazu etwas Whisky oder Wodka, und sie sind in ihren geistigen Eskapaden nicht mehr zu halten.

5

Das Ende der Zehnten und damit das Erreichen der Mittleren Reife ist ein großer Einschnitt in seiner Schullaufbahn. Er hat die erste wichtige Etappe geschafft. Erstmal durchatmen! »Meine Herren«, beginnt der Klassenlehrer, »jetzt geht es in die entscheidende Runde zum Abitur. Fast die Hälfte von euch wird die Schule verlassen, freiwillig. All diejenigen, die bleiben, werden auf neue Klassen verteilt.«

Seine Klasse feiert informell und ganz unter sich ein großes Fest im Café Syring. Seine Freunde und er inszenieren zusammen im Stil einer antiken griechischen Tragödie einen Chor, der Abschied nimmt, von all denen, die das Gymnasium jetzt, mit der Mittleren Reife, verlassen. Nicht nur wegen schwacher Noten. Manche Eltern können es sich nicht leisten, die Kinder weiter durchzufüttern. Anderen reicht dieser Abschluss. Man kann Bankkaufmann werden oder eine Lehre machen, mit der man den elterlichen Betrieb übernimmt. Harald hat, frei nach Homer, gedichtet: »Sage uns, Muse, die Namen der viel geschundenen Knaben ...« Jeder, der sie verlässt, bekommt einen kleinen Nachruf. Der Junge gehört zu den vieren, die sich ein Laken umgehängt haben und den antiken Chor bilden. Sie fühlen sich in ihren weißen Roben in die Antike und in die Odyssee versetzt, die sie im Unterricht so sehr fasziniert hat.

Die Klassen in der Oberstufe werden nach unterschiedlichen Fächerkonstellationen zusammengestellt. Die Schüler können wählen. Er entscheidet sich für den mathematisch-naturwissenschaftlichen Zweig, mit Französisch als zweiter Fremdsprache. Sie sind jetzt die 11 mf. Es gibt viele gute Sportler in der Klasse, zu denen er dazugehört. Sie sind in allen Sportarten so gut, dass sie bei allen Schulturnieren mitspielen und fast immer gewinnen. Das schweißt die Jungen in der Klasse zusammen. Dabei sind sie persönlich nicht alle unbedingt beste Freunde. Aber sie bilden eine erfolgreiche Mannschaft.

Eine große Überraschung in der Elften ist, dass jetzt auch Mädchen in die Klasse kommen. Fünf sind es insgesamt. Auf dem Lyzeum, dem Mädchengymnasium der Stadt, hat es nicht genügend Interessentinnen für eine mathematisch-naturwissenschaftlich orientierte Klasse gegeben. Deshalb kommen diese Mädchen jetzt zu ihnen. Das ist eine Sensation für die Jungen und für die ganze Schule. Niemand hat das angekündigt. Für die immer noch pubertierenden Jungen ist das eine große Verunsicherung und Herausforderung. Ihre Kontaktaufnahme mit den Mädchen ist zu Beginn meist ruppig, wenig gentlemanlike. Aber das gibt sich mit der Zeit. Die Anforderungen des Unterrichts schweißen sie alle zusammen. Es entwickeln sich langsam sogar erste Freundschaften zwischen ihnen. Irgendwann freundet er sich näher mit Ulrike an. Bei launigen Spielen im Freibad, auf Klassenreisen und bei Kellerpartys, auf denen die Bowle mit Cognac angereichert wird, kommen sie sich näher.

6

Aber dann hat seine neue Freundin mit ihm Schluss gemacht. Er ist geschockt und ungläubig. Dabei hat sie ihn zwei Mal gewarnt, hat angekündigt, dass sie nicht mehr seine Freundin sein will, wenn er nicht mehr mit ihr unternimmt. Sie möchte, dass sie sich häufiger treffen, ins Kino oder zum Tanzen gehen, mehr Zeit miteinander verbringen. Es stimmt. Das alles will er nicht. Er hat keine Lust, empfindet es als lästig. Er hat auch gar keine richtige Vorstellung davon, was er mit ihr unternehmen will.

Gern hat er mit ihr ein paar Klassenpartys besucht. Sie haben getanzt, haben sich im Arm gehalten, haben geknutscht und sind miteinander auf großartige Weise albern gewesen. Sie haben miteinander Spaß gehabt. Etwas Abenteuer, sind ihrer Aufregung und ihrer Neugier gefolgt. Dann ist das für ihn abgeebbt. Sein Interesse an ihr ist erloschen, und er ist selbst darüber verwundert. Eine feste Freundin? Das will er nicht. Das hat sie natürlich bemerkt. Hat ihn zur Rede gestellt. Aber. Was soll er sagen? Wie kann er das erklären? Gar nicht! Da hat sie ihm gekündigt.

Jetzt liegt er auf dem Rücken im Gras. An diesem Spätnachmittag im Sommer. Liegt auf dem Rollfeld, dort, wo er allein ist. Wenn er sich aufrichtet, kann er den U-Block in Umrissen sehen. Hinter dem Zaun. Er blickt über das verwilderte, brachliegende Englische Gebiet. Hierher hat er sich zurückgezogen, an einen Ort seiner Kindheit. Obwohl er schon lange nicht mehr hier wohnt. Hier fühlt er sich an einem vertrauten und sicheren Ort. Es ist warm. Über ihm stehen Kumuluswolken am blauen Himmel. Die Sonne spielt an den Rändern der Wolken mit ihrem blendend weißen Licht. Scheint hervor und blendet ihn, bevor sie hinter

der nächsten Wolke verschwindet, um dann, nach einiger Zeit, wieder lockend aufzutauchen.
 Will er oder will er nicht zurück? Sie zu verlieren tut weh. Sich fest binden kann er nicht und will er auch nicht. Alles tut ihm weh. Die Wolken und die Sonne lenken ihn ab. Er versinkt im Himmel über sich. Aber dann kommt der Schmerz wieder und die unbeantwortete Frage: Warum?

7

Sein Kunstlehrer aus der Mittelstufe, der an späten Nachmittagen regelmäßig auf dem Dachboden der Schule Cello spielt, richtet eine Dunkelkammer-AG ein. Dort können Schüler ihre Fotos selbst entwickeln. Das interessiert ihn sofort. Er fotografiert gern und jetzt kann er lernen, wie man Schwarz-Weiß-Fotos entwickelt, Ausschnitte vergrößert, doppelt belichtet, mit der Belichtungszeit experimentiert und Fotos nach eigenen Vorstellungen gestaltet. Die chemischen Flüssigkeiten in den Entwicklerschalen wirken auf ihn jedes Mal, wenn er sie einfüllt, wie Magie. Und er ist der Magier.
 Er beginnt, die Schule mit anderen Augen zu sehen. Sucht und findet interessante Bildmotive, ungewöhnliche neue Perspektiven, experimentiert mit Ausschnitten, Vergrößerungen, Hell und Dunkel.
 Als ein Jahr später einige Fotos vom Schulgebäude, den Schülern und vom Unterricht für die Festzeitschrift zum 375-jährigen Jubiläum des Athenaeums gesucht werden, ist die Mehrzahl der abgedruckten Fotos von ihm. Ob seine Eltern von diesem Erfolg überhaupt Notiz nehmen, weiß er nicht. Solche Dinge scheinen sie kaum zu interessieren.

Vielleicht sind es die Erfahrungen mit dem Fotografieren und mit dem langsamen Entwickeln der Bilder in der Dunkelkammer, die ihn motivieren, sich auch mit seinen inneren Bildern zu beschäftigen und sie immer wieder auch in Worte zu fassen, in Gedichten und kurzen Geschichten.

8

Wie fotografiert man eine Sonnenfinsternis? Genau das soll in ein paar Wochen geschehen. Tagsüber wird sich der Mond vor die Sonne schieben, es wird dunkel werden am Himmel, auf der Straße und überhaupt. Er ist immer noch in der Arbeitsgemeinschaft »Astronomie« seines Mathe- und Physiklehrers, der seine Gruppe auf dieses seltene Ereignis vorbereitet. Sie haben sich Modelle der Planeten und des Mondes angesehen, der um die Erde kreist. Der Zeitpunkt der Sonnenfinsternis ist bekannt, und sie planen, das Ereignis mit dem Schulteleskop zu beobachten. Da taucht die Frage auf, ob man das denn nicht auch fotografieren kann. Mit einer normalen Kamera gelingt das nicht. Zum einen wäre das Bild der Sonne, die vom Mond verdeckt ist, viel zu klein. Und außerdem braucht man eine lange Belichtungszeit, viel länger, als es selbst mit einer guten handelsüblichen Kamera möglich ist. Wie können sie es schaffen?

In der Dunkelkammer-Gruppe hat er davon gehört, dass es früher, zu Beginn der Fotografie, Plattenkameras gegeben hat. Davon hat er auch Bilder gesehen und weiß, wie sie funktionieren. Man benutzt beschichtete Glasplatten, die in fest verschlossenen Kassetten transportiert werden. Sie werden in den hinteren Teil der Kamera gesteckt. Dann wird der Deckel der Kassette mit der Hand herausgezogen, so lange, wie der Fotograf glaubt, dass er das Bild belichten muss. Danach verschließt er die Kassette mit dem Deckel, und die belichtete Platte wird in der Dunkelkammer entwickelt.

Nun hat die Gruppe aber keine Plattenkamera. Platten, die man belichten kann, gibt es aber im Fotofachgeschäft Pickenpack im Zentrum der Stadt. Da hat er schon nachgefragt. Daher kennt er auch deren Größe. Plötzlich fällt ihm ein, dass es eigentlich ganz leicht ist, eine solche Kamera zu konstruieren. Im Werkraum der Schule baut er aus Sperrholz eine Art Starenkasten. Der Öffnung vorn gibt er die passende Größe für das Teleskop der Astronomie-AG. Im hinteren Bereich kann er durch einen Schlitz, den er gelassen hat, die Kassette von oben in den Kasten schieben und herausziehen. In die Rückseite sägt er ein kreisrundes Loch, das er mit einem Stück halb durchsichtigem Pergamentpapier zuklebt. Es dient als Mattscheibe, auf der er das Bild sehen und scharf stellen kann, das vom Fernrohr, das hier als Fotolinse dient, von der Sonne aufgenommen wird.

Wie lange man die Fotoplatte belichten muss, ist noch unklar. Die Mitglieder der Gruppe schätzen und besprechen das mit ihrem Lehrer. Sie entscheiden sich für mehrere Versuche, für drei, fünf und sieben Minuten. In der Dunkelkammer kann man dann ein bisschen korrigieren, wenn die Schätzung nicht ganz gestimmt hat. Diese Arbeit will er natürlich auch gern übernehmen. Die Aufregung am Tag der Sonnenfinsternis ist groß, bei ihm vor allem deshalb, weil seine selbst gebaute Plattenkamera zum Einsatz kommt. Und tatsächlich. – Es klappt! Überraschung! Freude! Stolz!

Die kleine Plattenkamera übernimmt der Lehrer mit einem anerkennenden Kopfnicken und einem dankbaren Lächeln für seine Arbeitsgemeinschaft. Der Junge braucht sie ja nicht mehr. Seine selbst entwickelten Fotos von der ringförmigen Sonnenfinsternis mit dem strahlenförmigen Feuerkranz liegen noch lange auf seinem kleinen Schreibtisch.

9

Am Athenaeum gibt es auch eine Schülerzeitung. Sie wird ganz eigenständig von Oberstufenschülern geschrieben und herausgegeben. Er findet das höchst interessant. Dann stellt er fest, dass alle Redakteure in etwa einem Jahr ihr Abi machen, von der Schule abgehen und die Zeitung natürlich nicht weiterführen können. Er stellt sich der Redaktion vor, bietet seine Mitarbeit an und erwähnt seine Idee, die Zeitung später weiterzuführen. Die alte Redaktion reagiert erstmal mit Spott und viel Skepsis. Sie sind die Älteren und sehen sich als weitaus überlegen, da sie eine höhere Klasse besuchen. Sie trauen ihm nicht zu, dass er die Zeitung »leiten« kann. Aber sie lassen ihn mitmachen. Ein Jahr später, nachdem sie ihr Abi hinter sich und die Schule verlassen haben, bildet er mit seinen Freunden die neue Redaktion. Das ist ein tolles Gefühl. Sein Lateinlehrer begrüßt ihn daraufhin einmal als »Mann des Wortes«. Das geht ihm runter wie Honig.

Er übernimmt die Organisation als Chefredakteur und schreibt kleine Reportagen. Berichtet über die Jugendweihe und über eine Feierstunde im Rathaus zum 17. Juni. Recherchiert und dokumentiert die künstlerischen Arbeiten an einem Bronzerelief, das zum 375-jährigen Bestehen der Schule aufgestellt wird. Liefert dafür auch die Fotos. Interviewt den ehemaligen Schulleiter.

Fängt an, mit Sprache zu experimentieren. Entdeckt, dass er nicht nur wiedergeben kann, was er sieht und hört. Er kann auch beschreiben, was unsichtbar und unhörbar bleibt, was er aber trotzdem spürt und ahnt, vor allem in Beziehungen, die ihm wichtig sind. Natürlich kann er auch fantasieren, was er will. Auf dem Papier ist es dann genauso real wie das, was er wirklich erlebt hat. Was ist dann aber wahr und was ist unwahr? Ein spannendes Thema für einen Abend mit Harald und Hans!

Harald schreibt regelmäßig Kurzgeschichten. Volker gestaltet das Layout und zeichnet immer wieder bissige Karikaturen. Konrad ist für die Finanzen zuständig. Sein Vater hat eine eigene Firma und dadurch ist Konrad damit vertraut, bei Firmen für Anzeigen zu werben, die in der Schülerzeitung veröffentlicht werden. Davon wird dann der Druck bezahlt. Da sich die Zeitung gut verkauft, merken sie, dass sie bei den Mitschülern gut ankommen. Das Ganze macht ihnen sehr viel Spaß, und sie stecken viel Zeit und Kreativität in ihr Projekt.

10

Einmal spricht ihn ein ehemaliger Mitschüler an, der jetzt in eine Parallelklasse geht. Er weiß, dass dessen Eltern Mitglieder in der DFU sind. Das ist die Deutsche Friedens-Union, eine kleine Partei, die sich für Frieden und Abrüstung einsetzt. »Du machst doch die Schülerzeitung.« – »Ja.«

Er überlegt schon, worauf dieses Gespräch wohl hinausläuft. »Du bist doch politisch interessiert. Kannst du nicht auch eine politische Veranstaltung in der Schule organisieren? Ich darf mich bei der Schulleitung nicht blicken lassen. Die DFU hassen sie.« Er fühlt sich plötzlich sehr ernst genommen, wenn auch etwas überschätzt. Dass ihm so etwas zugetraut wird, tut ihm natürlich gut. »Ja. Warum nicht. Worum geht es denn?« – »Ich kenne einen Zeitzeugen aus dem KZ Auschwitz, der würde gern vor der Oberstufe von seinen Erinnerungen berichten. Du müsstest die Schulleitung fragen, ob sie zustimmt. Und dann müsstest du ein paar einleitende Worte bei der Veranstaltung sagen.« – »Hmmm.« – »Keine Angst, der Mann ist gut. Er hat schon an anderen Schulen gesprochen.« – »Ich kann es ja mal probieren.«

Er ist sich ganz und gar nicht sicher, ob die Schulleitung sich darauf einlassen wird. Aber. Seine Rolle als Chefredakteur gibt ihm eine gewisse Berechtigung, zumindest einmal zu fragen. Außerdem ist sein Ego mächtig gekitzelt. Und er ist neugierig. Entgegen seiner Skepsis stimmt die Schulleitung zu. Sie legt einen Termin fest. Er kann den Mann einladen und seine einleitenden Worte sprechen.

Und dann gibt der 61-jährige Zeitzeuge, Curt Posener, der als Archivar in Hamburg arbeitet, mithilfe einiger großer Bilder einen unglaublich beeindruckenden Einblick in das Lagerleben von Auschwitz und in die Gräuel, die dort von den deutschen Wachmannschaften begangen worden sind. Ihm bleiben noch die Bilder der den Frauen abgeschnittenen Haare, Türme von leeren Koffern, verwaistem Kinderspielzeug und Berge von paarweise zusammengebundenen Schuhen in Erinnerung. Er sieht das alles, hält es für real und kann es gleichzeitig doch kaum glauben. Er ist schockiert wie in einem Gruselfilm, ist aber davon überzeugt, dass diese Bilder nicht aus der Welt sind, in der er lebt. Er fühlt sich informiert, aber nicht berührt oder gar aufgewühlt. Irgendetwas in ihm hält ihn und seine Gefühle auf Abstand zu den geschilderten schrecklichen Ereignissen.

11

Am Tag nach dem Vortrag des Zeitzeugen und auf dem Weg von der Schule nach Hause fällt ihm plötzlich etwas ein. Seine Schwester hat ihm vor zwei Jahren, oder waren es drei, ganz entsetzt von einem Dokumentarfilm erzählt, den sie im Zeughauskino in der Stadt gesehen hatte. »Mein Kampf« hieß er, so wie das Buch von Adolf Hitler. Sie wollte eigentlich in den Film »Der dritte Mann«, zusammen mit ihrer Cousine. Dann hatten die beiden wohl eine Programmänderung übersehen und saßen plötzlich im falschen Film.

Der Film »Mein Kampf« zeigte ihnen erschreckende Bilder. Jetzt erinnert er sich wieder. Seine Schwester war geschockt. Sie hatte schon im Kino angefangen zu heulen wie ein Schlosshund. Das waren ihre Worte. Er hatte sich kaum getraut zu fragen, was denn so schrecklich war. Der Film bestand aus Dokumentaraufnahmen von den Alliierten und Ausschnitten aus Nazi-Propagandafilmen, soviel hatte er schließlich aus ihr herausbekommen. Ein deutschschwedischer Regisseur hatte die Aufnahmen zusammengeschnitten. Alles in Schwarz-Weiß. Der Aufmarsch schöner junger Frauen und Männer, abwechselnd in Sportkleidung und in Uniformen. Friedliche Aufmärsche. Dann die SA und die SS, der Krieg, der Holocaust, die Zerstörungen. Brennende Häuser, brennende Menschen. Waffen im Einsatz. Flugzeuge werfen Bomben ab, Panzer rollen über Schützengräben, Kriegsschiffe feuern, Häuser explodieren. Menschen flüchten. Zuerst vor den deutschen Soldaten. Dann flüchten deutsche Zivilisten. Schreckliche Szenen. Dazu die Geräusche von marschierenden Soldatenstiefeln und Marschgesängen. Schüsse, Schreie, zusammenstürzende Gebäude. Berlin in Ruinen, Straßenkämpfe, flüchtende Frauen mit Kinderwagen. Tote. Tote Soldaten. Tote Frauen. Tote Kinder. Zerrissene, zerfetzte Körper.

Das alles hat er auch schon mal gesehen, gehört, gelesen. Aber. Wann und wo? In den Kriegsfilmen, die er im Vorstadtkino gesehen hat? Auf Fotos in Illustrierten? In den Landserheften? In den Kriegsromanen, die er in der Schülerbibliothek im Gymnasium ausgeliehen hat und die es dort massenhaft gab?

Papa ist in der SS gewesen. Es gibt Fotos von ihm in Uniform. Sie liegen in einer kleinen Schachtel mit anderen Fotos irgendwo im Wohnzimmer. Er selbst hat sie gesehen.

Nach dem Film und immer noch verheult hatte seine Schwester Maman gefragt, was Papa eigentlich im Krieg gemacht hatte. Bei der SS. Bei den Nazis. »Nein, nichts hat er gemacht. Er war kurz in Russland als Soldat eingesetzt. Eine Ohrmuschel ist ihm erfroren. Da kam er wieder zurück nach Salzburg. Hat dort in einem Büro gearbeitet. Nein. Er hat sich nichts zuschulden kommen lassen. Hat sogar zwei jüdische Familien gerettet.« Das war die Antwort von Maman. Dann hatten seine Schwester und Maman in der Küche gesessen und geschwiegen.

Er hatte in seinem Zimmer an den Hausaufgaben gesessen und durch die offenstehenden Türen das Gespräch mitbekommen.

Am Tag danach wurde seine Schwester krank. Musste sich erbrechen. Konnte und wollte nicht raus aus ihrem Bett, aus ihrem Zimmer. Rückzug! Eine ganze Woche lang. Als sie wieder auf den Beinen war, verhielt sie sich Papa gegenüber ganz anders als sonst. Sie konnte seine Nähe, die sie vorher gerne gemocht hatte, nicht mehr ertragen. Wehrte jeden seiner Versuche strikt ab, sie in den Arm zu nehmen. Sie hörte auf zu fragen. Verstummte. Sah enttäuscht aus und resigniert.

Und er? Was hatte er gedacht, getan? Er denkt an seine Mutter. Sie ist mit ihm im Februar 1945 vor der russischen Armee aus ihrer Heimatstadt geflohen. In Todesangst. Das gehört zu seiner Geschichte. Das ist ihm vertraut, nicht fremd. »Wir sind dem Unglück entkommen.« So hat es ihm seine Mutter immer wieder erzählt. Das hat sich ihm eingeprägt. Er selbst hat keine Erinnerungen an den Krieg, an die Flucht, an die Zeit im Flüchtlingslager in Dänemark. Er war ja noch ein Baby, damals. Aber. Es gibt diese Geschichte, die immer wieder erzählt wird. In ihr ist er irgendwie zu Hause.

Dann erinnert er sich an seine Reaktionen, als ihm klar wurde, dass sein Vater bei der SS gewesen ist. Erinnert sich an das Foto von seinem Vater in Uniform. Er hatte es entdeckt, als er neugierig die Schubladen von Papas Schreibtisch untersucht hatte. Da war er etwa acht Jahre alt gewesen. Sein Vater lächelt freundlich auf diesem Foto. »Das war noch im Krieg«, hat Maman dazu gesagt. Das war alles. So hatte er es aufgenommen. Als eine einfache Feststellung.

Dann hat er die Geschichte mit dem Persilschein mitbekommen. Verstanden hat er dabei nur, dass sein Vater und eben jener alte Freund sich vor einer möglichen Strafe schützen wollten. Für das, was sie im Krieg getan hatten? Was man ihnen vorwerfen konnte?

Er erinnert sich an seine Faszination, die er erlebt hat, als er die Briefmarken aus dem GROSSDEUTSCHEN REICH in der Hand hielt. Da war er noch in der dritten oder vierten Klasse. Die darauf abgebildeten deutschen Soldaten nahm er als Heldengestalten wahr, zu denen es natürlich Heldengeschichten gab. Da war er sicher gewesen, ohne dass er sie gehört hatte.

Später im Geschichtsunterricht wurden ihm Kriege ganz vertraut. Die heldenhafte Schlacht der Spartaner bei den Thermopylen. Der Kampf um Troja. Der deutsch-französische Krieg. Siebzig-einundsiebzig. Er hat von einer endlosen Reihe von Kriegen gehört. Sie sind schrecklich und sie sind scheinbar unvermeidbar. So jedenfalls haben es ihm seine Geschichtslehrer vermittelt. Er kennt aber nur die Jahreszahlen und die Namen der beteiligten Länder. Wer dabei wie viel Leid erlebt hat, davon erfährt er im Unterricht nichts.

Als er vor ein paar Jahren mit der Deutschen Kriegsgräberfürsorge in Nordfrankreich war, hat sich einiges geändert. Kurz hinter der französischen Grenze haben sie als Jugendgruppe einen riesigen Soldatenfriedhof aus dem Ersten Weltkrieg besucht. Scheinbar endlose Gräberfelder mit unzählbar vielen Kreuzen. Darauf die Namen gefallener, getöteter, umgekommener deutscher Soldaten. Ganz in der Nähe lag ein französisches Gräberfeld von ähnlicher Größe, das sie ebenfalls besuchten.

Dann die schockierende Begegnung mit den alten Männern der französischen Résistance, die Schuldgefühle bei ihm auslösten. Tief. Schmerzhaft. Völlig überraschend. Er hatte den spontanen Impuls, irgendetwas zu tun, was ihm diese Schuldgefühle nahm. Seine Arbeit auf dem verwilderten Soldatenfriedhof in Veslud half ihm dabei.

Der Leitgedanke der Deutschen Kriegsgräberfürsorge war »Versöhnung über den Gräbern«. Darum ging es bei der Arbeit und der Begegnung mit den Menschen im Dorf.

Nach diesen Erlebnissen und Erfahrungen ist es für ihn vor allem wichtig geworden, zu verstehen, wie es zu den Weltkriegen gekommen ist und wie man sie in Zukunft verhindern kann. Wie kam es zu den Grausamkeiten und Bestialitäten der Soldaten und insbesondere der SS bei ihren Einsätzen? Wie war es möglich, dieses menschliche Verhalten in den Griff und unter Kontrolle zu bekommen und damit unmöglich zu machen?

Es ist ihm nicht mehr so wichtig, die Rolle seines Vaters im Krieg und seine mögliche Beteiligung am Holocaust zu klären. Ohnehin erscheint ihm das Schweigen seiner beiden Eltern undurchdringlich. Es ist bedrückend, mit dem Schuldgefühl zu leben, ein Kind von dringend Tatverdächtigen zu sein. Er hat zu diesem Zeitpunkt keine Ahnung, wie er mit diesem Wissen und diesen Gefühlen umgehen soll. Er verdrängt es, teilweise. Diskutiert manchmal mit seinen engsten Freunden darüber. Alle sind sie in einer ähnlichen Situation mit ihren Eltern. Sie sind ratlos. Betrachten es als ihr Schicksal, das sie miteinander teilen. Außerdem ist der Krieg, ist der Faschismus, ist das alles ja vorbei, liegt hinter ihnen, ist Geschichte. Sagen die Erwachsenen. Damit beruhigen sie sich, etwas.

12

Einmal gerät er zu Hause in der Küche unversehens in eine Diskussion, die seine Eltern miteinander und mit seiner Schwester führen. Er ist überrascht, denn so engagierte Gespräche finden in der Familie kaum statt, und auch das Thema ist für ihn neu. Es geht um die Frage, ob seine Schwester, die jetzt die zehnte Klasse des Mädchengymnasiums besucht, weitermachen soll bis zum Abitur.

Die Eltern sind sich nicht einig. Wozu braucht ein Mädchen Abitur? Die Mittlere Reife reicht doch auch! Sie kann dann eine Ausbildung machen, kann anfangen zu arbeiten und Geld zu verdienen. Später hat sie Familie und Kinder, dafür braucht sie kein Abitur. Seine Schwester scheint genervt und wiederholt, dass sie aber gern einen Abschluss mit Abitur hätte, wie ihre Freundinnen.

Er selbst ist mittlerweile in der zwölften Klasse. Über sein Abitur ist nie in dieser Weise diskutiert worden. Liegt das daran, dass er ein Junge ist? Er soll Abitur machen. Seine Eltern hatten ihn deshalb auf das Gymnasium geschickt, ausdrücklich. Sie sind stolz und zufrieden, dass er, trotz teilweise großer Schwierigkeiten, jetzt so weit ist, dass er es wohl schaffen wird.

Er soll jetzt sagen, was er vom Wunsch seiner Schwester hält. Was soll er sagen? Er findet, dass er gar nichts dazu sagen kann. Das ist eine Entscheidung der Eltern – und die seiner Schwester. Doch, doch, er soll sich dazu äußern. Er hat doch bestimmt auch eine Meinung, und die ist ihnen wichtig. Das überrascht ihn wieder. Na gut. Er findet, dass es nur gerecht ist, wenn seine Schwester genau wie er diese Chance bekommt. Außerdem will sie es, und das ist für ihn genauso entscheidend! Damit ist die Diskussion zu Ende, soweit er das einschätzen kann, und die Frage ist entschieden.

13

In der Zwölften, im Biologieunterricht, behandelt seine Klasse das Thema Insekten und insbesondere die Bienen. Der Nachbar, zu Hause, ist Imker. Den bittet er, ihm ein paar tote Bienen zu überlassen, damit sie im Unterricht seziert werden können. Der Nachbar ist sehr angetan von der Bitte und sagt: »Komm mal mit! Du kannst mir helfen, einen Bienenstock auszuräumen und alle toten Bienen einzusammeln.« Das hat er noch nie gemacht und findet es schon spannend genug. Dann bringt er die Ausbeute mit in den Unterricht. Der Lehrer bedankt sich, und die Klasse macht sich an die Arbeit. Jeder bekommt ein Mikroskop, eine tote Biene und eine Präpariernadel. Alle beginnen, die Bienen zu zerlegen, die einzelnen Körperteile zu zeichnen und zu benennen.

Aus einem Grund, an den er sich später nicht mehr erinnert, ist er in äußerst gehobener Stimmung, albert mit seinem Freund und Sitznachbarn Volker herum. Auf dem Höhepunkt der Albernheiten stürzt er sich mit großer Geste, erhobenem Arm, die Präpariernadel in der Faust, mitten im Unterricht auf seinen Freund. Die beiden sind sehr geübt in solchen freundschaftlichen Kampfspielen, so dass zu keiner Sekunde eine Gefahr besteht, den Freund zu verletzen. Das weiß allerdings der Biologielehrer nicht. Außerdem stören das Gerangel der beiden und das Scharren ihrer Stühle wahrscheinlich seinen Unterricht.

Der Lehrer nimmt das, was er sieht – den Angreifer mit der gezückten Nadel in der erhobenen Faust – zum Anlass, den Jungen zuerst ins Klassenbuch einzutragen und dann der Schulleitung zu melden. Das Ergebnis ist, dass ein Schulverweis droht. Er kann es nicht glauben. So bösartig hat er diesen Lehrer nicht eingeschätzt. Der hat nicht einmal ein klärendes Gespräch mit ihm geführt. Das ist dann das dritte Mal, dass ihn sein Vater vor einem Schulverweis retten muss.

14

Hat er eigentlich zu diesem Zeitpunkt schon einen Berufswunsch? In seinen ersten Vorstellungen, noch in der Mittelstufe, sieht er sich Autobahnen und Brücken bauen. In Europa und in Afrika. Lange Betonpisten, über die man in ferne Länder reisen kann. Diese Vorstellungen werden ein paar Jahre später abgelöst von der Faszination für Elektrizität, diese unsichtbare Kraft, die zusammen mit Magnetismus Licht bringt und Maschinen bewegen kann. Daraus entwickelt sich der Wunsch, mit elektromagnetischen Wellen, mit Funksignalen zu experimentieren. Radio. Fernsehen. Funkantennen. Auch hier fasziniert ihn das Unsichtbare am Funkkontakt. Das Unsichtbare an der Nachrichtenübertragung. Danach oder daraus entwickelt sich dann wohl die Neugier auf die Psychologie. Die unsichtbare Kraft der Gedanken und Gefühle, die Menschen verbindet und auch trennen kann.

So steht er eines Tages vor dem Arbeitsamt: Will er Psychologie studieren? Will er Psychotherapeut werden? Ja. Das ist seine Idee. Der Sachbearbeiter hat nicht viel Erfahrung mit diesem Berufswunsch, aber er hat einen Prospekt, der ihn informiert. Zu diesem Zeitpunkt, als er Abitur macht, gibt es nur ein einziges Berufsbild für Psychotherapeuten, das des Psychoanalytikers. Freud steht Pate. Man muss Medizin und Psychologie studieren und eine Lehranalyse absolvieren. Dann ist man so weit. Er rechnet nach. Mit etwa fünfunddreißig Jahren wäre er fertig. Er ist jetzt zwanzig. Die fünfzehn Jahre Ausbildung, die vor ihm liegen würden, kann er jetzt nicht überblicken. Ob ihm das Studium gelingen und ob er die Ausbildung zum Analytiker meistern wird, kann er nicht wissen. All diese Risiken müsste er auf sich nehmen ohne die Sicherheit, dass er letztlich wirklich für diesen Beruf geeignet ist.

Einmal setzt er sich in der Hamburger Uni in ein Psychologieseminar, um zu sehen, was ihn dort erwartet. Er nimmt an der Demonstration eines Wahrnehmungsexperiments teil. Dort ist keine Rede von Tiefenpsychologie. Er ist irritiert und enttäuscht und nimmt an, dass er wohl falsche Vorstellungen vom Psychologiestudium hatte. Da lässt er dies Berufsziel fallen.

15

Sein Bruder spielt schon lange keine Rolle mehr für ihn, seit er damals, kurz nach dem Einzug in den U-Block, die tragische Geschichte von dessen Unfall, noch in Konitz, gehört hat. Jetzt, eines Tages, taucht er in seinen Gedanken wieder auf. Sein Bruder. Er denkt an ihn, als er aus der Schule kommt, das kleine Reihenhaus schon sieht, in dem sie wohnen. Ist in Gedanken verloren. Er denkt an das Ende seiner Schulzeit. Noch ein Jahr bis zum Schulabschluss. Und dann? Er wird das Elternhaus verlassen, ist dann ganz auf sich gestellt. Wird ganz allein für seinen Lebensunterhalt sorgen müssen, und er hat keine Vorstellung davon, wie er das machen will und kann.

Jetzt kommt ihm plötzlich und ganz überraschend sein großer Bruder in den Sinn. Er war der ältere, er hätte bestimmt schon einige Erfahrung mit solchen Fragen. Er könnte jetzt sein Vorbild sein, könnte ihm Orientierung geben. Viele Fragen hat er in diesen Tagen, die er nicht loswird, auf die er keine Antwort findet. Wie wird das sein, wenn er seine Familie verlässt, als Erwachsener, als Mann? Und dann sind da die vielen kleinen und großen Erfolge und Niederlagen. Täglich. Sie bleiben ohne Echo, ohne Kommentar. Ohne Trost. Ohne Ermutigung. Ohne brüderliche Anteilnahme. Das ist ärgerlich. Das ist traurig.

Er trägt den Namen seines Bruders als seinen zweiten Vornamen. Trägt die Erinnerung an ihn in sich. Im Auftrag seiner Eltern, die ihm den Namen seines Bruders mit auf den Weg gegeben haben. Dieser Bruder hatte durch seinen tödlichen Unfall Maman in tiefe Trauer gestürzt, und er, der Jüngere, der Nachgeborene, sollte Maman trösten, sollte sie darüber hinwegtrösten. Er fühlt: Das ist schwer. Er fühlt: Das ist unmöglich. Auf gar keinen Fall aber darf er ihr irgendeinen zusätzlichen Kummer bereiten. Das merkte er sehr schnell, als er noch ganz klein war und von alldem nichts wusste und auch noch nichts wissen konnte.

Nachdem er die traurige Geschichte erfahren hatte, hasste er den großen Bruder manchmal, weil er der bessere von ihnen beiden war, wie ihm schien, der beliebtere. Beliebter bei der Mutter vor allem, die oft nur Augen und

Ohren für ihn hatte, weil er so viel sonniger und herziger war als er. Er muss zugeben, dass er selbst ein Rabauke war als Kind, ein Zerstörer, ein Kaputtmacher, ein Tunichtgut. Zerriss seine Hosen, verlor seine Strümpfe, ließ seine Schuhe in einem selbst angezettelten Feuer verbrennen. Wenn er sich verletzte, wenn er in Probleme geraten war, musste er selbst zusehen, wie er damit fertig wurde. Er hasste seinen Bruder, und er schämte sich dafür.

In diesem Moment, auf dem Nachhauseweg von der Schule, rührt es ihn zu Tränen, als er daran denkt, wie sein Bruder ums Leben gekommen ist. Der Bruder selbst hat das Unglück angezettelt, ja. Sein Ungestüm wird ihm zum Verhängnis. So hat es Maman erzählt. Als Zweieinhalbjähriger stürzt er in einen Waschbottich mit kochend heißem Wasser. Niemand bändigt ihn. Niemand fängt ihn auf. Niemand schützt ihn, als es darauf ankommt. Er, der Jüngere, kann nicht für ihn da sein, denn da war er noch nicht auf der Welt. Wäre er da gewesen, hätte er auf ihn aufgepasst. Er kennt sich aus mit gefährlichen Situationen. Aus all seinen riskanten Abenteuern ist er immer heil herausgekommen, trotz Schrammen und Narben.

Als er noch klein war, hätte er sein eigenes Foto oft gern neben das des Älteren gehängt. Ins Wohnzimmer, wo seit undenklichen Zeiten das Foto des so früh Verstorbenen hängt, der damals selbst noch so klein war. Seine blonden Locken. Eine Hasenscharte in der Oberlippe. Eine damals für den Jüngeren rätselhafte und unerklärliche Verletzung. Mitten im Gesicht. Hat sie eine Rolle gespielt bei dem Unfall? Er steht da. Trägt eine helle Hose. Barfuß. Ganz allein. Ein sommerlicher Garten im Hintergrund. So viel Sonne. Er, der Sonnenschein. Unter dem Bild eine kleine Vase. Darin manchmal eine kleine Blume. Ihm zu Ehren. Ihm zum

Angedenken. Die Blumen hat seine Mutter, hat ihrer beider Mutter dort hineingestellt.

Sein eigenes Kinderfoto? Darauf wäre ein kleiner Draufgängertyp zu sehen. Sonnenbrille. Ein kräftiger Stock in den Händen. Abenteurer. Unternehmungslustig. Kariertes Hemd. Links und rechts Spielgefährten. Eine andere Zeit, ein anderer Ort. Weit entfernt.

Bei allen Problemen, die ihm der Bruder macht, er mag ihn auch. Denkt an ihn. Er ist sein Bruder, und er verzeiht ihm, dass er nicht mehr da ist. Nichts hält mehr zusammen als brüderliches Blut. Denkt er. Manchmal. Er hat nie wirklich um den Bruder getrauert. Hat nie wirklich am Leben und am Schmerz seines Bruders teilgenommen. Hat ihn nie wirklich verstanden, nicht ihn und nicht sein Unglück. Hatte sich von ihm abgewandt. Hatte ihn vergessen. Es ist zu viel Zeit vergangen.

An diesem Tag aber erinnert er sich an den Bruder. Und er hat das Gefühl, ihm etwas schuldig zu sein. Weiß nicht was. Jetzt spürt er die Verbindungen und die Gemeinsamkeiten in ihrer Geschichte. In diesem Moment sind sie Brüder, und sie sind sich sehr nah.

16

Mit Harald und Hans verbindet ihn eine Zeitlang ein besonders inniges Vertrauen. Sie treffen sich alle zwei oder drei Wochen bei Harald. Dort gibt es einen Plattenspieler, und sie hören gern Musik. Der Lieblingstitel von Hans ist »White Cliffs of Dover«. Wenn sie genügend Wodka getrunken haben und dies Stück spielen, wälzt Hans sich selig und trunken auf Haralds Bett, seufzt und stöhnt völlig hingerissen. Es ist eine wahre Wonne, ihm dabei zuzusehen. Das ist dann nicht nur für Hans, sondern auch für die beiden anderen immer ein Höhepunkt des Abends.

Doch sie hören nicht nur Musik zusammen, sondern diskutieren auch ernsthafte und wichtige Fragen. Harald liest gern französische Romane und zeitgenössische Philosophen. Stellt dann seine neuesten Überlegungen und Erkenntnisse zur Diskussion. Er hört ihm gern zu. Ihm öffnen sich neue Gedankenwelten. Er stürzt sich hinein und beginnt zu überprüfen, was diese Überlegungen für ihn selbst und für sein gegenwärtiges Leben bedeuten oder bedeuten würden, wenn er sie übernimmt und anwendet.

Sie übernehmen spielerisch die Annahmen des Existenzialismus und beziehen sie auf sich. Zu dritt reden sie stundenlang über die Bedeutung von Sätzen wie: »Der Mensch ist lediglich so, wie er sich selbst konzipiert.« – »Was soll das denn heißen?« – »Der Mensch ist nichts anderes als das, wozu er sich macht!« – »Es gibt also keinen Gott, zu dem man beten oder bei dem man sich bedanken kann?« – »Stimmt. Wir sind in jeder Hinsicht selbstverantwortlich!« – »Wer sagt das? Sartre?« – »Ja.« – »Das finde ich irre.« – »Es gibt kein Schicksal, dem man folgen muss? Kein Paradies, in dem man belohnt, und keine Hölle, in der man bestraft wird?« – »Ja. Stimmt!« – »Das finde ich großartig!« – »Ich bin also das und nur das, was ich selbst aus mir mache?« – »Ja, so ist das gemeint.« Er fragt sich: »Kann ich so leben? Will ich so leben? Am Ende ist er so begeistert von diesen Gedanken, dass er sie in der nächsten Ausgabe der Schülerzeitung in seiner Buchbesprechung über Sartre unterbringt.

Es geht aber nicht nur um Philosophie, auch wenn sie

sich damit besonders lange beschäftigen. Sie diskutieren und kommentieren auch die gerade verkündete deutsch-französische Freundschaft. Fragen sich, ob sie der Freundschaft von de Gaulle und Adenauer trauen können. Natürlich kommentieren sie auch die Folgen des Mauerbaus in Berlin. Und sie beraten sich, wie sie beim Tanz am Samstagabend in der Sport-Klause ein Mädchen überzeugen können, mit ihnen auf eine private Party zu gehen. Alles Wichtige wird hier besprochen.

Er erlebt diese Treffen als einen Experimentierraum, als eine Art Laboratorium für bisher unausgesprochene und unerhörte Gedanken, für Thesen und Fantasien ohne Grenzen. Die drei fragen und antworten sich gegenseitig umgehend, ernst und albern, tiefgründig und mit verrückten Wortspielen. Gegen Mitternacht sind die drei regelmäßig betrunken. Das hindert sie aber nicht daran, weiterzumachen, bis Haralds Mutter sanft an die Tür klopft, den Kopf hereinsteckt und fragt: »Könnt ihr nicht etwas leiser sein oder für heute Schluss machen?«

Er wagt sich mit seinen Thesen und Fantasien, Argumenten und Antworten auf die erörterten Fragen sehr weit heraus aus der Welt, in der er mit seinen Eltern lebt. Er betritt Neuland, Niemandsland, Feindesland. Seine Fantasie trägt ihn ins schwärzeste Afrika, in einen Voodoo-Kult, der ihn zu einem wilden Tier werden lässt, das durch die Savannen und Urwälder streift, stark und frei. Er stellt sich vor, auf fernen Südseeinseln zu landen und mit exotischen, lasziven Frauen zu schlafen, wie sie Gauguin gemalt hat. Sexualität ohne Prüderie, ewige orgiastische Tänze nach sphärischer Musik. Malt sich aus, wie sie sich von allen Autoritäten an der Schule befreien können.

Das alles ist äußerst aufregend und trägt sehr zur Unterhaltung und Belustigung von Harald und Hans bei, versteht sich, die ihn damit immer weiter herausfordern und ermutigen, bis es kein Halten mehr gibt und er nur noch baren Unsinn redet, was dann aber auch schon wieder lustig ist.

Am nächsten Morgen im Bett, noch betrunken vom Alkohol und seinen Worten, bekommt er regelmäßig einen schrecklichen moralischen Kater und Angst vor dem Montagmorgen, wenn er seine Freunde wiedersieht und sich ihr vernichtendes Echo auf sein Verhalten wird anhören müssen. Aber. Nichts dergleichen geschieht – jemals. Alles ist in Ordnung. Mehr als einmal ist ihm vor diesem Moment ganz schlecht vor Aufregung und Angst. Dann die Erleichterung. Ungläubige Überraschung. Herzliche Umarmung. Und eine neue Verabredung für das nächste oder übernächste Wochenende.

17

Sein Vorabitur im Fach Französisch am Ende der Zwölften läuft nicht gut. Er landet bei einer Fünf. Das schmerzt, und es kränkt seinen Stolz zutiefst. Es ist aber wohl nicht sein Versagen allein. Am Ende der Zehnten hatte die Hälfte der Klasse eine Fünf. Dann haben sie einen neuen Lehrer bekommen. Die Schulleitung hatte wohl gesehen, dass dies nötig war. In der Elften also kam der neue Französischlehrer. Der ist wirklich gut. Vor allem ist er sehr engagiert. Schon seit einigen Jahren organisiert er einen Schüleraustausch zwischen dem Athenaeum und dem Lycée Voltaire in Paris und versteht es, ihn zu begeistern. Für die Sprache, für Paris, für Frankreich und überhaupt für die Kultur der Grande Nation. Trotzdem patzt er im Vorabitur. Das will er nicht auf sich sitzen lassen.

Es gibt die Möglichkeit, das Vorabitur im Fach Französisch gegen Ende der 13. Klasse zu wiederholen – vor dem allgemeinen Abitur. Darauf bereitet er sich vor. Helfen soll dabei eine Fahrradtour, die er mit seinem Freund nach Paris und an die französische Kanalküste unternimmt. Sie sind ein paar Tage in Paris in einer Gastfamilie, sprechen Französisch auf der Straße, in Restaurants und auf dem Campingplatz. Außerdem meldet er sich für einen dreiwöchigen Austausch mit einem französischen Schüler aus Paris an. Hier ist er in einer Gastfamilie untergebracht. Die Schüler besuchen Museen und andere wichtige Orte der Stadt und unterhalten sich mit den Lehrern im Lycée Voltaire.

Anschließend nimmt er wöchentlich Nachhilfeunterricht, bei einem ehemaligen Schüler seines Französischlehrers. Das zahlt er von seinem Taschengeld und dem Geld, das er selbst mit Nachhilfeunterricht im Fach Mathematik verdient.

Sein Engagement wird belohnt. In der Nachprüfung kann er die Fünf in Französisch ausbügeln. Seine Liebe zu Frankreich ist seitdem ungebrochen.

18

Seinen »Bildungsgang« soll er schreiben, als Vorbereitung auf das Abitur und den Abschluss der gymnasialen Ausbildung. Erwartet wird ein Bericht von etwa zehn Seiten Umfang, geschrieben im Stil eines üblichen Klassenaufsatzes. Dieser Bericht bleibt unbewertet. Er soll aber eine ernsthafte Auseinandersetzung mit der eigenen Entwicklung sein.

Sein erster Gedanke ist, dass die Lehrer ein Loblied auf ihre eigenen Leistungen und die des Athenaeums hören wollen – und eine Hymne auf die gymnasiale Bildung im Allgemeinen. Das geht ihm sofort gegen den Strich. Er beginnt, sich Gedanken darüber zu machen, wie er der geworden ist, der er ist. Bildung versteht er im Sinne der Herausbildung seiner Person, seiner Individualität und all dessen, was er im Laufe seines 20-jährigen Lebens an Erfahrungen gesammelt hat. Das hat, aus seiner Sicht, natürlich schon vor seiner Geburt angefangen. Das hat er plastisch vor Augen. Der Ort und der Zeitpunkt seiner Geburt sind in seiner Familie schon oft ein Thema gewesen, verbunden mit Geschichten über den Krieg, verbunden mit Geschichten über die Flucht. Das ist die Grundlage, das ist der Ausgangspunkt für seine persönliche Geschichte. Seine Eltern haben ihn gezeugt und gerettet, haben ihm die Welt gezeigt und ihm beigebracht, wie er sich darin behaupten kann. Die schwierige finanzielle Lage seiner Familie und das improvisierte Leben als Flüchtling bei Bauern im Alten Land und in einer leerstehenden Kaserne haben mehr als die Hälfte seines Lebens bis zu diesem Zeitpunkt bestimmt. Da spielte die Schule, da spielten die Lehrer nur eine Rolle am Rande. In diesem Sinne schildert er seinen Bildungsgang. Sehr modern, wie ihm später scheint.

Aber. Das wollen sie nicht lesen. Die Gymnasiallehrer. Im Jahr 1965. Er bekommt seinen Aufsatz, seinen Essay, oder, wenn man so will, seine schulkritische Polemik mit einer Reihe von Korrekturen zurück. Das erfüllt ihn mit einer gewissen Genugtuung, da ihm keine mangelnde Qualität angekreidet wird, sondern sein eigenwilliges Verständnis der Aufgabe. – Er möchte bei seinem Standpunkt bleiben, nimmt daher nur ein paar der Veränderungsvorschläge auf und gibt das Ganze im Wesentlichen unverändert wieder ab. Es wird angenommen.

19

»Der beste Witz des Jahres 1965 …? – Das Abitur ist eine Reifeprüfung.«
So lautet die Überschrift auf der ersten Seite der Schülerzeitung. Es ist die letzte Ausgabe. Sie ist von der Redaktion speziell zum Abitur komponiert. Er versteht dies als eine Abschiedsvorstellung, als ein Abschiedsritual. Ein Blick zurück mit Witz, mit Ironie und auch im Zorn. Das Redaktionsteam hat noch einmal voll in die Tasten gegriffen und hat sich Luft gemacht über einige der Ungereimtheiten und Ungerechtigkeiten, die es in den letzten Jahren am Athenaeum beobachtet hat. Die zweite Seite zeigt die Karikatur eines gerupften Huhns, das sich am Hals in einem großen Lorbeerkranz verfangen und aufgehängt hat. Dieses Huhn ist ein Selbstbild und die Karikatur eines Abiturienten. Eingerahmt ist es von einer Schleife mit der Aufschrift: »Athenaeum – Dem Sieger – Tour der Leiden – 1965«.

Das Heft beginnt mit einer Kurzgeschichte. Titel: »Die Prüfung«. Geschrieben im Stil von Franz Kafka. Es ist ein dunkles Szenario in einer heruntergekommenen Schule. Auf dem Weg zur Prüfung müssen die Schüler durch dunkle Flure gehen, deren Wände mit unheimlichen Zeichen bedeckt sind. Im Prüfungsraum nehmen sie an zerkratzten Tischen Platz und erhalten unverständliche Prüfungsaufgaben, die sie lösen müssen. Es herrscht eine Atmosphäre zum Schaudern. – Außerdem enthält das Heft Karikaturen von prügelnden Lehrern sowie von Schülern, die aufgespießt auf Garderobenhaken hängen. Eine andere Karikatur zeigt einen städtischen Platz mit einer Guillotine. Davor die aufgespießten Köpfe von guillotinierten Lehrern. Es gibt die Beschreibung von einem fantastischen, skurrilen Massaker an einem Schüler, der während der Abiturklausur von einer Monsterschildkröte gefressen wird. Es sind Geschichten und Bilder, die alle möglichen Schrecken der Schüler und ihre Rachegedanken widerspiegeln.

In einem Gespräch vor dem Druck der Zeitung fragt der Vertrauenslehrer: »Wollen Sie wirklich so kritisch mit der Schule und den Lehrern umgehen? Das könnte Probleme geben. Jemand könnte sich verletzt fühlen.« – Er ist der Chefredakteur und fragt zurück: »Gibt es denn von Ihrer Seite aus irgendwelche Einwände zum Inhalt? Wo sind denn die Probleme?« Der Lehrer zuckt mit den Schultern, verzieht das Gesicht, sagt aber nichts.

Der Vertrauenslehrer für die Schülerzeitung stellt so etwas wie die Freiwillige Selbstkontrolle dar. Die Redaktion legt ihm vor jeder neuen Ausgabe den Entwurf der Zeitung vor, und der Lehrer moniert, korrigiert oder akzeptiert. Die Schulleitung mischt sich nicht weiter ein. Das ist bislang immer problemlos abgelaufen. Diesmal sind die Redakteure bewusst provokanter als gewöhnlich. Sie riskieren die Auseinandersetzung. Der Vertrauenslehrer zuckt also bei der Vorlage, äußert Bedenken, runzelt die Stirn – aber er verbietet nichts. Gut. Die Redakteure sind beruhigt und lassen die Zeitung drucken.

Am Tag der Abschlussfeierlichkeiten, unmittelbar bevor in der Aula die Abiturzeugnisse feierlich überreicht werden sollen und die ersten Eltern schon in festlichem Kleid und Anzug die breiten steinernen Treppen emporsteigen, wird er als der Chefredakteur ins Büro des Schulleiters beordert. Er trifft dort den Stellvertreter, denn der Chef ist krank. Der stellvertretende Schulleiter empfängt ihn stehend in seinem Büro. Gerade aufgerichtet ist er einen halben Kopf kleiner als der Abiturient. Seinen Anzug trägt er wie eine Uniform, hat sich vor dem Jungen aufgebaut wie ein militärischer Vorgesetzter. Ohne weitere Vorrede beginnt er. »In der jetzigen Form können Sie die Schülerzeitung nicht an der Schule verkaufen! Sie haben die Wahl. Entweder Sie verzichten jetzt sofort darauf, dann können Sie und die anderen Redakteure Ihr Abiturzeugnis in Empfang nehmen. Sonst nicht!«

Er ist völlig überrumpelt und verwirrt. Um Zeit zu gewinnen, fragt er: »Was ist denn das Problem? Wir haben doch alles mit unserem Vertrauenslehrer für die Schülerzeitung abgesprochen!« – »Es gibt da einen Artikel, in dem die Schule in schlechtem Licht erscheint und sich verleumdet fühlt. Üble Nachrede ist ein Straftatbestand. Sie müssen mit einer handfesten Klage rechnen!« Ihm brummt der Kopf. Sein Abitur steht auf dem Spiel und das seiner Freunde. Was kann er tun, um es zu retten? Um noch einmal Zeit zu gewinnen, sagt er: »Das kann ich allein gar nicht entscheiden, da muss ich die ganze Redaktion fragen.« Tatsächlich entlässt ihn der stellvertretende Schulleiter nach draußen auf den Flur. Zum Glück trifft er dort sofort seine Redaktion. »Was wollen wir machen?«

Alle stehen da im ungewohnten Anzug. Teilweise haben sie ihre Eltern im Schlepptau. Kurze Redaktionskonferenz.

»Was hat er gesagt? Was will er? Hat er tatsächlich mit einer Klage gedroht? Ich kenn da einen Anwalt. Wird das nicht teuer? Der ist doch unmöglich! Das lassen wir uns nicht gefallen!« So geht es hin und her. Ergebnis: »Sag ihm, wir versprechen ihm, was er will. Dann bekommen wir unser Zeugnis. Morgen gehen wir zu einem Rechtsanwalt und informieren uns, ob uns wirklich eine Verleumdungsklage droht, und verkaufen die Zeitung außerhalb der Schule.« Letzteres ist wichtig, denn nur so können sie von den Inserenten das Geld bekommen, von dem sie den Druck der Zeitung bezahlen.

Der stellvertretende Schulleiter bekommt die Antwort, die er hören wollte. Damit sind die Redakteure für den Moment gerettet. Sie sind erleichtert, denn der Konflikt ist vertagt. Die Feier in der Aula kann beginnen. Festlich, freundlich mit einem Unterton von Ärger, Angst und Häme. Nein, so leicht kriegt ihr uns nicht klein. Wer zuletzt lacht, lacht am besten.

Harald hält die Abiturrede der Schüler. Eloquent, belesen, nachdenklich, dem feierlichen Anlass angemessen. Ganz der Harald, wie ihn seine Freunde und die Lehrer kennen. Als die Bücher verteilt werden, die für besondere Leistungen an die Schulabgänger vorgesehen sind, ist der Junge nicht dabei. Ursprünglich war auch er dafür vorgesehen, weil er die Schülerzeitung herausgegeben hatte, viele seiner Fotos in der Festzeitschrift der Schule abgedruckt worden waren und er die Veranstaltung mit dem Auschwitz-Zeitzeugen organisiert hatte. Als in der Lehrerkonferenz besprochen wurde, wer die geeigneten Kandidaten sein könnten, fiel sein Name. Da erhob der Vertrauenslehrer für die Schülerzeitung seine Bedenken. Dadurch kam die Sache ins Rollen, und der Eklat mit dem Schulleiter nahm seinen Anfang. Doch das erfährt er erst hinterher. Davon ist jetzt nicht die Rede. Alles bleibt friedlich. Er bekommt sein Abiturzeugnis, so wie alle anderen. Strahlt innerlich vor Freude und atmet tief durch, ist erleichtert. Seine Eltern neben ihm strahlen auch. Überhaupt: Soweit er sehen kann, haben alle Anwesenden gute Laune. Die Konflikte und alle Probleme bleiben unsichtbar im Hintergrund, liegen sicher unter dem Teppich.

20

Als die Veranstaltung zu Ende ist, geht er mit seinen Eltern zusammen zu Fuß nach Hause. Sie sind miteinander in der besten Stimmung. Dies ist in den letzten Jahren sein Schulweg gewesen. Jetzt geht er ihn das letzte Mal. Sie haben es nicht weit. Die frische Luft tut gut. Genugtuung erfüllt ihn. Er hat es geschafft, hat alle Hürden genommen. Das Zeugnis selbst ist akzeptabel. Die letzte Scharte mit den schwachen Leistungen in Französisch hat er bei der Wiederholungsprüfung ausgewetzt. Sein neuer Anzug ist zwar schick, aber unbequem, doch heute trägt er ihn mit Stolz. Als sein Vater zu Hause die Tür aufschließt und sie ihr kleines Häuschen betreten, überkommt ihn ein sonderbares Gefühl. Jetzt ist er Abiturient. Jetzt und für immer. Bei allem, was er in der nächsten Zeit vorhat, wird das eine Rolle spielen. Er fühlt sich etwas benebelt.

Sein Vater lotst ihn in sein Zimmer und macht ihn darauf aufmerksam, dass da etwas für ihn auf dem kleinen Schreibtisch liegt. Es ist eine Schreibmappe. Sie ist aus dunkelgrünem, weichem, feinem Leder angefertigt. Auf der Vorderseite ist eine Schmuckgrafik eingeprägt, die wie ein herrschaftliches Wappen aussieht. Papa klappt die Mappe auf. Sie ist mit grüner Seide ausgeschlagen und bietet verschiedene Fächer an, in denen Briefpapier und Briefumschläge Platz haben. Ja – und sie ist groß genug, um sein Abiturzeugnis darin unterzubringen. Sie erscheint ihm viel zu groß, wenn er ehrlich ist. Das Bild dieser prachtvollen, etwas überdimensionierten, wahrscheinlich recht teuren Ledermappe muss er erst einmal verdauen. Sie passt nicht recht zu ihm, findet er. Kommt ihm etwas altmodisch vor und herrschaftlich. Er spürt den ganzen Stolz seines Vaters, der sich ausdrückt in dem geprägten dunkelgrünen Leder dieser Schreibmappe.

Dann kommt die erwartete Frage: »Wie gefällt sie dir?« – »Oh, ja! Ganz großartig. Ganz toll!« Dann kommt Papa seinem rechten Ohr etwas näher und flüstert fast: »Ich hatte nicht geglaubt, dass du es schaffst.« Dabei lächelt er. Es sieht so aus, als sei der erfolgreiche Abschluss des Gymnasiums für Papa wirklich sensationell und kaum zu fassen. In seiner bekannt zurückhaltenden Art drückt er wahrscheinlich eine überbordende Freude aus. Vielleicht sogar Fassungslosigkeit. Sein Sohn hat es geschafft. Die Söhne seiner beiden Arbeitskollegen, die im selben Jahr im Gymnasium angefangen haben wie er, sind mit der Mittleren Reife abgegangen. Vielleicht spielt das in diesem Moment auch eine Rolle.

Der Tag klingt aus mit dem Abi-Ball in den Festsälen eines Hotels. Dieser Ball spielt für ihn aber kaum eine Rolle. Nach Feiern ist ihm gar nicht zumute. Einige Mitschüler fangen an, sich zu betrinken, andere tanzen. Er weiß nicht so recht, wonach ihm ist. Seine Tanzpartnerin, mit der er sich verabredet hat, gehört mit zur Redaktion der Schülerzeitung. Beide haben etwas miteinander geflirtet. Er hat sie immer als klug und engagiert erlebt – aber auch als etwas förmlich. Nein. An diesem Abend sind ihm die Freunde aus der Redaktion wichtig. Die Tanzpartnerin gehört mit dazu. Das ist alles. Sie tanzen und betrinken sich ein bisschen. Es ist ein schöner Ausklang des Tages. Alles andere kommt morgen.

21

Der Rechtsanwalt und seine Gehilfin sind am nächsten Tag sehr amüsiert über die ganze Geschichte. Sie wollen dringend ein Exemplar kaufen. Der beanstandete Artikel ist überschrieben mit: »Noch ungeküszt?« Er schildert einen Moment im Treppenhaus der Schule. Nach der Pause gibt es ein Gedränge im Aufgang, und ein Schüler raubt einer der Schülerinnen einen Kuss. Das ist reine Fiktion, natürlich. Die Geschichte stammt von ihm selbst. Darin hat er seine Gefühle und Gedanken eingearbeitet, die ihm die Anwesenheit der Mädchen in seiner Klasse beschert haben. Er hat sich in diese Situation hineingeträumt und sie ausgeschmückt. Diese Geschichte ist also der Anlass für das Drama! Ein fantasierter Kuss im Treppenhaus der Schule. Dafür droht jetzt also eine Verleumdungsklage. Er kann es kaum glauben.

Aus Sicht des Anwalts ist die ganze Zeitung leicht als Satire erkennbar. »Aber die Schulleitung ist sehr einflussreich hier in der Stadt.« Erklärt er. »Ich würde euch empfehlen, dass ihr einen Hinweis auf den Satirecharakter im

Heft abdruckt.« – »Wie denn?« – »Auf einem hektografierten Zettel zum Beispiel, den ihr an der entsprechenden Stelle ins Heft klebt.« Sie sind sprachlos. Stehen finanziell und vielleicht auch rechtlich immer noch mit dem Rücken zur Wand und lassen sich darauf ein. Zwei Tage später kommen sie mit ihrer Zeitung, in der inzwischen ein entsprechender Hinweis auf den Satirecharakter des Artikels eingeklebt ist, in die beiden einzigen Buchhandlungen der Stadt, in denen sie bislang regelmäßig die Schülerzeitung verkauft haben. Die Verkäuferinnen sind schon informiert. »Zeigt doch mal. Können wir ein paar Exemplare haben? Ja? Danke! Aber verkaufen können wir das nicht.« – »Wieso denn nicht?« – »Die Schulleitung hat angerufen und gedroht. Wenn wir eure Zeitung verkaufen, dann will sie hier keine Bücher mehr bestellen.« Wieder ein Schock für die Redakteure. »Das ist doch unglaublich. Haben die das wirklich gesagt?« Kein Zweifel. Das sind harte Bandagen. Sie finden schließlich zwei Zeitungskioske, einen in der Stadt und einen in der Nähe der Schule, die ihre Zeitung verkaufen wollen. Die Geschichte hat sich mittlerweile herumgesprochen, und genügend Schüler kaufen die Zeitung. So weit, so gut. Der materielle Schaden ist vermieden. Sie atmen tief durch. Fluchen und schimpfen. Fühlen sich mit ihrer Kritik an der Schule voll bestätigt.

22

Nach dieser Erfahrung kann er drei Jahre lang nicht am Athenaeum vorbei gehen, ohne dabei regelmäßig schwere Magenkrämpfe zu bekommen. Er gerät dann in einen fürchterlichen Gefühlssturm. Spürt seine Wut, seine schmerzliche Kränkung, und ist voll von brennenden Ohnmachtsgefühlen. Er meidet deshalb diesen Weg. Diese Lektion nimmt er mit. Nicht für die Schule, fürs Leben lernen wir. »Non scholae sed vitae discimus!« Hört er seinen alten Lateinlehrer sagen. Manchmal sagte er auch: »Von Ochsen kann man nicht mehr als Rindfleisch erwarten.« Das fällt ihm in diesen Momenten auch wieder ein.

Die Zeit auf dem Gymnasium hat bei ihm zutiefst zwiespältige Gefühle hinterlassen. Einerseits hat das Abitur ihm sehr gute berufliche Perspektiven ermöglicht. Vieles von dem, was er gelernt hat, sowohl im regulären Unterricht, als auch in Arbeitsgemeinschaften und in der Auseinandersetzung mit seinen Mitschülern hat sein Denken, Fühlen und seine Wahrnehmung geprägt. Er hat viele Anregungen und Erfahrungen mitgenommen, und er hat seine Grenzen kennengelernt, dort, wo er mit seinem Latein am Ende war.

Andererseits wurde er mit einem Eklat entlassen. Er war total naiv in den Konflikt mit der Schulleitung hineingestolpert. Hatte sie offenbar wie strenge, manchmal etwas engstirnige, aber letztlich doch gerechte und wohlwollende Eltern eingeschätzt. Doch die Wirklichkeit sah anders aus. Ein konfliktscheuer Vertrauenslehrer und ein Schulleiter, der eiskalt seine Macht ausspielte, waren die Erzengel links und rechts des Schultors, die ihn aus dieser heiligen Lehranstalt verabschiedeten. Das ist die eine Lektion. Die andere ist, dass er sich auf seine Gefährten in der Redaktion verlassen konnte. Gemeinsam meisterten sie den ersten Schock, die finanzielle Erpressung und die moralische Enttäuschung über ihre Lehrer.

Er hat den Eindruck, in der Realität angekommen zu

sein, hat gelernt, dass er vorsichtig sein muss, auch und gerade bei den sogenannten Leuchten der Gesellschaft, als die sich die Gymnasiallehrer, die hoch gebildeten Akademiker verstehen. Eine Elite. Eine Schlangengrube. Und er selbst ist auf dem Weg, einer von ihnen zu werden, denn dass er studieren wird, steht für ihn unumstößlich fest.

Sein Vater hatte ihn manchmal davor gewarnt und darauf aufmerksam gemacht, dass er es im Leben auch mit religiösen und politischen oder anderen Machtinteressen zu tun bekommen kann. Der »böse Wolf« kommt offensichtlich nicht nur im Märchen vor. Es gibt eben Menschen in allen sozialen Milieus, hatte er angedeutet, die sich hinter einer Fassade von Freundlichkeit, Wohlwollen und fairen Verhaltensregeln verstecken und dann das naive Rotkäppchen fressen. Wie soll er, wie kann er zukünftig damit umgehen, ohne immer und überall misstrauisch zu sein? Das bleibt vorerst eine offene Frage, die ihn begleitet, nicht immer bewusst ist und doch in vielen kritischen Situationen auftaucht.

23

Bevor es jetzt für ihn weitergeht, braucht er erst einmal eine kleine Auszeit, etwas Abstand, Abwechslung, einen Ort, wohin er sich in Ruhe zurückziehen, sich ablenken und auf andere Gedanken kommen kann. Es ist Anfang März. Erst in etwa drei Wochen wird er nach Bayern fahren und südlich von Starnberg in die Kaserne Maxhof einrücken. Er hat sich für zwei Jahre bei der Bundeswehr verpflichtet. Bei einer Fernmeldeeinheit. Will herausfinden, wie das ist, ein Soldat zu sein. Sein Vater hat ihm nicht viel erzählt von seinen eigenen Erfahrungen. Er will, er muss das für sich herausfinden, denn so problematisch es für ihn auch ist, Soldat zu sein, es scheint zum Leben von Männern dazuzugehören.

Jetzt hat er aber noch etwas Zeit, und er will nach Südfrankreich. Will in den Süden, in den Frühling, in das Land, für das er seit ein paar Jahren schwärmt und das er auch schon kennengelernt hat: Paris, die Gegend um Reims, die Kanalküste. Jetzt also will er ans Mittelmeer. Will es sehen, will darin baden. Stellt sich vor, bei einem guten roten Wein zu träumen. Sein Freund will leider nicht mitkommen. Also reist er allein und per Anhalter. Auf deutschen Autobahnen trampt er gen Süden, überquert bei Freiburg die Grenze und fährt dann an der Rhone entlang in Richtung Marseille.

Aber ganz so schnell, wie er es sich gedacht hat, geht es nicht. In Colmar, nicht weit hinter der französischen Grenze, wird er abgesetzt. Es ist kurz nach Mitternacht. Er steht allein auf der Straße. Vereinzelte Lichter in den Fenstern. So gut wie kein Autoverkehr mehr! Soll er versuchen, in einem Hotel unterzukommen? Das Taschengeld ist knapp. Vielleicht nimmt ihn ja doch noch jemand mit. Es wird kalt, aber nicht so kalt wie dort, wo er herkommt. Er zieht sich einen zusätzlichen Pullover an, den er im Rucksack hat, hält sich mit kleinen Turnübungen warm. Die Vorfreude auf den Frühling am Mittelmeer hilft ihm, wach zu bleiben. Dann wird es langsam wieder hell.

Jetzt muss er nicht allzu lange warten, und ein Auto hält, nimmt ihn mit bis Lyon. Weiter geht es. Links und rechts der Autobahn breitet sich die Weite der Provence aus. Er fährt durch kleine Städte und Dörfer. Er sieht Felder, die begrenzt sind von Zypressen in langen Reihen, wie er sie auf Bildern von van Gogh gesehen hat. Sie züngeln wie grüne Flammen in den blauen Himmel, der ihn dem Mittelmeer immer näher bringt. In Toulon gibt es eine Jugendherberge, in der er unterkommt. Sie ist, jetzt im März, fast leer. Am Ende erreicht er das Meer. Sitzt auf der felsigen Strandbefestigung einer Hafenstadt mit dem Namen La Ciotat.

Er findet eine kleine Hafenanlage, erkundet eine steinerne Mole, die hinausführt ins Meer. Hafenmauer. Pier. An ihrer Spitze, vom Wasser umgeben, lässt er sich nieder, lässt seinen Gedanken freien Lauf, lässt sich entführen in immer neue Tagträume und Erinnerungen an die letzten Tage. Er ist jetzt ganz bei sich. Bilder tauchen vor ihm auf von dem, was er in den letzten Wochen und Monaten auf dem Gymnasium erlebt hat.

Er erinnert sich daran, wie sehr sein Vater sich gefreut hat, und wie sprachlos seine Mutter geblieben ist, als er endlich sein Abitur in der Tasche hatte. Ja, er hatte seine Aufregung vor und nach den Prüfungen weitgehend für sich behalten. Meinte, die Prüfung und alles, was damit zusammenhing, allein meistern zu müssen. Wenn er versucht hatte, seinen Eltern zu schildern, was ihn beschäftigte, dann hatte er oft erlebt, dass sie ihn nicht verstanden. Sie konnten sich nicht vorstellen und auch nicht nachempfinden, was in ihm vorging. Sie hatten in ihrem Leben eben keine vergleichbaren Erfahrungen gemacht. Wie sollten sie dann seine Situation verstehen? Das war traurig. Für beide Seiten. Sie waren sich fremd und doch vertraut, waren sich vertraut und doch fremd – geworden.

Ihm ist, als höre er eine eindringliche Stimme: »Bleib bei mir! Geh nicht weg! Ich brauche dich! Hier bei mir!« – Er ist angerührt und verwirrt. Die Stimme ist ihm irgendwie vertraut. Verhalten, sehnsuchtsvoll, bittend. Sie hallt leise in ihm nach.

Dann ist er wieder allein auf der Mole, von Wasser umgeben. Ein leichter Wind streicht an seinen Ohren vorbei. Leicht wie ein Windhauch erreicht ihn eine andere Stimme: »Geh raus! Geh raus in die Welt! Mir hat das immer gefallen! Geh! Meinen Segen hast du. Kann dir nur einen Rucksack nähen für deine Reise. Deinen Weg wirst du allein finden! Ich wünsche dir viel Glück und Erfolg!« Ganz andere Gefühle werden wach.

Er fühlt sich wie in einem Traum. Wachtraum? Albtraum? Das leise Schlagen der stärker werden Wellen an den Steinen zu seinen Füßen unterlegt seinen Atem mit einem Rhythmus. Zeitlos. Er hat keine Eile. Träumt sich aufs Meer hinaus. Erste Sterne. Endlos viele kleine weiße Wasserberge laufen auf ihn zu, ihm entgegen. Bringen immer neue Gedanken: »Junge, jetzt wird es Zeit! Verabschiede dich von deinen Eltern. Eine letzte Umarmung, ein letztes Winken. Dann biegst du um die nächste Kurve und – bist auf deinem Weg.«

Dann kommt ihm der Abschlussball in den Sinn. Er hat die Musik der Tanzkapelle noch im Ohr. Standardtänze. Das Übliche. Wie in der Tanzschule. Er stand da in seinem neuen Anzug. Alles war ihm zu förmlich, zu steif und zu unbequem gewesen. Langweilig. Der Spaß fehlte, die Sinnlichkeit, der Überschwang. All das kannte er durchaus! Im »Haus des Sports« an den Sonnabenden gab es das. Vor Kurzem hatten dort »The Liverbirds« gespielt, eine Frauenband aus Liverpool, die erste Girlgroup der Welt. Sie tranken zwischen den Stücken ihr Bier, machten raue Witze und nahmen dann lachend ihre Instrumente wieder in die

Hand. Das gefiel ihm, und die Musik gefiel ihm auch. Alles andere war uninteressant geworden.

An diesen Abenden waren auch die Mädchen aktiv, albern und unternehmungslustig. Sie ließen sich zu Partys einladen. Miteinander fühlten sie sich entspannter, freier, ungezwungener, als sie es bislang auf ihren Klassenfesten waren. Sie tranken mehr, sie lachten mehr, sie tanzten wilder. In den Gesprächen versicherten sie sich, dass sie Abenteuer liebten. Das Leben ihrer Eltern erschien ihnen verstaubt und überholt.

Im Hafen ist es dunkler geworden. Erste Lichter in einigen Tavernen am Rande des Hafenbeckens.

Rotwein im Glas.

Er nimmt einen Schluck. Blickt auf das Meer.

Prickelnde Aufbruchstimmung.

NACHWORT

Wenn ich gedacht hatte, die alten Geschichten meiner Kindheit hinter mir lassen zu können, dann hatte ich mich getäuscht. Sie tauchten in Träumen, Erinnerungen und in Gesprächen mit Freunden wieder auf. Das war zu erwarten. Jahrzehnte später aber erschienen sie immer noch. Manchmal kamen sie als Dramen oder verkleidet als Wiederholungen. Das gab mir zu denken. Sie waren unruhige Geister. Irgendetwas fehlte, damit sie Ruhe geben konnten.

Da kam mir eine andere Erfahrung zu Hilfe. Ich hatte am Ende meines Studiums angefangen, von Urlaubsreisen Fotoalben zusammenzustellen und Reiseberichte zu schreiben, die bei meinen Freunden auch Anklang fanden. Ermutigt und inspiriert durch diese Reisebeschreibungen, fing ich an, Erinnerungen an meine Kindheit festzuhalten.

Was mir spontan einfiel, was mich reizte, was sich spannend erzählen ließ, schrieb ich auf. War auf Entdeckungstour. Ließ mich in eine Schreibgruppe einladen, in der wir uns unsere autobiografischen Texte vorlasen, Fragen beantworteten, Erfahrungen mit unserem Schreibstil machten. Ich experimentierte. Die Grundhaltung war spielerisch, spontan, zufällig und oft den Anregungen aus der Gruppe geschuldet.

Als dann eine kleine Sammlung von Episoden entstanden war, veränderte sich mein Blick auf die Texte langsam. Ich kam auf den Gedanken, die einzelnen Erinnerungen so zusammenzustellen, dass eine fortlaufende Geschichte daraus entstand. Eine Art Bildergeschichte. Daraus ergab sich die Frage, ob etwas fehlte. Gab es Lücken? Was gehörte außer den Erinnerungen, die mir schon eingefallen waren, sonst noch dazu, damit die spontane Sammlung eine runde Sache wurde?

Ich wurde neugierig. Warum waren mir einige Geschichten sofort eingefallen und andere nicht? Waren sie mir weniger wichtig? Waren sie mir peinlich? Hatte ich sie verdrängt – und wenn ja, warum? Spielten sie sich vielleicht nicht allein auf der Oberfläche ab, sondern berührten sie tiefere Gefühle und Gedanken? Waren sie vielleicht einfach nicht so leicht zu erzählen, weil sie komplizierter oder komplexer waren? Musste ich Hintergründe berücksichtigen, die mir gar nicht oder nur teilweise bekannt waren?

Was war mir im Rückblick auf meine Kindheit und Jugend wichtig und bedeutsam? Konnte und musste auswählen. Welche Konsequenzen hatten bestimmte Erlebnisse für später, für die Wahl meiner Studienfächer und den Beruf? Gab es Erfahrungen, die sich nicht allein auf einzelne Erlebnisse zurückführen und damit auch nicht so einfach erzählen ließen? Wie aber kamen sie zustande, und wie ließen sie sich darstellen?

Wenn ich über Familienmitglieder, Freunde oder Nachbarn berichtete, stellte sich jetzt die Frage: Wie werde ich ihnen gerecht? Bilden meine Erinnerungen die ganze Person ab oder bin ich einseitig, vordergründig, oberflächlich, unfair? Müsste ich nicht mehr von dem Hintergrund der Personen einbeziehen, um sie in ihrem Verhalten zu verstehen und nachvollziehbar darzustellen? Ich hatte Konflikte mit ihnen erlebt, Kritik und Ärger, ebenso wie Begeisterung, Zuneigung und Wertschätzung. All das sollte sich in meinen Texten wiederfinden.

Rückblickend stelle ich fest, dass die Erinnerung an meine ersten zwanzig Jahre und ihre Rekonstruktion ein Abenteuer war. Ich stieß auf eine ganze Reihe aufregender, spannender und freudiger Momente. Andererseits entdeckte ich auch Dramen und Tragödien, die auch im Nachhinein immer noch Trauer, Schmerz oder Ärger in mir auslösten. Mein Wunsch, Licht ins Dunkel einiger Familienangelegenheiten zu bringen, die mich damals belasteten, bedrückten und manchmal spürbar lähmten, machte mich über weite Strecken zum Detektiv, zum Forscher und Analytiker.

Bei allem Respekt vor meinen Eltern musste ich für diese »Forschungsreise in eigener Sache« mit einer Regel brechen, die in unserer Familie galt: Was in der Familie geschah und was besprochen wurde, sollte nicht nach außen getragen werden. Wir schützten uns fast verschwörerisch gegenseitig vor Scham- und Schuldgefühlen. Jetzt mache ich Privates plötzlich öffentlich und bin unversehens mit meinen (und wahrscheinlich auch mit ihren) Scham- und Schuldfühlen konfrontiert. Darauf lasse ich mich aber nicht zuletzt deshalb ein, weil ich feststelle, dass Privates oft gar nicht so privat ist, wie sie es darstellten und wie auch ich ursprünglich gedacht hatte.

Denn der Faschismus, der Krieg und dann die Nachkriegssituation, daran waren nicht nur meine Eltern beteiligt, das hatte nicht nur unsere Familie betroffen. Sie haben, aus meiner Sicht, oft so getan, als wäre es unser ganz spezielles Schicksal. Darüber konnten oder wollten sie offenbar nicht sprechen. Jedenfalls nicht mit uns Kindern. Wenn ich mich vom Schweigegelübde befreien wollte, musste ich es brechen und bereit sein, mich mit meiner Geschichte der Öffentlichkeit zu zeigen. Ich wollte mich mit einem möglichen Echo auseinandersetzen. Deshalb gibt es dieses Buch. Den hier niedergeschriebenen »Reisebericht« aus meiner eigenen Vergangenheit möchte ich auch als Ermutigung verstanden wissen, die Schweigemauer zu durchbrechen, die Krieg und Faschismus nicht nur in mir hinterlassen haben. Wer sich darauf einlässt, kann dadurch erfahren, dass wir mit unseren Geschichten nicht allein sind.

ANHANG

GLOSSAR

Altes Land
Auf Plattdeutsch heißt das Gebiet *Olland* (hochdeutsch »Altland«). Es ist Teil der Elbmarsch südlich der Elbe und zwischen Hamburg und Stade gelegen. Der fruchtbare Boden eignet sich besonders als Obstanbaugebiet. In der Zeit nach 1945 nahm die Region zahlreiche Kriegsflüchtlinge auf.

Auschwitz / Oświęcim
Das Konzentrationslager Auschwitz war ein deutscher Lagerkomplex zur Zeit des Nationalsozialismus. Der Lagerkomplex befand sich im vom Deutschen Reich annektierten Teil von Polen. Er hatte eine Doppelfunktion als Konzentrations- und Vernichtungslager. Die SS betrieb das Lager von 1940 bis 1945. Es lag am Rand der Stadt Oświęcim, (deutsch: Auschwitz), westlich von Krakau. Über eine Million Menschen wurden in diesem Lager ermordet.

Bielitz / Bielsko-Biała
Polnische Stadt, in Oberschlesien gelegen. Bei der sogenannten ersten polnischen Teilung 1772 von Österreich-

Ungarn annektiert. Wurde nach dem Ersten Weltkrieg, gemäß dem Versailler Vertrag, 1920 wieder zu einer polnischen Stadt. Hat heute etwa 170 000 Einwohner.

Die Stadt lag seit dem 15. Jahrhundert in einer deutschen Sprachinsel im südöstlichen Zipfel von Schlesien. In dieser Region lebten Polen, Tschechen und Deutsche zusammen. Nach dem Ersten Weltkrieg spielte in Bielitz und Umgebung die nationale Identität insbesondere für die national gesinnten Deutschen eine zunehmend große Rolle. Es kam zu politischen und auch zu gewalttätigen Auseinandersetzungen.

Fliegerhorst Stade

Der Fliegerhorst wurde ab 1935 südlich von Stade gebaut. Nach dem Krieg wurden die Kasernen von englischen Soldaten als Unterkunft genutzt. Nach deren Abzug zogen ab 1950 deutsche Flüchtlinge dort ein. Ab 1956 wurden die Kasernen nach und nach von der Bundeswehr bezogen und genutzt. Für die Flüchtlinge wurden Wohnungen am Stadtrand von Stade gebaut. Im Jahr 1994 wurde der Standort im Rahmen der Truppenreduzierung der Bundeswehr vollständig aufgegeben. Seit Ende der 1990er Jahre entsteht dort der neue Stader Stadtteil Ottenbeck.

Oksböl/Oksbøl

War ursprünglich ein für das dänische Heer errichteter Artillerie-Übungsplatz zwischen den Orten Blavand und Vejers. Errichtet Ende der 1920er Jahre. Wurde ab 1945 ein Internierungslager für deutsche Flüchtlinge, insbesondere für diejenigen, die aus den östlichen Teilen des Deutschen Reiches geflohen waren. Dort lebten bis zu 36 000 Menschen in einem stacheldrahtbewehrten Barackenlager. Es wurde wie eine Stadt verwaltet und hatte einen eigenen Bürgermeister. Es verfügte über eine Lagerpolizei, Schulen und ein kleines Theater. Im Februar 1949 wurden die letzten Flüchtlinge verabschiedet.

Konitz/Chojnice

Das Gebiet des Kreises Konitz kam durch die erste polnische Teilung 1772 zu Preußen. Die Kreisstadt Konitz hatte vor dem Ersten Weltkrieg etwa 20 000 Einwohner, lag etwa 120 Kilometer südwestlich von Danzig und gehörte zu Westpreußen. Durch den Versailler Vertrag fiel Westpreußen 1920 an Polen. Konitz lag damit im sogenannten Polnischen Korridor, der Polen einen Zugang zur Ostsee verschaffte.

Persilschein

Eine umgangssprachliche Bezeichnung für eine Bescheinigung im Zusammenhang mit der Entnazifizierung. Diese Bescheinigung dokumentierte, dass mutmaßliche nationalsozialistische Straftäter sich während der Nazizeit nichts Gravierendes hatten zuschulden kommen lassen. Sie konnten durch Opfer oder ehemalige Gegner entlastet werden. In der Nachkriegszeit wurde die Entnazifizierung in den verschiedenen Besatzungszonen unterschiedlich gehandhabt. Die britischen Besatzer folgten dabei einem pragmatischen Ansatz, der sich auf die Entfernung von Nationalsozialisten aus wichtigen Schlüsselpositionen konzentrierte und zahlreiche Mitläufer ungeschoren ließ.

Stade

Die Hansestadt Stade ist Kreisstadt des gleichnamigen Landkreises in Niedersachsen. Sie ist am südwestlichen

Ufer der Unterelbe zwischen Hamburg und Cuxhaven gelegen und hat heute etwa 50 000 Einwohner. An der Stadt fließt die Schwinge vorbei, die bei Stadersand in die Elbe mündet.

Verschickungskinder

Als Verschickung bezeichnete man die mehrwöchigen Kuren von Klein- und Schulkindern in Kur- und Erholungsheimen ab den 1950er Jahren. Anlässe waren Unterernährung und gesundheitliche Probleme. Von der Nachkriegszeit bis in die 1990er Jahre wurden mindestens 8 Millionen Kinder in der Bundesrepublik an die See oder in die Berge verschickt. Die Heimeinrichtungen lagen im Zuständigkeitsbereich der Krankenkassen. Eine Kontrolle der pädagogischen Zustände fand daher meist nicht statt. Von vielen Kindern wurde die Unterbringung als traumatisierend wahrgenommen, weil die Leitung und Betreuung oft sehr autoritär und teilweise mit Schikanen verbunden war. Erst in den letzten Jahren hat eine entsprechende Aufarbeitung dieser Probleme begonnen.

DANK

Ich möchte allen danken, die mir bei diesem Projekt geholfen haben. Dabei denke ich an Freunde und Kollegen und an die beiden Schreibgruppen, in denen ich mitarbeiten konnte. Wir stellten uns unsere Texte vor und diskutierten unsere Erfahrungen. Ich lernte, noch genauer hinzusehen und zu würdigen, was die beschriebenen Erlebnisse für mich im Einzelnen bedeutet haben. Ich erlebte viel Anteilnahme und Engagement. Dabei gab es Anregungen durch Nachfragen und Kritik, vor allem aber durch den Austausch unserer Erlebnisberichte.

Ich bekam von Maya Ueckert, Sigrid Bonelo und Andreas Tschöke viele Male ein rauschendes Echo auf meine zu Papier gebrachten Erinnerungen, das mich immer wieder aufs Neue motivierte, weiterzumachen. Besonders erwähnen möchte ich meine langjährige Kollegin Ferdinande Schenke, die mich in die Schreibgruppe gelotst und die Entwicklung meiner Geschichten mit viel Anteilnahme verfolgt hat.

Danken möchte ich auch meiner Lektorin Ursula Debus, die mich immer wieder motivierte, meinen Blick auf

Themen zu richten, die mir entgangen waren oder zu heikel erschienen, um sie zu untersuchen und darzustellen. Vor der Veröffentlichung half mir mein Freund und Kollege Frank Filpe die Druckfahnen auf letzte Ungereimtheiten zu überprüfen. Besonders danken möchte ich nicht zuletzt meiner Schwester Barbara, die mir bei einigen Erinnerungen an unsere Kindheit und unsere Familie helfend zur Seite stand. Dabei wurde deutlich, dass wir neben vielen ähnlichen auch ganz unterschiedliche Erfahrungen in unserer Familie gemacht haben.

LITERATUR

Bei der Erarbeitung meiner Lebensbeschreibung habe ich mich auch mit den Autobiografien anderer Autorinnen und Autoren und mit wissenschaftlichen Forschungsarbeiten zu diesem Thema beschäftigt. Ich schöpfte aus ihren Erfahrungen.
Hier eine kleine Auswahl der von mir genutzten Literatur zum Nach- und Weiterlesen.

Bode, Sabine: *Die vergessene Generation. Die Kriegskinder brechen ihr Schweigen.* München 2004
Gammelgard, Arne: *Treibholz. Deutsche Flüchtlinge in Dänemark 1945–1949.* Blavandshuk Egnsmuseum, 1993
Frank, Niklas: *Bruder Norman!.* Bonn 2013
Konrad, Sandra: *Das bleibt in der Familie. Von Liebe, Loyalität und uralten Lasten.* München 2014
Lorenz, Konrad: *Das sogenannte Böse. Zur Naturgeschichte der Aggression.* Wien 1963
Miller, Alice: *Das Drama des begabten Kindes und die Suche nach dem wahren Selbst.* Frankfurt am Main 1979
Müller-Hohagen: *Geschichte in uns. Seelische Auswirkungen*

bei den Nachkommen von NS-Tätern und Mitläufern. Dachau 2002

Reddemann, Luise: *Kriegskinder und Kriegsenkel in der Psychotherapie.* Stuttgart 2018

Sartre, Jean-Paul: *Geschlossene Gesellschaft* (1944 uraufgeführt). Reinbek 1975

Kontakt zum Autor

Sie möchten Feedback zu diesem Buch geben? Schreiben Sie an den Autor unter kontakt@rainer-kudziela.de